retour à Francine

LES FRUITS DE LEUR ARBRE

Regard athée sur les chrétiens

Du même auteur

L'Allemagne de l'Occident (1945-1952), Paris, Gallimard, 1953 (trad. New York, Londres, Madrid).
La Démocratie de Bonn, Paris, Armand Colin, 1958 (trad. Düsseldorf).
Hitler : la presse et la naissance d'une dictature, Paris, Armand Colin, 1959 (trad. Milan, Lisbonne).
La IVe République et sa politique extérieure, Paris, Armand Colin, 1961.
La Politique en France, avec François Goguel, Paris, Armand Colin, 1964 (trad. Gütersloh).
La Politique extérieure de la Ve République, Paris, Le Seuil, 1965 (trad. Boston).
Au nom de quoi ? Fondements d'une morale politique, Paris, Le Seuil, 1969 (trad. Munich, Milan).
L'Allemagne de notre temps, Paris, Fayard, 1970 (trad. Munich, New York, Londres, Tokyo, Pékin).
L'Explication politique, Paris, Presses de Sciences-Po, 1972 (trad. Munich).
La Passion de comprendre, Noël Copin interroge A. G., Paris, Le Centurion, 1977.
Les Occidentaux. Les pays d'Europe et les États-Unis depuis la guerre, Paris, Fayard, 1978 (trad. Munich, New York, Londres, Tokyo, Pékin).
Le Sel de la terre. Pour l'engagement moral, Paris, Le Seuil, 1981 (trad. Munich).
Affaires extérieures. La politique de la France, 1944-1984, Paris, Flammarion, 1984 (trad. Munich).
L'Allemagne en Occident, Paris, Fayard, 1985 (trad. Munich).
Le Crime et la Mémoire, Paris, Flammarion, 1989 (trad. Munich).
Les Identités difficiles, Paris, Presses de Sciences-Po, 1996, coll. « La Bibliothèque du citoyen ».
Une vie de Français. Mémoires, Paris, Flammarion, 1997.

Directement en allemand

Die Bundesrepublik Deutschland : Bilanz einer Entwicklung, Tübingen, 1967.
Gegen den Strom. Aufklärung als Friedenspolitik, Munich, 1975 (recueil de discours et d'articles).
Versuchte Beeinflussung. Zur Kritik und Ermunterung der Deutschen, Munich, 1981 (recueil).
Mit Deutschen streiten, Munich, 1987 (recueil).
Vernunft und Gewalt. Die französische Revolution und das deutsche Grundgesetz heute, Munich, 1989.
Die Kanzler (photos de Konrad Müller), Bergisch Gladbach, 1989.
Mein Deutschland, Hambourg, 1993.
Was ich denke, Munich, 1995.
Deutschland in Europa, Weinheim, 1998.

ALFRED GROSSER

LES FRUITS DE LEUR ARBRE

Regard athée sur les chrétiens

PRESSES
DE LA
RENAISSANCE

Ouvrage réalisé sous la direction éditoriale
d'Alain NOËL

Si vous souhaitez être tenu(e)
au courant de nos publications,
envoyez vos nom et adresse, en citant ce livre,
aux Éditions des Presses de la Renaissance,
12, avenue d'Italie, 75013 Paris.
Et, pour le Canada,
à Havas Services Canada Ltée,
1050 bd René-Lévesque Est,
Bureau 100,
H2L 2L6 Montréal, Québec.
Consultez notre site Internet :
www.presses-renaissance.fr

ISBN 2.85616.755.1

À ma femme
À la mémoire du pasteur Albert Finet
À tous mes amis prêtres

INTRODUCTION

Ce que l'on pense, ce que l'on dit est toujours lié à l'époque où l'on pense, où l'on écrit. Et à l'environnement dans lequel on vit. Or, rarement sans doute l'air du temps n'a été aussi chargé de contradictions. Ainsi, « le spirituel est furieusement tendance ». Le religieux aussi. « Dieu fait un malheur ! » note un hebdomadaire pourtant fort irréligieux. Le dieu chrétien, le dieu juif, le dieu de l'islam. Et aussi le spirituel sans dieu du bouddhisme. À Rome, comme auparavant à Paris, les Journées mondiales de la jeunesse, organisées par la vieille Église catholique, ont rassemblé des centaines de milliers d'adolescents et de jeunes adultes à la fois joyeux et priants. Aux États-Unis, les candidats à la présidence rivalisent d'évocations religieuses, d'invocations à Dieu.

Il ne s'agit pas seulement de religions. Croyances païennes et superstitions de toutes sortes font des ravages. Que des gouvernants consultent une voyante, voilà qui n'est pas nouveau. Des présidents du Conseil l'ont fait sous les républiques précédentes. Mais voici qu'une voyante en vogue peut se vanter sans invraisemblance d'avoir été consultée par le chef de l'État à l'occasion de décisions internationales importantes. Le signe astral est supposé définir l'identité de chacun, peser sur les conduites de chacun. Il semble tout de même que ce signe ne détermine plus la politique de recrutement de telle ou telle entreprise. Mais on a bel et bien rejeté par endroits la candidature de quiconque était né sous un signe astral contraire à celui du chef d'entreprise. La superstition n'est toujours pas l'apanage des faibles et des ignorants. Les gourous font fureur dans les milieux fortunés. On estime que douze millions de Français de tous milieux consultent astrologues, numérologues, cartomanciennes, et que le business de la voyance encaisse annuellement plus de vingt milliards de francs. Que d'annonces dans lesquelles un guérisseur « a le don de résoudre les problèmes les plus désespérés et les difficultés de famille » !

En même temps, la France – mais pas seulement elle – connaît un prodigieux développement de la réflexion religieuse sérieuse, une expansion peut-être sans précédent d'ouvrages de théologie, de philosophie, d'exégèse, d'histoire des religions. Les auteurs en sont aussi bien des laïcs que des prêtres, des pasteurs ou des rabbins. La chaleur de la conviction y va de pair avec l'érudition, avec le désir d'analyser avant de chercher à persuader.

Mais alors, les églises vides, la désaffection patente pour les religions instituées, l'extinction prévisible des grands ordres religieux ? Chaque numéro de la petite revue annuelle *Jésuite de France* évoque les quelques rares entrées dans la congrégation et publie la longue liste des morts de l'année. Les dominicains recrutent davantage, sans que le bilan soit bien meilleur. Un prêtre sexagénaire ne fait vraiment pas partie des vieux !

Il faut s'y résigner : la réalité est contradictoire ou, plus exactement, deux réalités contradictoires peuvent être vraies à la fois. Ainsi vivons-nous un moment historique marqué par l'affirmation de la continuité humaine et par des ruptures mettant en cause la définition même de l'homme. Jamais sans doute les notions de racines et d'enracinement n'ont été autant à la mode, avec un désir multiple de connaître les civilisations passées, de s'y rattacher ou de s'y reconnaître. Et, malgré Gutenberg, malgré Copernic, malgré l'électricité, malgré Pasteur et Marie Curie, le récent traitement de la matière par l'intermédiaire de codes, de mémoires, de signaux, de langages, le décryptage du génome humain aboutissent à la mise en cause de nos idées sur l'espace et le temps, ainsi que sur la nature de l'être humain. Nous affrontons une discontinuité, une rupture apparemment en contradiction avec l'héritage philosophique et aussi avec l'héritage religieux.

C'est pourtant une autre discontinuité, une autre spécificité de notre temps qui semble frapper davantage les philosophes et les historiens, qu'ils se réclament ou non d'une croyance religieuse. Le XXe siècle aurait été, plus que tout autre, celui de la souffrance humaine, une souffrance inévitablement génératrice de pessimisme sur la nature de l'homme, pessimisme mettant plus que jamais en cause la bonté attribuée à Dieu. Après Verdun, davantage encore après Auschwitz, après le Cambodge et le Rwanda et pendant que le sida menace d'exterminer les Africains, comment ne pas soit évoquer un ciel vide, soit pour le moins s'interroger sur un Dieu qui aurait permis l'horreur ? On en est au point que l'idée même de progrès serait devenue sacrilège.

Je ne parviens pas à épouser cette vision des choses. Il faudra revenir sur la question de la singularité de la Shoah, mais pourquoi ne pas mieux regarder en arrière, vers les catastrophes humaines antérieures ? Dans sa notice de présentation de l'enregistrement des *Musikalische Exequien*, Philippe Herreweghe écrit :

En 1577, huit ans avant la naissance de Heinrich Schütz, la mort emporta à Weissenfels (où le compositeur passa une partie de son enfance) six cent soixante pestiférés, soit près du tiers de la population. En 1598, on y dénombra 596 victimes, en 1599, 492 et en 1610 plus de neuf cents. Aux épidémies de peste et de dysenterie s'ajoutèrent les ravages d'une guerre particulièrement sanglante, la brutalité des idéologies et les exactions d'une justice hystérique : en 1589, au couvent de Quedlinburg, non loin de Weissenfels, on brûla en une seule journée 133 sorcières… Schütz perdit en l'espace de quelques années ses parents, sa très jeune épouse, son frère unique et ses deux petites filles…

Le XIXe siècle a-t-il été si doux et le XXe n'a-t-il vraiment pas connu le progrès ? Oui, on peut être douloureusement stupéfait de voir tant d'hommes et d'adolescents, au Soudan ou en Bosnie, capables de tant de cruauté individuelle, personnelle. Mais regardons donc *Les Désastres de la guerre*, les atroces et admirables dessins dans lesquels, en 1810, Goya présente des corps dépecés, des soldats ou des civils riant de l'horreur infligée ! Rendons-nous compte des millions de Congolais tués ou délibérément mutilés pour que Léopold II puisse profiter au mieux de l'exploitation du caoutchouc ! Et quand on nous appelle à nous indigner sur le sort des enfants asiatiques au travail ou sur celui des femmes réduites à la plus absolue des soumissions sur d'autres continents, souvenons-nous des enfants anglais et français exploités dans les mines et les manufactures du XIXe siècle. La première loi sociale édictée en France remonte à moins de cent soixante ans. Elle interdisait de mettre au travail les enfants de moins de huit ans et d'envoyer sous terre ceux de moins de douze. Et quelle révolution dans la condition féminine en Europe, à la campagne encore plus qu'à la ville, tout au long de ce XXe siècle supposé si contraire au progrès humain !

Il est possible – nous devrons nous interroger là-dessus – que ce soit le regard sur la souffrance qui ait changé. Sur la souffrance des humains, quels que soient leur âge, leur sexe, leur couleur de peau, leurs croyances. N'en est-il pas résulté une vision changée de Dieu chez le croyant chrétien ? Le passage du Dieu triomphant et justicier au Dieu devenu homme souffrant sera au cœur de deux chapitres de ce livre. De surcroît, quel chrétien se réjouit encore aujourd'hui des souffrances infligées au nom de ce Dieu aux païens ou aux hérétiques ? « Nous les brûlâmes avec une immense joie », écrivait un prêtre participant à la croisade contre les Albigeois. L'Église catholique, si souvent persécutrice, est plus souvent en situation de persécutée aujourd'hui. En juillet 2000, *Pogrom*, la revue allemande de soutien aux peuples opprimés, consacrait la majeure partie de son numéro à la « nouvelle persécution des chrétiens » – au Soudan, au Pakistan, en Indonésie, en Égypte. Mais ce sont là des morts et des souffrances dont les chrétiens d'Europe n'aiment guère parler, sans doute pour ne pas être accusés de défendre par priorité des coreligionnaires, ce qui serait la preuve d'un européocentrisme chrétien peu compatible avec leur conception actuelle de l'universalisme.

« Leur » conception : une généralisation bien abusive, puisque les idées les plus diverses, parfois les plus antagonistes, traversent non pas le christianisme, mais les christianismes d'aujourd'hui. Qui suis-je donc pour analyser, pour chercher à comprendre, pour juger des chrétiens, pour prendre parti en faveur des uns et contre d'autres ?

D'aussi loin que remonte le souvenir, deux mêmes attitudes, deux mêmes orientations ont toujours coexisté chez moi. D'une part, il y a eu, il y a la passion pour la réflexion morale et le goût pour les réponses chrétiennes aux interrogations morales fondamentales. D'autre part, mon athéisme a toujours été tranquillement vécu et pensé.

Son contenu et ses implications seront développés dans les chapitres III et IV. D'emblée cependant, il me faut expliquer et justifier le choix du terme. Ne devrais-je pas plutôt me dire « agnostique » ? Le mot fait plus distingué et gomme quelque peu la différence essentielle, de même que, voici peu encore, il valait mieux dire « israélite » que « juif », pour n'avoir pas l'air antisémite. Mais l'agnosticisme équivaut à une incertitude fondamentale. On ne sait pas, alors peut-être… Il est vrai qu'il existe une foule de choses que j'ignore ou que je ne comprends pas, dont je n'ai pas l'explication. Depuis le fonctionnement du téléphone portable jusqu'aux mécanismes biologiques qui déterminent la régularité des transhumances des poissons ou des papillons monarques. Je n'ai jamais pour autant cédé à la tentation d'appeler Dieu ce que je ne comprenais pas. Au contraire, l'appel anthropomorphique à une divinité dotée de sentiments, d'une intelligence et d'une volonté m'a toujours paru constituer une échappatoire, sinon une abdication.

Je me suis moi-même servi de deux autres notions pourtant peu rigoureuses. En 1977, dans *La Passion de comprendre*, mon livre d'entretiens avec Noël Copin, le premier chapitre était intitulé « Un non-croyant interroge les chrétiens ». En 1997, dans *Une vie de Français. Mémoires*, j'ai intitulé le dernier chapitre « Incroyant parmi les chrétiens ». Mais je ne me sens nullement « non-croyant », sauf en ce qui concerne les dieux des religions. Je crois en des valeurs dont j'essaie de vivre. En 1969, dans mon livre *Au nom de quoi ? Fondements d'une morale politique*, je me suis interrogé sur les bases et les sources de ces valeurs, n'aboutissant, dans le chapitre final – « Les justifications ultimes » –, qu'à peu de certitudes. Mais si j'y écris qu'« il faut s'arrêter sur les réponses chrétiennes, c'est-à-dire sur ce que les chrétiens appellent des réponses », c'est que, comme il sera précisé plus loin, je pense que les valeurs sont projetées par des hommes sur la divinité – dont l'image évolue avec l'évolution de la morale. Quant au mot « incroyant », je ne l'accepte qu'à contrecœur parce qu'il semble accorder une supériorité à la croyance et me définir à partir d'un manque. Je n'en ai pas moins été heureux lorsque, en 1975, l'Union des éditeurs et libraires allemands m'a décerné son prix de la Paix comme « médiateur entre Français et Allemands, entre incroyants et croyants ».

Encore faut-il préciser qu'il ne s'agit pas de tous les incroyants ni de tous les croyants. Mon athéisme – j'y reviendrai longuement au chapitre IV – n'est pas un « matérialisme », l'échange de deux regards relevant déjà d'une spiritualité. Souvent je pense à une remarque sur Roger Martin du Gard, dont les romans *Jean Barois* et surtout *Les Thibault* m'ont tant marqué : « l'athéisme des autres l'exaspérait » ; et aussi à ce qu'écrit un témoin dont la formulation me concerne aussi : « Je me souviens de Martin du Gard parlant avec respect du catholicisme de sa femme, avec même une tendre admiration [1]. »

De l'autre côté, je n'ai jamais cessé d'être irrité par l'accaparement de la morale par tant de papes et tant de théologiens. Même Paul VI, même Jean XXIII sont allés dans ce sens. « Si l'on ne rattache pas l'homme à Dieu, il est impossible que les hommes s'aiment entre eux », a dit l'un à Jean Guitton[2]. Et, dans la belle encyclique *Mater et magistra*, l'autre affirmait : « L'ordre moral ne peut s'édifier que sur Dieu ; séparé de Dieu, il se désintègre. » Dans le présent ouvrage, j'aurai à montrer pourquoi de telles formules me semblent fausses et choquantes.

Il ne faudrait jamais pratiquer l'autocitation. Il me semble pourtant que le lecteur se trouvera assez clairement informé sur la situation concrète de l'auteur par l'extrait suivant de l'introduction à mon livre de 1989, *Le Crime et la Mémoire* :

> Depuis plus de quarante ans, je me sens engagé dans deux groupes humains auxquels je suis extérieur. Observateur-participant, je le suis comme incroyant en milieu chrétien, tout particulièrement parmi les catholiques français qui vivent dans leur foi et de leur foi, et je le suis comme Français parmi les Allemands, particulièrement ceux qui posent le plus intensément le problème de la mémoire. S'il m'est permis de tenir une certaine place dans la vie publique allemande, si j'ai la joie d'être admis comme critique fraternel dans tant de groupes chrétiens, c'est qu'on sent, qu'on sait que mon extériorité n'empêche pas la sympathie, que mon exigence parfois agressive vient de mon désir profond de les voir aussi proches que possible de ce à quoi ils affirment aspirer. Le passé de l'Église, le passé de l'Allemagne ne m'ont jamais empêché de me sentir concerné par des évolutions internes dont j'ai toujours perçu les négatives avec consternation, puisque j'avais tenté d'agir avec ceux qui œuvraient pour que leur communauté religieuse ou nationale vive à la hauteur de l'inspiration morale dont elle se réclamait en principe.

Je me laisse volontiers définir – avec amitié, ironie ou agressivité – comme « compagnon de route » des Églises, des institutions, des organisations chrétiennes, d'autant plus que le choix initial, effectué en 1945 par un jeune homme de vingt ans, consistait précisément à rejeter tout compagnonnage avec le Parti communiste. Chrétiens et communistes se présentaient à la Libération comme les deux grandes forces de renouveau, radicaux et socialistes paraissant plus préoccupés de politique mesquine. Sans doute largement à tort, et je me reproche souvent d'avoir mieux pris conscience des dévouements, des désintéressements, de l'esprit de création de personnes ou de groupements chrétiens parce que je n'avais pas fait suffisamment route commune avec des organisations ne puisant pas leur inspiration dans le christianisme.

J'ai pu être d'autant plus présent dans les milieux chrétiens les plus divers que je ne me suis jamais senti en passe d'être « séduit ». Et j'ai pu, je peux encore d'autant mieux rendre justice aux aspects positifs des Églises, particulièrement de la catholique et romaine, que je n'ai jamais eu à vivre les contraintes de l'intérieur, que je n'ai jamais connu l'amertume de la sanction encourue, du rejet subi, de la sortie choisie.

La plupart de mes amis sont des croyants engagés, notamment dans le sacerdoce. Il est vrai qu'ils font leur choix parmi les textes évangéliques. Mais même le cardinal Ratzinger ose à peine suggérer qu'il prend pleinement au pied de la lettre des formules évangéliques comme « Celui qui croira et sera baptisé sera sauvé ; celui qui ne croira pas sera condamné » (Mc XVI, 16) ou « Qui croit en Lui n'est pas jugé ; qui ne croit pas est déjà jugé » (Jn III, 18). En dehors même de la fraternité vécue, ils font plutôt leur la recommandation énoncée dans le grand texte conciliaire *Gaudium et spes* (« L'Église dans le monde de ce temps ») :

> L'Église, tout en rejetant absolument l'athéisme, proclame toutefois, sans arrière-pensée, que tous les hommes, croyants et incroyants, doivent s'appliquer à la juste construction du monde, dans lequel ils vivent ensemble : ce qui, assurément, n'est possible que par un dialogue loyal et prudent (XX, 6).

Nous pourrions d'ailleurs quereller pour savoir qui, en raison, est juge de l'autre. Je suis sans doute celui dont les Psaumes 14 et 53 disent : « L'insensé a dit dans son cœur : "Non, plus de Dieu !" » Mais les croyants n'ont pas à être « sensés », puisque Paul leur a dit : « Si quelqu'un parmi vous croit être sage à la façon de ce monde, qu'il se fasse fou pour devenir sage ; car la sagesse de ce monde est folie auprès de Dieu » (I Co 18-19).

Les chrétiens avec lesquels j'aime travailler ne sont pas seulement des baptisés ou, en Allemagne, des gens qui appartiennent à une Église parce qu'ils lui paient un impôt. Je me vois parfois reprocher d'être, moi l'extérieur, fort exigeant à l'égard des chrétiens. Dans un débat malencontreusement acide concernant un livre sur l'Église qui me paraissait vraiment trop antipapal et d'inspiration plus sociologique que religieuse, une participante a traité avec une sorte de commisération ironique mon désir d'avoir des interlocuteurs chrétiens vraiment chrétiens. Je m'étais senti mieux compris par la revue vaticane *Ateismo e dialogo* lorsque, en 1982, elle avait longuement et favorablement rendu compte de deux de mes ouvrages traitant notamment de mes relations avec les chrétiens. Un autre participant de la décevante discussion a parlé de l'« impudeur » qu'il y aurait à se mêler, comme non-croyant, aux affrontements entre chrétiens. J'ai répliqué que, si impudeur il y avait, j'en estimais la pratique judicieuse, puisqu'un des aspects de mon action morale consistait précisément à entrer dans les débats entre membres de groupes sociaux auxquels je n'appartenais pas, pour tenter de mener une réflexion commune avec les antagonistes.

J'ai été plus sensible à la critique qui m'a été faite par un ami dominicain qui m'avait convié, à l'occasion d'une série de conférences sur la spiritualité, à parler de « la spiritualité du non-croyant ». Selon lui, je me montrerais « condescendant » à l'égard des croyants. S'il en est ainsi, je le regrette profondément. Dans la suite du présent livre, je dirai pourquoi, à mon avis, le croyant se situe parfois hors de la logique ou de la cohérence du jugement. Mais je voudrais être cru si je dis que le respect domine de très haut tout sentiment de supériorité, d'autant plus que je n'arrive pas à introduire dans ma vie la cohérence que j'admire chez tel ou tel religieux ou religieuse. Un respect qui me fait espérer que, s'il est inévitable que je heurte par moments le lecteur croyant, je ne le blesserai pas trop par mes analyses et mes prises de position.

Note sur les références bibliques

Ma proximité première avec l'Église réformée m'a longtemps fait pratiquer la traduction de Louis Segond. Ici, je me servirai en général de la Bible de Jérusalem, que j'avoue préférer à la TOB, la Traduction œcuménique de la Bible, au texte plus lourd et, selon nombre d'exégètes, parfois plus fautif. J'avoue avoir du mal avec la traduction de Chouraqui, surtout quand elle est fondée sur les textes grecs du Nouveau Testament. Elle contient tant de mots inhabituels ou même étranges qu'elle évoque pour moi les ouvrages de collègues spécialistes de l'islam, dans lesquels tant de mots déclarés intraduisibles figurent en arabe transcrit qu'il faut sans cesse se reporter au glossaire final.

Chapitre premier

JUIFS ET CHRÉTIENS

« D'origine juive » ?

Dès l'introduction cependant, c'est le lecteur juif que j'aurai choqué s'il sait que je suis né juif et s'il estime que j'aurais dû me réclamer d'emblée de ma judéité. Pour parler comme les auteurs des lois de Nuremberg et de Vichy, mes quatre grands-parents étaient juifs. Mes parents n'étaient guère pratiquants. Nous fêtions simplement des fêtes joyeuses comme Hanoukka. Mon père était pédiatre, professeur à la faculté de médecine, directeur d'un hôpital privé pour enfants. Il était aussi franc-maçon et électeur social-démocrate. De 1914 à 1918, il avait été médecin militaire sur le sol français, sur ce « front de l'Ouest » où il n'y avait rien de nouveau même quand des soldats mouraient dans les tranchées. Il avait été décoré de la Croix de fer de seconde, puis de première classe.

Il a pris la décision de quitter l'Allemagne avec les siens dès 1933, quand on lui a interdit de faire ses cours, de diriger la clinique, et surtout quand on l'a exclu de l'association des anciens officiers décorés. Sa lettre du 25 octobre à la Société de pédiatrie ne contenait qu'une phrase : « Comme j'émigre d'Allemagne en tant que non-Aryen, je déclare ma démission. »

Parmi ses multiples identités et appartenances, Hitler n'avait voulu en considérer qu'une. Je crois avoir toujours estimé que je n'avais pas à me laisser imposer mon identité centrale par Hitler. C'est en tout cas ce que j'ai rappelé à Dresde, le 3 octobre 1998, lorsque, dans la grande salle du théâtre de la ville, le congrès de la Société allemande de pédiatrie a commémoré les confrères juifs démissionnaires ou radiés soixante-cinq années auparavant, dont la plupart étaient morts en émigration, en déportation ou par suicide [1]. La commémoration était assurément tardive, mais en France, la prise de conscience de l'abandon des médecins juifs par leurs confrères n'a pas encore eu lieu du tout [2]. Avant l'adoption d'une motion grave et détaillée de repentance, l'assemblée de Dresde avait écouté deux orateurs fils de pédiatres juifs émigrés. L'autre était Paul Oestreicher, prêtre anglican depuis 1959, cofondateur d'Amnesty International ainsi que de l'Œuvre de réconciliation à la cathédrale de Coventry où il était doyen – Coventry, la première ville détruite par les bombardements allemands, aujourd'hui jumelée à Dresde, la ville la plus détruite par les bombardements alliés en février 1945.

Mon père est mort peu après notre arrivée en France, le 6 février 1934. Ma mère m'a fait entrer chez les Éclaireurs unionistes (protestants). Les Scouts de France n'acceptaient que les catholiques et il n'y avait pas de meute ni de troupe des Éclaireurs israélites à Saint-Germain-en-Laye. Je ne pense d'ailleurs pas qu'elle m'y eût fait entrer. Elle ne nous a incités, ma sœur et moi, à aucune pratique du judaïsme. Elle a simplement voulu que, comme signe d'appartenance, je fasse ma bar-mitzva à treize ans, en 1938. La cérémonie à la synagogue de la rue de Montevideo, mal préparée, m'a laissé un mauvais souvenir. La lecture du texte hébreu de la Torah était en fait une récitation rendue possible par un apprentissage phonétique, ce qui me parut fort hypocrite.

Je commençais pourtant à lire la Bible. Bien des passages m'ont choqué, parfois même révolté. D'aussi loin que je puisse me souvenir, j'ai toujours eu l'idée de vengeance en horreur. Quand je lisais, à la fin du livre d'Esther, que « les Juifs frappèrent donc tous leurs ennemis à coups d'épée. Ce fut un massacre, une extermination », ou bien, au moment de la prise de Jéricho, qu'« ils vouèrent à l'anathème tout ce qui se trouvait dans la ville, hommes et femmes, jeunes et vieux [...], les passant tous au fil de l'épée », j'étais révolté. Ultérieurement, je découvris les passages que je rappelle toujours à mes publics juifs, y compris lorsqu'il m'a été donné de parler à Tel-Aviv et à Jérusalem, à savoir ceux qui montrent que la notion de premier occupant est fort relative et que les « purifications ethniques » n'ont pas commencé à l'époque contemporaine.

> Ils firent campagne contre Madian, comme Yahvé l'avait ordonné, et tuèrent tous les mâles... Moïse s'emporta contre les commandants des forces [...] qui revenaient de cette expédition guerrière. Il leur dit : « Pourquoi avez-vous laissé la vie à toutes les femmes ? [...] Tuez donc tous les enfants mâles. Tuez aussi toutes les femmes qui ont connu un homme en partageant sa couche. Ne laissez la vie qu'aux petites filles qui n'ont pas partagé la couche d'un homme et qu'elles soient à vous » (Nb XXXI, 7 et 14-18).

> Yahvé parla à Moïse... Il dit : « Quand vous aurez passé le Jourdain vers le pays de Canaan, vous chasserez devant vous tous les habitants du pays... Vous posséderez ce pays et vous y demeurerez, car je vous ai donné ce pays pour

domaine [...]. Mais si vous ne chassez pas devant vous les habitants du pays, ceux d'entre eux que vous aurez laissés deviendront des épines dans vos yeux et des chardons dans vos flancs, ils vous presseront dans le pays que vous habiterez et je vous traiterai comme j'avais pensé les traiter » (Nb XXXIII, 51-52 et 55-56).

On trouve le rappel de ces données dans le passage des Actes des Apôtres, lu dans le monde entier à la messe du 29 avril 2000 : « Il les a nourris au désert et, après avoir exterminé sept nations païennes au pays de Canaan, il leur a distribué le territoire en héritage. »

Je sais bien qu'aujourd'hui les exégètes, chrétiens en tête, expliquent que ces horribles passages sont symboliques et ne correspondent pas à une réalité historique précise. Il faudra alors revenir, en parlant d'exégèse, sur la difficile question de la limite de l'interprétation symbolique de la Bible. Mais les textes terribles sont de toute façon liés à une autre notion qui gênait l'adolescent que j'étais, à savoir celle d'élection. Que voulait dire « peuple élu » ? Et l'alliance de Dieu avec un seul peuple ? Ultérieurement, j'ai découvert à quel point les théologiens chrétiens reprenaient, au nom de l'« alliance nouvelle et éternelle », les mêmes passages bibliques pour les appliquer au « peuple des baptisés ». Ainsi « Je vivrai au milieu de vous, je serai votre Dieu et vous serez mon peuple » (Lv XXVI, 12) ou « Je ferai ma demeure au-dessus d'eux ; je serai leur Dieu et ils seront mon peuple » (Ez XXXVII, 27). En revanche, lorsque j'ai lu l'Apocalypse, j'ai découvert avec soulagement ce qui y est dit de la Jérusalem céleste : « Voici la demeure de Dieu avec les hommes. Il aura sa demeure avec eux ; ils seront son peuple et lui, Dieu-avec-eux, sera leur Dieu » (XXI, 3). Cette fois, il s'agit de toute l'humanité jugée sauvable.

Mon premier attrait pour le christianisme, par comparaison avec le judaïsme, était l'universalité du message dont Paul de Tarse s'était fait le plus incisif des porteurs. Le second, c'était l'idée de Dieu devenant homme souffrant, du Dieu humilié. J'aurai à plusieurs reprises l'occasion d'évoquer cette notion-là, en particulier à propos de la projection sur Jésus-Christ de la présentation par Isaïe du serviteur méprisé. Dès maintenant, je dois dire combien était grand pour moi le contraste avec le Dieu que je croyais voir dans la Bible, le Dieu punisseur, vengeur, vainqueur impitoyable des ennemis de son peuple.

Non que le christianisme – surtout celui de l'Église catholique – ait toujours rejeté ce Dieu-là. Quand j'assiste à un office de la veillée de Pâques, je sursaute chaque fois au chant du psaume proclamant l'éternité de l'amour de Dieu prouvé par la mort de tous les soldats et cavaliers égyptiens. D'autant qu'auparavant, il est précisé que ce Dieu avait endurci le cœur du pharaon, donc qu'il aurait pu aussi bien le rendre doux et compatissant. Et la dixième plaie d'Égypte, la tuerie des premiers-nés, dans laquelle le même psaume voit encore une preuve de l'éternel amour de Dieu, me semble aujourd'hui encore particulièrement effroyable. J'ai su gré aux réalisateurs du beau film d'animation *Prince d'Égypte*, racontant l'histoire de Moïse et de Ramsès, d'avoir évité de trop heurter la sensibilité des jeunes spectateurs. Simplement, une sorte de traînée lumineuse passe sous les portes des maisons égyptiennes. (Je m'étonne par ailleurs du fait que les chrétiens – et surtout d'innombrables peintres chrétiens – évoquant le « massacre des innocents » qu'aurait ordonné Hérode ne comparent jamais ce massacre-là avec celui de la dixième plaie...)

Pendant des décennies, je l'avoue, j'ai laissé de côté ce que les chrétiens appellent l'Ancien Testament pour lire exclusivement Évangiles et Épîtres. Dans les années cinquante, mon paternel ami Jean Schlumberger, protestant athée épris de spiritualité, me fit honte de mes ignorances et je découvris alors bien des splendeurs, même si, par exemple pour le livre de Job, elles n'empêchent pas les réticences intellectuelles. Je continuerai cependant à m'ennuyer à la lecture des innombrables prescriptions rituelles et demeure incompréhensif à l'égard du ritualisme juif. Une incompréhension qui n'a pas à se faire intolérante.

Je n'ai jamais eu à nier, moins encore à renier, ma judéité, mais je me sens plus extérieur au judaïsme qu'au christianisme. J'ai collaboré aux revues juives *Évidences* et *L'Arche* moins intensément qu'à *Réforme* et à *La Croix*, mais je ne vois pas quel penseur chrétien contemporain m'a plus impressionné que Martin Buber et surtout Emmanuel Lévinas. Et mon personnage littéraire préféré demeure le juif Nathan le Sage, que Lessing a construit à partir du sage juif fort réel qu'a été Moïse Mendelssohn. Simplement, ma vie, mes lectures, mes fréquentations, l'ordre de mes réflexions ont modelé ma personnalité. Lorsque j'ai visité Jérusalem, je ne me suis pas senti proche des hommes qui priaient au mur des Lamentations. En revanche, lorsque je me suis rendu au couvent d'Abou Gosh, j'ai facilement établi un lien humain direct avec le moine qui nous accueillait, d'autant plus qu'il provenait de l'abbaye bénédictine du Bec-Hellouin, que je connaissais assez bien.

Ouvertures et intolérances

Je me sens concerné, je me sens solidaire chaque fois que des associations ou organisations juives ne se referment pas sur la considération de l'abomination subie et s'ouvrent à la douleur d'autres collectivités. Ainsi, en décembre 1997, lorsque le Centre européen de recherche sur le racisme et l'antisémitisme a organisé au Centre de culture juive de Cracovie un séminaire sur « les enseignements d'Auschwitz », comprenant une séance consacrée à « deux autres génocides du XXe siècle, Arménie et Rwanda » et des exposés et discussions sur le Cambodge, la Bosnie, la question kurde. Ou quand je visite l'admirable musée d'Art et d'Histoire du judaïsme, ouvert à Paris, au cœur du Marais, depuis décembre 1998. Tous les aspects du passé y sont présents, y compris la période d'intense interféconda-tion culturelle entre le judaïsme et l'islam. Et les deux principales composantes du judaïsme, l'ashkénaze d'Europe centrale et orientale et la séfarade méditerranéenne, voient leur histoire également présentée et expliquée. La création, en 1999, d'une association française d'amitié judéo-musulmane m'a réjoui. Moins cependant que deux discours de Yossi Sarif, ministre israélien de l'Éducation.

Le 24 avril 2000, jour voué à la commémoration du génocide arménien, il a dit : « En ce jour, nous juifs, victimes de la Shoah, devons tester notre attitude envers les douleurs des autres [3]. » Le 11 janvier précédent, le ministre avait publié, dans le *Jerusalem Post*, une contribution consacrée aux manuels scolaires :

> En ce qui concerne l'histoire, la vérité est parfois douloureuse, mais elle doit être dite. Il y a quelques mois, j'ai demandé aux professeurs israéliens d'enseigner dans les écoles les leçons du terrible massacre de quarante-sept Arabes israéliens, qui fut commis en 1956 dans le village de Kafr Kassem par des éléments de la police des frontières… Nos jeunes gens – futurs soldats – doivent comprendre la

> nécessité de reconnaître un ordre manifestement illégal [...] et de désobéir à un tel ordre. Il m'a semblé qu'afin de parvenir à une réconciliation entre Israéliens et Arabes, chaque partie doit reconnaître ses fautes... Qu'une nation soit capable d'admettre les fautes commises est une marque non de faiblesse, mais de force.
>
> La Commission de l'éducation de la Knesset a consacré une réunion à ce sujet. J'y ai fait face à ceux qui prétendent qu'aussi longtemps que les Arabes n'auront pas reconnu les nombreux massacres de Juifs israéliens, Israël n'avait pour sa part rien à reconnaître. Je leur ai répondu : cela ne suffit pas ; notre morale et nos valeurs ne dépendent pas du comportement d'autrui [4].

Nombre d'historiens israéliens révisent la version jusqu'alors admise des événements de 1948, même si, en France, l'ancien grand rabbin Joseph Sitruk répondait encore en 1999, dans un livre d'entretiens, à propos des Palestiniens chassés de chez eux qu'« ils n'ont pas été chassés ; ils ont choisi de partir [5] ».

C'est dans le même ouvrage qu'on trouve exposée une thèse apparemment pas très éloignée de celle du rabbin Ovadia Josef, le grand homme du parti Shass, dont les propos ont tant choqué en Israël et hors d'Israël en août 2000. Pas seulement, pas principalement parce qu'il a déclaré que Dieu devait regretter d'avoir créé les descendants d'Ismaël, le fils d'Abraham et de sa servante (alors que tout lecteur de la Bible devrait s'interroger sur le sort tragique et injuste infligé à cette mère chassée avec son enfant dans le désert !), mais parce qu'il a paru faire d'Auschwitz une punition pour les péchés antérieurs du judaïsme. Or, Joseph Sitruk dit :

> — Le rabbin Liché, avec qui j'ai découvert le site d'Auschwitz, m'a dit avoir ressenti dans la période qui a précédé la Shoah une terrible décomposition morale dans

le judaïsme, une tendance à l'assimilation portée à son comble...

— Si l'on vous comprend bien, il y a une forme de responsabilité collective du judaïsme dans la Shoah ?

— Oui.

— Est-ce de l'ordre du châtiment ou de l'explication ? La Shoah survient-elle comme l'amputation de la main d'un voleur après le délit, donc comme une punition, ou comme une conséquence, comme un cancer après des années de tabagisme ?

— C'est cette dernière analogie qui est la plus parlante[6]...

Encore ne s'agit-il que d'assimilation, non de conversion. En avril 1995, le grand rabbin d'Israël, Israël Lau, s'est opposé à la présence du cardinal-archevêque de Paris aux cérémonies officielles pour le cinquantième anniversaire de la libération des camps d'extermination. La conversion du jeune Aaron Lustiger aurait constitué une « trahison de son peuple et de sa religion » et Jean-Marie Lustiger serait le représentant de « la voie de l'extermination spirituelle qui conduit, comme l'extermination physique, à la solution finale de la question juive ». Ainsi, la mère du converti étant morte à Auschwitz, il serait aussi coupable que ceux qui l'ont assassinée. En janvier 1999, le rabbin Joël Berger, porte-parole de la Conférence des rabbins allemands et rabbin du Bade-Wurtemberg, aura recours à une formulation encore plus brutale : la conversion est une « continuation de l'Holocauste par d'autres moyens ». Pourtant le cardinal s'est toujours présenté en baptisé qui n'a jamais cessé pour autant d'être juif, ce qui lui a toujours valu d'être l'objet d'attaques antisémites, venant notamment des milieux les plus intégristes du catholicisme français, donc en principe les plus portés à voir dans la conversion des juifs le prologue nécessaire à la parousie, à la venue ultime du Sauveur !

Être juif, est-ce appartenir à un peuple juif défini par l'appartenance héréditaire, ainsi que semble le dire le très ouvert et en principe très tolérant grand rabbin René-Samuel Sirat dans son livre au titre proche de ceux du père François Varillon, *La Tendresse de Dieu*[7] ?

> On ne peut pas être à la fois juif et chrétien ou juif et musulman. Si l'on est né de mère juive, on est juif de plein droit. La connaissance et la pratique de la religion pour ces enfants nés de mère juive ne s'imposent pas pour qu'ils soient reconnus comme juifs.

À l'inverse, les enfants nés d'un père juif et d'une mère non juive, qui ont le sentiment d'être juifs à part entière, ne le sont pas selon la loi juive. Le rabbinat se doit alors d'étudier leur situation avec une grande bienveillance.

La « volonté farouche des chrétiens de ne jamais permettre le mariage de leur enfant avec un juif ou une juive » n'existant plus, c'est aux parents juifs de décourager le mariage mixte « qui risque d'atteindre la substance vive du judaïsme ». Si l'idée est claire, même si la définition héréditaire de l'appartenance peut mettre mal à l'aise, l'identification judaïque d'Israël ne s'en trouve pas entièrement éclaircie. Pas seulement parce que l'affirmation : « La solidarité ne nous permet pas de juger la politique extérieure d'Israël », qui est aussi celle d'Elie Wiesel, me semble correspondre à un *right or wrong, my country* inacceptable. Davantage parce que citoyenneté et appartenance se trouvent confondues lorsque René-Samuel Sirat écrit :

> Ce ne sont pas les non-juifs qui sont les citoyens et les juifs qui seraient donc à nouveau étrangers dans leur

propre pays [mais] la relation qui existe entre le juif à nouveau citoyen dans son pays et le non-juif qui y réside doit être exemplaire.

En principe, la citoyenneté est pourtant la même pour juifs et musulmans, encore que les premiers auraient un droit biblique de posséder la terre de Canaan. Un droit invoqué même par nombre de juifs athées qui ne devraient pourtant pas accepter le Pentateuque comme parole divine !

Que ce soit en Israël ou en Europe, l'identification religieuse (ou ethnique) et l'identification nationale ne se superposent pas toujours et peuvent même être conflictuelles. Dans son livre *Un antisémitisme ordinaire. Vichy et les avocats juifs*, Robert Badinter cite la lettre que Jacques Helbronner, vice-président du Conseil d'État et président du Consistoire israélite, a adressée à l'automne de 1940 au maréchal Pétain après la publication des lois antijuives de Vichy :

> L'invasion [des réfugiés] chassés de leur pays par un nationalisme ombrageux a pris des proportions de plus en plus inquiétantes au fur et à mesure du développement et des conquêtes du nazisme en Europe. Malgré les avertissements du judaïsme français, les gouvernements de la France n'ont rien fait – au contraire – pour parer au danger. La réaction contre l'invasion des étrangers s'est traduite par un normal antisémitisme dont les victimes sont aujourd'hui les vieilles familles françaises de religion israélite [8].

Suivait un projet de statut dont l'article premier disait : « L'accès et l'exercice des fonctions publiques et mandats énumérés ci-après ne sont permis qu'aux citoyens français ayant au moins trois grands-parents de nationalité française » !

La xénophobie comme substitut à l'antisémitisme : il y avait des précédents. Ma mère m'a souvent raconté que, lorsque mon père avait annoncé sa décision d'émigrer à ses amis juifs des quartiers bourgeois de Francfort, il s'était entendu répondre : « Mais ce n'est pas pour nous, c'est pour les *Polacks* ! » J'ai rapporté ces propos dans le discours que j'ai prononcé en 1995 pour l'inauguration de la plaque commémorative pour les médecins et malades juifs de la clinique que mon père avait dirigée. J'ai demandé ensuite à Ignaz Bubis, président de la communauté juive d'Allemagne, présent à la cérémonie, s'il voyait également les choses de la sorte. Il m'a dit que la différenciation existait toujours et qu'il venait d'en avoir la démonstration dans un centre culturel juif à Berlin.

Le même Ignaz Bubis se définissait, ainsi que l'avait fait mon père, comme citoyen allemand de confession juive. C'est aussi ainsi que le président de la République fédérale d'Allemagne l'a présenté lors de la célébration de son soixante-dixième anniversaire en 1997. Bubis avait été fort choqué par le président d'Israël : celui-ci, lors d'une visite en Allemagne, affirmait qu'aucun juif ne devrait habiter dans ce pays. Mais lorsque Bubis mourut, on respecta son vœu testamentaire et il fut enterré en Israël. Son explication était qu'il ne voulait pas risquer la profanation de sa tombe par des antisémites allemands. Or, elle le fut en Israël par des juifs lui reprochant d'avoir trahi le judaïsme par son appartenance à l'Allemagne détestée.

Détestée au nom d'un double principe qui m'a toujours révolté, celui d'une culpabilité collective devenant de surcroît héréditaire. Face à tous les juifs qui nous ont reproché, à ma mère et à moi, d'avoir travaillé, dès l'immédiat après-guerre, avec des Allemands au nom de notre coresponsabilité pour l'avenir démocratique de l'Allemagne, je me suis toujours étonné du recours à cette double notion par des membres d'une communauté humaine qui a eu à souffrir pendant vingt siècles de l'application chrétienne de l'idée scandaleuse de « peuple déicide ». L'antigermanisme systématique n'a cessé de me choquer, surtout quand il était pratiqué par un philosophe de haut rang comme Vladimir Jankélévitch, étalant, en particulier dans les textes rassemblés en 1986 dans *L'Imprescriptible*, l'idée d'une Allemagne à jamais coupable, de génération en génération, tous individus confondus.

Et je suis pour le moins gêné chaque fois que la singularité de la Shoah est utilisée pour présenter la souffrance juive comme en quelque sorte supérieure aux autres ou, pis, quand le statut de victime devient à son tour héréditaire, avec, en arrière-plan, l'idée fausse que le fait d'avoir été victime ou d'être descendant de victime empêcherait inévitablement un homme ou une collectivité de devenir bourreaux à leur tour. Des officiers français torturés dans les camps allemands ont ordonné la torture en Algérie – et certains Algériens torturés sont devenus tortionnaires avant ou après leur accession au pouvoir.

L'autodéfinition du judaïsme et d'Israël à partir de la Shoah a été critiquée par Theo Klein, ancien président du CRIF (Conseil représentatif des institutions juives de France) et du Congrès juif européen, dans son beau livre de 1991, *L'Affaire du Carmel d'Auschwitz* :

> Les jeunes [...] justifient leur identité même, leur judéité, par cette mémoire exclusive et intransigeante de la Shoah. Ils développent alors ce que j'appellerais une judéité mortifère.

Dès l'introduction, il avait osé affirmer :

> Notre deuil, nos morts, aussi sacrés soient-ils, n'effacent jamais le deuil et les morts des autres ; notre sensibilité est aussi respectable – mais pas plus – que celle des autres [9].

Le fait que mon oncle et ma tante soient morts à Auschwitz me donne non un droit, mais un devoir. Elie Wiesel m'en a terriblement voulu d'avoir cité, dans la conclusion du *Crime et la Mémoire*, son discours de remerciement pour le prix Nobel de la paix, dans lequel il avait raconté comment, après 1945, il avait espéré que le récit de la Shoah mettrait fin une fois pour toutes aux haines dans le monde. J'avais commenté en disant notamment :

> Pourquoi la famille kurde, avec des enfants morts dans les bras et le corps brûlé à la suite d'un bombardement au gaz, attacherait-elle de l'importance à la tentative d'exterminer les juifs ? En revanche, la mémoire d'Auschwitz devrait conduire tout juif à se soucier du sort des Kurdes…

À côté de l'appartenance définie à partir de la Shoah, il existe aussi, de plus en plus, hélas, un ultracisme juif qui entraîne en Israël une pesée négative sur la vie publique et sur les relations avec les Palestiniens. L'une des causes en est peut-être une évolution des valeurs transmises par l'enseignement. L'éthique des droits de l'homme dont étaient porteurs les hommes et femmes de la première génération des dirigeants israéliens n'a-t-elle pas été largement remplacée par la priorité morale accordée à l'appartenance à une collectivité supposée toujours menacée ? En France, il existe également un renforcement des groupes pratiquant une sorte d'auto-exclusion, d'autoghettoïsation. Malgré les efforts continus de tel curé du XIXe arrondissement de Paris, des contacts suivis avec la communauté loubavitch n'ont pu être établis, alors que l'ouverture de la paroisse à l'islam ne pose pas de problème majeur.

Mais l'ultracisme juif est-il plus générateur d'une attitude de rejet des autres que l'ultracisme catholique des occupants de l'église Saint-Nicolas-du-Chardonnet ? Il existe même une différence fondamentale défavorable à ces derniers. Les siècles de souffrances infligées aux juifs par des chrétiens au nom du christianisme expliquent l'hypersensibilité juive et la volonté d'affirmer une identité si longtemps vouée à l'éradication ou du moins à la haine.

Les crimes et le mépris

« Je le dis avec horreur, mais avec vérité : c'est nous, chrétiens, c'est nous qui avons été persécuteurs, bourreaux, assassins ! Et de qui ? de nos frères » : ainsi s'exprimait Voltaire, en 1763, dans son *Traité sur la tolérance.* Il n'avait certes pas tort et il ne faudrait pas oublier que persécutions et meurtres n'ont pas été perpétrés seulement contre des juifs. L'Église catholique n'est pas seule en cause. À Genève, Calvin a fait mutiler et brûler des « hérétiques ». Pendant les guerres de Religion, en France, Jean Cavalier, le plus célèbre des « camisards », a beaucoup tué, systématiquement tué. Un autre a exterminé toute la population d'un village « papiste ».

Mais, au cours des siècles, l'Église catholique a trop souvent réduit la croix au rang de poignée de l'épée qui fracasse les têtes des hérétiques ou des païens. Et utilisé le feu non de façon symbolique, pour inspirer la peur de l'enfer, mais bel et bien pour faire périr sur le bûcher des hommes et des femmes. En 1540, dans la région du Lubéron, on entreprenait l'extirpation de l'hérésie dans son sens le plus fort, à savoir l'élimination des hérétiques[10]. La volonté d'exterminer les vaudois est affirmée par des textes officiels publiés par le parlement d'Aix et par le légat du pape. Le magnifique film *La Controverse de Valladolid* fait arbitrer, en 1550, un autre légat entre le philosophe Ginés de Sepúlveda et le dominicain Bartolomé de Las Casas, évêque du Chiapas, pour savoir si les Indiens ont une âme. Frère Bartolomé présente un véritable catalogue des horreurs et atrocités diverses commises sur les populations indiennes par les Espagnols. Aujourd'hui, on en est encore à tenter de chiffrer le nombre des massacrés. Des millions sans doute. Pas seulement pour s'emparer de leur or. Dans un livre récent sur sainte Thérèse d'Avila, on peut lire :

> Au mois d'août 1566, le père Alonso Maldonado, un franciscain de retour des « Indes », s'était arrêté chez les carmélites de Saint-Joseph. Il avait parlé à leur prieure [Thérèse] des « millions d'âmes qui se perdaient là-bas, faute de doctrine ». Bouleversée, elle fut prise du désir de sauver quelques-unes de ces âmes[11]. »

Les croisades, elles, ne visaient pas à convertir les « infidèles ». Voici un siècle encore, on donnait aux lecteurs d'une collection « Bibliothèque de la jeunesse chrétienne » un récit vraiment glorieux de la prise de Jérusalem par les croisés en 1099 :

> Les vainqueurs se répandent alors dans les rues et font retentir l'air du cri « Dieu le veut ! Dieu le veut ! »... Ainsi fut remportée cette mémorable victoire, vendredi à trois heures après midi ; c'était le jour et l'heure de la passion de notre Sauveur. Les chrétiens, irrités des outrages des

Sarrasins et de la longue résistance qu'ils leur avaient opposée, vengèrent leurs frères morts par le massacre de soixante-dix mille Sarrasins [12].

Dans un récit d'époque, il est dit : « Puis, heureux et fiers, les nôtres allèrent adorer le Sépulcre de notre Sauveur Jésus et s'acquittèrent de leur dette envers lui. » Sans doute faut-il rappeler ici que, en 1187, quand Saladin reprit Jérusalem, les vainqueurs ne procédèrent à aucun massacre.

La prise de Jérusalem par les croisés ne fit pas seulement périr des musulmans. Les juifs de la ville s'étaient rangés du côté de l'islam dont ils avaient apprécié la tolérance. Ils furent enfermés dans la synagogue et brûlés. Déjà, au départ des croisés, on s'en était pris aux juifs, parfois contre la volonté des autorités ecclésiastiques. En 1096, les troupes de la croisade assiègent le château de l'évêque de Worms, où trois cents juifs se sont réfugiés. Ceux qui n'acceptent pas le baptême sont égorgés ou se suicident. Même massacre à Mayence, cette fois sur les treize cents membres de la communauté. Dès 1190, la communauté juive de York, en Angleterre, avait été anéantie. Lors de la deuxième croisade, Bernard de Clairvaux chercha à arrêter les massacres commencés à l'appel de Raoul, un ermite français qui se disait moine cistercien et appelait les foules à ces exterminations. Les tueries n'en furent pas moins multiples. Elles correspondaient trop bien à une attitude qui fut courante dans l'Europe catholique pendant des siècles. Les juifs étaient rendus directement responsables des épidémies et des inondations. Pour faire cesser le fléau ou simplement pour les punir, il fallait les massacrer.

Les tueries viennent aussi à la suite d'accusations de « meurtres rituels » que les juifs auraient commis sur des enfants chrétiens. En 1255, à Lincoln, en Angleterre, un juif est torturé puis pendu. Ensuite, dix-huit de ses voisins juifs sont pendus sous la même accusation. L'enfant supposé mis à mort par eux est connu comme saint Hugues de Lincoln. En 1475, à Trente, en Italie, l'enfant chrétien Simon ayant été trouvé mort, Samuel, un juif riche, et plusieurs de ses amis sont emprisonnés et torturés. Samuel est brûlé sur un bûcher, les autres sont brûlés ou rompus sur la roue. Simon de Trente a été vénéré comme martyr jusqu'à l'intervention du Vatican en 1964.

Ces récits sont tirés de l'ouvrage de Simon Wiesenthal *Le Livre de la mémoire juive. Calendrier d'un martyrologe*[13]. Le classement des faits par jour de l'année a été effectué pour montrer une sorte de permanence dans la persécution. Ainsi, pour le 25 avril, sont évoqués des faits de 1288, 1905 et 1941. Au 23 juin, des assassinats massifs de 1270, 1298, 1475, 1919, 1941, 1943. Certes, on peut accuser Wiesenthal d'avoir ainsi implicitement affirmé que la Shoah a été le prolongement des persécutions chrétiennes, alors que l'antisémitisme hitlérien était corrélé à un racisme, à une conception de la supériorité des « Aryens ». Mais la présentation de Wiesenthal me semble plus proche de la réalité historique que la thèse de Jean-Marie Lustiger considérant que nazisme et stalinisme ont pris source l'un et l'autre dans le rationalisme des Lumières[14]. D'autant plus que l'étoile jaune a été précédée de la rouelle, signe distinctif imposé aux juifs par le concile Latran IV en 1215, puis, en France, par Saint Louis en 1269, et que l'Église de la Contre-Réforme a généralisé la relégation des juifs dans des ghettos.

On a tué beaucoup de juifs qui ne voulaient pas se convertir ou bien qui, après la conversion forcée, ont secrètement « judaïsé », le pays le plus impitoyable pour ces juifs clandestins ayant été l'Espagne. La conversion a souvent été imposée par la menace du bûcher. Un livre récent fort solide est venu montrer par quels procédés on pouvait parvenir à « accuser pour convertir [15] ». « Le baptême ou la mort ! » fut le cri des massacreurs de Prague en 1389. Il s'agissait aussi, il s'agissait surtout de sauver les âmes des enfants juifs en les enlevant à leurs parents. En 1389, pendant que les juifs de Bâle adultes sont brûlés vifs, on leur arrache leurs enfants pour les baptiser et les élever en bons chrétiens. Même chose en 1453 à Breslau. En 1497, le roi du Portugal ordonne que tous les enfants juifs de moins de quatorze ans soient enlevés à leurs parents et transférés dans une autre région du pays, où ils sont baptisés et reçoivent une éducation chrétienne.

Lorsque, en août 2000, Jean-Paul II béatifie le pape Pie IX, on rappelle à juste titre l'affaire Mortara. Né en 1851, Edgardo Levi-Mortara tombe gravement malade à l'âge de dix-sept mois et est secrètement baptisé par une servante. Guéri, l'enfant est élevé dans le judaïsme par ses parents, qui ignorent tout du baptême secret. Le Saint-Office, lui, a eu vent de ce baptême. En juin 1858, le jeune Edgardo est arrêté par les gendarmes, conduit jusqu'au pape, qui l'accueille « avec une grande bonté » et en fait son fils adoptif. En 1875, Mortara sera ordonné prêtre. Malgré d'innombrables protestations, dont des interventions de Napoléon III et de l'empereur d'Autriche, le pape s'en tient à la stricte application du code canonique : tout enfant baptisé doit recevoir une éducation chrétienne. L'Église interdit le baptême d'un enfant juif, sauf en cas de mort imminente. S'il en réchappe, le jeune baptisé doit être retiré à sa famille juive pour le protéger d'une apostasie… Pie IX se situait bel et bien dans une tradition – une tradition dont ne se réclament plus les chrétiens ni les Églises d'aujourd'hui.

Encore pourrait-on lui rattacher le comportement des religieux qui m'ont accueilli en 1943 à Chabeuil, dans la Drôme, lorsque, à dix-huit ans, je fuyais la Gestapo. L'ancien jésuite – rejeté par la Compagnie ! – qui dirigeait cette communauté « intégriste » m'avait mis en main le marché : « Pas de baptême, pas d'aide. » Je me suis laissé faire et j'ai effectivement été aidé. Les avis sur la validité de ce baptême sont divergents.

La seule critique de fond que je fasse à la grande pièce de Lessing *Nathan le Sage* (1779) porte sur une réplique du héros. Il est accusé d'avoir fait passer pour sa fille et élevé dans le judaïsme une jeune fille aux origines d'abord mystérieuses. Il s'en explique au religieux catholique qui la lui a confiée bébé autrefois :

> Vous m'avez remis l'enfant à Darun. Mais vous ignorez sans doute que quelques jours plus tôt, à Geth, les chrétiens avaient massacré tous les juifs, jusqu'au dernier enfant ; vous ignorez que parmi ces juifs se trouvaient ma femme et mes sept fils... Quand vous êtes arrivé, j'étais resté trois jours et trois nuits prostré devant Dieu, dans la cendre et la poussière, à pleurer [...], parfois aussi à disputer contre Dieu, à m'emporter, à me maudire moi-même et l'univers, à jurer à la chrétienté la haine la plus implacable... Mais peu à peu, la raison me revint. Elle me dit d'une voix douce : « Et pourtant, Dieu est. Mets en pratique ce que depuis longtemps tu as compris... » Je me suis levé et j'ai crié à Dieu : « Je le veux ! Si seulement tu veux que je veuille ! » C'est alors que vous êtes descendu de cheval et que vous m'avez tendu l'enfant... J'ai pris l'enfant, je l'ai embrassée et j'ai sangloté : « Dieu ! sur sept que tu m'as pris, tu m'en rends déjà un ! »

Sur quoi le religieux s'exclame : « Nathan ! Vous êtes un chrétien, un chrétien comme il n'y en eut jamais ! » Alors Nathan prononce une phrase devenue célèbre :

« Ce qui me fait chrétien à vos yeux vous fait juif aux miens. » N'aurait-il pas dû dire plutôt : « Vous osez vous réclamer d'un christianisme du pardon et de l'amour au moment où vous venez d'apprendre le massacre commis sur les miens au nom du christianisme ? »

La haine et le mépris chrétiens ont pu aussi parfois générer dureté et haine. Qu'en est-il de l'antisémitisme qui apparaîtrait chez Shakespeare dans *Le Marchand de Venise* ? Je me souviens d'avoir été bouleversé par l'interprétation de Shylock qu'a donnée Daniel Sorano. Dans la célèbre tirade : « Je suis juif... un juif n'a-t-il pas des yeux ? Si vous nous piquez, ne saignons-nous pas ?... Si vous nous faites tort, ne nous vengerons-nous pas ? Si nous vous ressemblons dans le reste, nous vous ressemblerons aussi en cela... », Shylock conclut : « La vilenie que vous m'enseignez, je la pratiquerai et ce sera dur, mais je veux surpasser mes maîtres. » Et, à la fin de la pièce, pour ne pas se trouver trop sévèrement condamné, il faut que, « sur-le-champ, il se fasse chrétien ».

La synagogue, dans la peinture chrétienne, est une femme aux yeux bandés. Dans la sculpture des églises, elle peut aussi être représentée par une truie. Le mépris a pu aller, encore au XXe siècle, jusqu'au désir de l'élimination, au maintien de l'accusation de « peuple déicide » ou simplement à la proclamation de la supériorité humaine des chrétiens.

Au printemps de 1933, Gerhard Knittel, professeur réputé de théologie protestante à l'université de Tübingen, fait un cours public intitulé « La question juive ». Il demande qu'on écarte toute « sentimentalité » et que, pour résoudre cette question juive, on se refuse à considérer les destins individuels des juifs. « Il ne s'agit pas de savoir si des juifs périssent injustement ou si des individus juifs sont justement frappés. La question juive est celle du judaïsme, du peuple juif [16]. » En 1946 encore, Jules Isaac, apôtre de la fraternité judéo-chrétienne, doit protester vigoureusement contre le livre de l'auteur catholique à succès qu'est Daniel-Rops. Celui-ci avait en effet osé écrire dans *Jésus en son temps* :

> Au long des siècles, sur toutes les terres où s'est dispersée la race juive, le sang retombe et, éternellement, le cri de meurtre poussé au prétoire de Pilate couvre un cri de détresse mille fois répété... Il n'appartenait pas à Israël, sans doute, de ne pas tuer son Dieu après l'avoir méconnu, et, comme le sang appelle mystérieusement le sang, il n'appartient peut-être pas à la charité chrétienne de faire que l'horreur du pogrom ne compense, dans l'équilibre secret des volontés divines, l'insoutenable horreur de la Crucifixion [17].

La même année, le 8 février 1946, le cardinal Faulhaber, archevêque de Munich, déplorait, dans une lettre pastorale, la tentative d'extermination des juifs. Il précisait cependant que, les transports ayant eu lieu à partir de la seule notion de race, ont été aussi concernés « les “non-Aryens” chrétiens, qui étaient pourtant devenus, par le baptême, de nouvelles créatures en Christ » ! Et n'est-ce pas encore du mépris que d'effectuer un rapprochement entre le gaz Zyklon B qui a servi à Auschwitz et la « pilule du lendemain » RU 486 ? C'est pourtant ce que fait le cardinal Meisner, archevêque de Cologne, en disant que l'industrie chimique allemande se ferait récidiviste si elle fabriquait ce nouveau moyen d'extermination. J'ai publiquement protesté en disant que je refusais de mettre au même niveau d'humanité, de dignité humaine, ceux de ma famille qui ont été gazés à Auschwitz et des ovules peut-être même pas fécondés.

En revanche, je n'ai pas été choqué par la canonisation d'Edith Stein. Jean-Paul II a eu raison de souligner qu'elle avait été assassinée à la fois comme juive et comme chrétienne. Ce sont bien des bénédictines juives qui ont été arrêtées, déportées, tuées [18]. Pour moi, cette canonisation a été d'un tout autre ordre que la tentative d'accaparement d'Auschwitz par des carmélites. Elle s'est située dans la ligne de la proclamation respectueuse de l'interpénétration du judaïsme et du christianisme. Une proclamation dans l'esprit de l'évolution récente d'un christianisme heureusement transformé.

« Réconciliations », repentirs et rapprochements

Il existe des mots qu'on ne devrait jamais utiliser sans avoir examiné leur portée réelle. « Réconciliation » est de ceux-là. Il implique une sorte d'égalité dans les offenses qu'on s'accorde à surmonter, sinon à effacer, donc de réciprocité dans la démarche accomplie. Du moins s'il s'agit de la réconciliation entre humains, car il nous faudra examiner la signification de la réconciliation du chrétien avec Dieu. Quand cette réciprocité n'existe pas, il vaudrait mieux éviter le mot. En septembre 2000, aux Jeux olympiques de Sydney, les acclamations qui ont salué la victoire de Cathy Freeman, Australienne aborigène, ont été qualifiées par les officiels et par les médias de signe de réconciliation. Or, on chercherait vainement de quelles offenses les aborigènes, c'est-à-dire les rares descendants de la population originelle, *ab origines*, ont pu se rendre coupables face à la population blanche conquérante, alors que l'Australie a pu être définie comme « nation fondée sur le génocide ».

La notion de « réconciliation judéo-chrétienne » est du même ordre. Certes, en remontant au Ier siècle, on trouve des persécutions juives subies par des chrétiens, surtout les juifs parmi eux. Mais ce dont on célèbre à bon droit la progressive fin, ce sont des souffrances imposées, des mépris pratiqués par des chrétiens et non par des juifs. Il vaudrait mieux parler de compréhension mutuelle, de coopérations fraternelles devenues possibles sur la base d'un passé surmonté.

Le mot « surmonté » implique le refus de l'oubli et tout d'abord l'évocation précise de ce qui fut. Il serait abusif de dire que cette évocation a été partout menée à son terme. L'Église catholique autrichienne continue à passer sous silence sa honteuse abdication du 18 mars 1938. Ce jour-là, les évêques, cardinal Innitzer en tête, lancent un appel solennel aux fidèles pour qu'ils disent oui au plébiscite ratifiant l'*Anschluss.* Dans cette « Déclaration solennelle », ils « reconnaissent joyeusement » que « le mouvement national-socialiste a accompli et accomplit encore des performances exceptionnelles dans le domaine de l'édification ethnique (*völkisch*) et économique ». Cela quelques mois après la condamnation pontificale du racisme par l'encyclique *Mit brennender Sorge* ! Sans doute aussi l'Église allemande devrait-elle réviser à la baisse sa glorification de Mgr Clemens von Galen. Il est vrai que son sermon du 3 août 1941, condamnant l'assassinat des malades mentaux, constituait un acte de courage et a peut-être évité d'autres meurtres. Mais si sa parole pouvait avoir des résultats, que n'a-t-il prêché en faveur des juifs ? Le risque couru aurait pourtant été bien moindre que celui accepté par les « femmes de la Rosenstrasse », la rue des Roses à Berlin. En 1943, épouses chrétiennes, elles ont hurlé devant un immeuble de la Gestapo pour obtenir la libération de leurs maris juifs – et elles l'ont obtenue !

Les actes de courage – qu'ils aient ou non entraîné la répression – ont été nombreux, depuis le père Bernhard Lichtenberg, prêtre à Berlin, jusqu'aux protestants du Chambon-sur-Lignon cachant un nombre impressionnant d'enfants juifs. Et il existe des exemples accomplis de passé négatif surmonté. Il est juste qu'en mai 2000 un mémorial financé par des juifs du monde entier ait été inauguré à Jérusalem, au pied du mont Sion, en hommage au cardinal Decourtray, archevêque de Lyon, décédé en 1994. Qu'il se soit agi d'obtenir le départ des carmélites d'Auschwitz ou de permettre la mise au jour des compromissions ecclésiastiques dans l'« affaire Touvier », Albert Decourtray avait œuvré sur la base d'une conviction proclamée à la télévision en septembre 1986. Interrogé pour savoir si lui, qui combattait si vaillamment le racisme antiarabe, considérait l'antisémitisme comme un racisme particulier, il avait répondu en substance :

> Bien sûr, puisque je suis chrétien. Comme chrétien, je suis fils d'Abraham. Je crois que Dieu s'est fait homme en un juif. Et je suis conscient que les camps ont été installés en terre chrétienne et que la plupart des bourreaux avaient été baptisés chrétiens.

Une telle déclaration n'était cependant pas plus courageuse et honnête que l'attitude véritablement exemplaire du quotidien *La Croix* ouvrant ses archives pour que Pierre Sorlin puisse montrer, en 1967, dans son terrible livre *« La Croix » et les juifs (1880-1899)*, à quel point le journal avait pratiqué l'antisémitisme le plus virulent. Et lorsque, en 1999, on a commémoré le centenaire de la grâce présidentielle accordée au capitaine Dreyfus, *La Croix* a reproduit les effrayants commentaires dont elle avait, à l'époque, accompagné la nouvelle.

Mais pour les Églises nationales et pour Rome, un problème central a longtemps été esquivé – et n'a pas encore été pleinement résolu ni par la curie, ni même par Jean-Paul II. C'est celui de la responsabilité institutionnelle. En 1975, les évêques allemands ont adopté un texte qu'ils devaient reprendre ultérieurement, que ce fût pour la commémoration de la Nuit de cristal en 1988 ou pour celle de la libération d'Auschwitz en 1995. On y lisait :

> Pris dans notre ensemble, nous formions en cette époque du national-socialisme, malgré le comportement exemplaire de personnes et de groupes isolés, une communauté ecclésiale qui a trop continué à vivre en tournant le dos au peuple juif persécuté. Une communauté dont le regard s'est trop laissé fixer sur les menaces pesant sur ses propres institutions et qui a fait silence sur les crimes commis contre les juifs et le judaïsme.

En septembre 1997, la « Déclaration de repentance des évêques français » va dans le même sens en disant que « la hiérarchie considérait comme son premier devoir de protéger ses fidèles, d'assurer au mieux la vie de ses institutions ». De surcroît, il y est demandé : « Quelle fut l'influence de l'antijudaïsme séculaire [19] ? » Le 14 avril 2000, c'est la Conférence épiscopale suisse qui va le plus loin. Elle évoque « la grande passivité, l'égocentrisme (*Selbstbezogenheit*), la frilosité (*Ängstlichkeit*) dont l'Église catholique de Suisse a fait preuve au lieu d'aider concrètement les juifs. Les évêques déplorent que les crimes contre le peuple juif demeurent largement absents de la prédication et de la catéchèse, et ils rappellent qu'à l'époque ni les théologiens, ni les intellectuels chrétiens, ni les professeurs de religion, ni les représentants de la direction de l'Église ne se sont élevés contre l'antijudaïsme religieux, ont moins encore condamné l'antisémitisme présent dans le peuple suisse.

Dans cette perspective, le texte publié le 16 mars 1998 par la Commission vaticane pour les relations avec le judaïsme était terriblement décevant. Il édulcorait le passé et faisait précisément ce que les évêques d'Allemagne et de France avaient voulu éviter, à savoir dégager l'Église comme institution en avançant le nom de héros individuels, comme s'ils avaient incarné cette institution, et en minimisant les persécutions exercées au cours des siècles passés contre les juifs non seulement par des chrétiens, mais par l'Église instituée. Et même le geste très émouvant de Jean-Paul II, le 26 mars 2000, déposant dans un creux du mur des Lamentations le texte d'une prière n'allait pas jusqu'au bout de la reconnaissance de culpabilité de l'Église, puisqu'il disait :

> Nous sommes profondément affligés par le comportement de ceux qui, au cours de l'histoire, les ont fait souffrir, eux qui sont Tes fils. En Te demandant pardon, nous voulons nous engager à vivre une fraternité authentique avec le peuple de l'Alliance.

Cette prière, qui avait d'abord été prononcée en latin à Rome le 12 mars, m'a semblé un peu moins restrictive que la Prière universelle lue à plusieurs voix, en ce premier dimanche de carême, à la cérémonie présidée à Paris par le cardinal Lustiger et dans toutes les églises de la capitale. La seconde Intention disait en effet :

Seigneur, Dieu d'Abraham, d'Isaac et de Jacob, nous te demandons pardon pour toutes les fois où certains de tes enfants ont manifesté mépris et hostilité à l'égard des fils d'Israël, parfois même jusqu'à la persécution...

Il n'empêche qu'une véritable révolution a été accomplie par les Églises chrétiennes face aux juifs et au judaïsme. Le plus beau, le plus complet des textes est passé inaperçu en Europe occidentale, sans doute parce qu'il ne s'accordait pas avec l'idée reçue d'un antisémitisme polonais particulier et persistant. À l'occasion du vingt-cinquième anniversaire de la déclaration *Nostra aetate*, du 27 novembre 1965, dans laquelle le concile Vatican II proclamait notamment que l'Église est enracinée dans le peuple juif, la 244e assemblée plénière de l'épiscopat polonais a rendu publique une déclaration signée par tous les cardinaux, archevêques et évêques présents. Ce long texte a été lu dans toutes les églises et chapelles de Pologne le 20 janvier 1991 [20]. Il mériterait d'être reproduit en entier, tant il est ferme et détaillé, tout en rappelant à juste titre ce qui est trop souvent oublié, notamment dans le film *Shoah*, à savoir les immenses souffrances du peuple polonais à partir de 1939. Le paragraphe peut-être le plus significatif parce qu'il a pu s'appliquer parfois au cardinal Glemp dit :

> Nous exprimons notre profonde douleur devant tous les cas d'antisémitisme, où qu'ils se soient produits et par qui que ce soit, dans notre pays...

Le bouleversement de fond produisant rapprochement et coopération a fait, par exemple, que la version française du *Dictionnaire encyclopédique du judaïsme* a paru en 1993 aux éditions (dominicaines) du Cerf. Plus encore : le cœur de la pratique catholique – la messe – a pu être présenté et analysé à partir de ses sources juives. Ainsi Lucien Deiss, prêtre de la Congrégation du Saint-Esprit, professeur de théologie et d'Écriture sainte, montre, par exemple, que la structure de la plus ancienne célébration de la Parole selon la Bible est très exactement celle de la messe d'aujourd'hui. Ou encore que les bénédictions juives du sabbat et jours de fête sont reprises dans l'Offertoire[21]. Et même à Oberammergau, en Bavière, où il avait de fortes connotations antijuives depuis sa création au XVIIe siècle, le « Jeu de la Passion de Jésus de Nazareth » est devenu « politiquement correct ». Jésus est vraiment juif, la Cène ressemble à un repas de Pessah et le cri « Que son sang retombe sur nous et nos enfants » a été supprimé !

Il n'empêche que la transformation accomplie devrait poser aux chrétiens vraiment croyants une interrogation centrale – que nous retrouverons dans les chapitres suivants, à propos du judaïsme, mais aussi à propos d'autres religions ou irréligions : si la foi juive doit être respectée, s'il y a une sorte d'égalité entre judaïsme et christianisme, quel message spécifique apporte donc ce dernier ? Pour le cinquantième anniversaire des Amitiés judéo-chrétiennes, j'ai développé cette interrogation dans un discours à Augsbourg et j'en ai fait l'objet d'une question à la réunion de Paris. S'il est bon de rejeter toute action « missionnaire », si le respect doit interdire le prosélytisme, faut-il pour autant que les chrétiens ne témoignent même pas, face aux frères juifs, de leur foi dans le Ressuscité et de leur espérance ? Ne doivent-ils pas être animés par le confiant espoir de voir les juifs et les autres non-chrétiens trouver accès à la source à laquelle eux, chrétiens, disent s'abreuver ? Je mentirais en disant que ma question a été favorablement accueillie par les chrétiens participant à cette assemblée judéo-chrétienne.

Chapitre II

IDENTITÉS ET RELIGIONS

Identités et « mémoires collectives »

Il ne faudrait jamais utiliser l'article défini pluriel : *les* juifs, *les* chrétiens, *les* Arabes, *les* Corses. Pour au moins deux raisons : aucun groupe humain n'est pleinement homogène, et chaque personne a des identités multiples ou, du moins, ne relève pas d'un seul groupe d'appartenance. Dans *Totalité et Infini*, Emmanuel Lévinas dit que « l'identité de l'individu ne consiste pas à être pareil à lui-même et à se laisser identifier *du dehors* par l'index qui le désigne, mais à être le même, à être soi-même, à s'identifier de l'intérieur ». Malheureusement, aucune de ces deux prescriptions n'est en général suivie. Le doigt identificateur, en fait réducteur d'identités, ne cesse d'être brandi. À Singapour, loin de l'Europe, je me suis entendu demander, au lycée allemand, par une élève de dix-sept ans : « Si jamais j'ai une fille, pourra-t-elle espérer, quand elle aura dix-sept ans, ne plus rencontrer l'accusation et le soupçon dans le regard de son interlocuteur quand elle dira qu'elle est allemande ? » Un commentateur en général intelligent et pondéré a pu écrire, en 1995, pendant la guerre en Bosnie : « On s'aperçoit enfin non pas que les Serbes sont des victimes – l'atrocité de leurs méthodes de guerre interdit toute compassion pour leurs civils [1]... » *Les* Serbes et *leurs* civils – le doigt se fait meurtrier à son tour. Et, pour « s'identifier de l'intérieur », comme le souhaite Lévinas, il faut une prise de conscience distanciée des appartenances multiples, un examen fondant la synthèse personnelle, qui présuppose une réflexion fort peu courante. Elle était pourtant manifestement présente chez Ruth Dreifuss lorsque, en décembre 1998, elle est devenue la première femme, la première juive, la première socialiste, à accéder à la présidence de la Confédération helvétique. De mon côté, je suis conscient qu'il me faut faire effort pour mettre en perspective mes aspirations et mes conduites par le fait que je suis homme et non femme, retraité et non jeune producteur de ressources pour les retraites, professeur et non chômeur potentiel, français et européen, donc à l'abri des besoins élémentaires de l'immense majorité des êtres humains vivant aujourd'hui.

Dans la vie sociale, il existe deux sortes de réalités : la réalité observable, quantifiable, « objective », et la réalité de ce qui est cru réel et vrai. L'Allemagne de 1939 n'avait nul besoin économique d'espaces à l'Est, mais Hitler le croyait et sa croyance fausse a causé des millions de morts. L'Occitanie n'a jamais eu d'existence organisée, mais que pouvait-on répondre, dans les années soixante, à tel leader du mouvement occitan disant que la preuve de son aliénation antérieure était qu'il n'avait pas eu conscience de son appartenance occitane ?

C'est ce qui rend si absurde l'affirmation fièrement proférée par Pierre Bourdieu dans son discours inaugural au Collège de France :

> [Le sociologue peut] dire les limites entre les classes, les régions, les nations, décider, avec l'autorité de la science, s'il existe ou non des classes sociales et combien, si telle ou telle classe sociale – prolétariat, paysannerie ou petite bourgeoisie –, telle ou telle unité géographique – Bretagne, Corse, Occitanie – est une réalité ou une fiction...

Il est vrai que les sociologues et les historiens peuvent contribuer à faire naître, à renforcer, à affaiblir, à détruire des identités, par la présentation de leurs travaux. Mais Karl Marx et ses héritiers directs n'ont pas réussi à convaincre les travailleurs français et allemands qu'ils étaient exclusivement et même prioritairement des prolétaires et non des nationaux, capables d'être conduits à haïr les prolétaires d'autres nations, tout particulièrement en 1914. La vérité humaine est mieux décrite que chez Bourdieu par Dominique Schnapper.

> La société moderne n'est pas formée de groupes juxtaposés, aux frontières claires, mais d'individus dont les rôles, les références sont multiples. Suivant les situations sociales et les circonstances historiques, ils choisissent, en fonction de leur passé individuel et collectif, des formes particulières de références et d'identifications... Les sociétés modernes sont fondées sur la mobilité des hommes, la pluralité de leurs fidélités et de leurs abandons, la pluralité de leurs identités [2].

Savoir pourquoi l'on pense comme on pense, ce que l'on pense peut désarçonner. Mais sans prise de distance préalable, sans réflexion sur les appartenances et les origines, peut-on prétendre s'identifier ou s'être identifié par un libre choix ? J'ai eu l'occasion, lors d'une émission de télévision, de questionner l'archevêque de Marseille et futur cardinal Roger Etchegaray. On venait de montrer un petit film biographique, montrant son devenir rectiligne : famille catholique, enfant de chœur, petit séminaire… Ne s'était-il jamais demandé ce qu'il serait devenu avec un autre lieu de naissance – protestant à cent kilomètres, musulman à quinze cents, hindou à sept mille ? Il m'a répondu qu'il ne voyait pas le sens de ma question, alors que, pour moi, elle était et demeure essentielle.

D'autant plus que les appartenances peuvent être nées non d'une décision, mais d'une obligation. En 1555, la paix d'Augsbourg a imposé le principe *Cujus regio, hujus religio.* À moins d'accepter de quitter son lieu d'implantation, tout sujet devait épouser la religion du prince. Aujourd'hui encore, les enchevêtrements de la carte religieuse de l'Allemagne ont le plus souvent pour origine les choix personnels de grands ou de petits seigneurs régnant parfois sur des territoires minuscules. Les descendants de leurs sujets n'en sont pas moins aujourd'hui des catholiques ou des protestants convaincus. En 313, l'empereur Constantin a accordé aux chrétiens le droit de ne pas être persécutés pour leur foi. Mais en faisant du christianisme une religion d'État, il a préparé d'autres intolérances. En acceptant qu'en 325 le concile de Nicée définisse le contenu de leur foi, il a ouvert la voie aux croyances imposées, puis acceptées par les descendants comme conséquences d'un libre choix.

Nous aurons à nous interroger sur les droits et les obligations des éducateurs, et sur le cheminement possible entre la formation par la transmission et l'éducation à la liberté. Mais dès maintenant, nous pouvons nous demander comment utiliser la définition de l'identité, telle que Voltaire l'a donnée dans son *Dictionnaire philosophique* : « Le terme ne signifie que même chose. Il pourrait être rendu en français par mêmeté... Ce n'est donc que la mémoire qui établit l'identité, la mêmeté de la personne. »

En effet, ma mémoire n'est pas seulement constituée par mon vécu, y compris par le vécu déjà transformé selon la façon dont je l'ai ressenti et mémorisé. Elle est étendue ou plutôt alourdie par ma participation à la « mémoire collective ». L'expression fait fureur en cette fin de siècle, en France sans doute encore plus qu'ailleurs. Or, il s'agit bel et bien d'un concept abusif. Je ne peux pas me souvenir de 1914, moins encore de 1789 : je n'étais pas né. Un juif israélien n'a pas dans sa mémoire personnelle la destruction du Temple. La « mémoire collective » est un transmis qui devient un acquis. Et la transmission aurait pu être effectuée autrement. Par la famille, par l'école, par une Église, plus récemment par les médias.

« Libérer sans désinsérer » : la formule, dont je me servirai encore par la suite, implique tout d'abord la mise en cause de la transmission identificatrice. L'Institut international du livre scolaire de Brunswick travaille depuis des décennies à faire revoir les manuels scolaires par des équipes mixtes d'historiens français et allemands, allemands et polonais, israéliens et allemands. L'un des aspects essentiels de ce travail consiste à faire naître puis à diffuser la compréhension des souffrances subies par d'autres groupes – nationaux, ethniques, religieux. La mémoire peut être dite « créatrice » quand elle implique une vision critique du groupe auquel on appartient et de la vision que ce groupe a d'autres groupes, notamment de ceux qui sont réputés ennemis.

L'idée de « repentance », si répandue à la fin des années quatre-vingt-dix, est à examiner sous cet aspect. Il ne s'agit pas prioritairement d'accuser, de condamner les générations précédentes, moins encore de se proclamer soi-même coupable par appartenance. Une telle proclamation ne fait pas plus sens que celle de culpabilité collective imputée à d'autres groupes humains. Il s'agit d'une sorte de responsabilité civile (la *liability* anglaise, la *Haftung* allemande) qui contraint à une réparation, ne serait-elle que morale, à l'égard des victimes et de leurs descendants. Dans le culte réformé, il est dit : « Nous nous condamnons, nous et nos vices, avec une sérieuse repentance. » Ce n'est pas de cette repentance-là qu'il est question dans les rapports entre collectivités. On est plus proche de la formulation catholique du « ferme propos » qu'on a de réparer et de ne pas récidiver. Pour le membre d'une collectivité, cela signifie s'engager à ne plus se laisser entraîner aux horreurs collectives, à ne pas se mettre en situation de solidarité avec les persécuteurs. Du côté des victimes, il s'agit de ne pas se laisser réduire, de ne pas se réduire à former un groupe d'auto-exclusion fondé sur la condamnation du groupe-bourreau ou des groupes-complices – considérés comme collectivement et héréditairement tels.

En 1993, beaucoup de familles juives ont fait publier des annonces rappelant la déportation meurtrière effectuée un demi-siècle auparavant. La plupart d'entre elles se terminaient par une formule du type « Ni pardon ni oubli ». Mais qui demandait d'oublier ? Qui demandait de pardonner aux bourreaux ? En revanche, fallait-il comprendre que la formule impliquait qu'il y avait culpabilité collective héréditaire ? D'une tout autre tonalité était une annonce parue dans *Le Monde* le 1er octobre :

> Il y a cinquante ans, à Nice, le 30 septembre 1943, la Gestapo arrêtait Arno Klarsfeld, trente-huit ans, qui, en se sacrifiant, réussissait à préserver la vie de son épouse et de

ses deux enfants. Il a fait partie du convoi n° 61 du 28 octobre 1943, à destination d'Auschwitz où il a été assassiné.

En rappelant son souvenir, ses enfants expriment leur reconnaissance, d'une part aux Italiens dont la zone d'occupation en France fut pendant neuf mois, de janvier à septembre 1943, une exceptionnelle terre de refuge pour les juifs persécutés par le IIIe Reich et par l'État français de Vichy, et, d'autre part, à la population de Nice, à son évêque, à ses prêtres, à ses pasteurs, à ses établissements religieux et laïcs, qui, pendant l'occupation allemande, ont aidé à la survie de vingt mille juifs sur vingt-trois mille.

Religions et identités réductrices

On simplifie quand on se simplifie. Si mon moi se réduit à une seule identité, à une seule appartenance, le monde des humains se réduit commodément à une distinction, une opposition, un antagonisme entre un *nous* et un *les autres* ou un *eux*. L'identité simplificatrice, réductrice, semble parfois relever de la vie professionnelle ou du choix du loisir. On ira voter en tant que producteur de porcs ou en tant que chasseur. Mais il s'agit dans ce cas seulement d'un péché contre la citoyenneté, car les autres appartenances ne sont pas pleinement éliminées, sacrifiées dans l'esprit et le comportement du chasseur. Il n'en est pas tout à fait de même pour deux autres identités, surtout quand elles se superposent ou s'enchevêtrent pour se réduire finalement à une seule : la religion et la nation, celle-ci pouvant être ou non définie, comprise, vécue à partir d'une appartenance ethnique.

Nous aurons évidemment à regarder l'engagement politique des chrétiens lorsque nous examinerons la présence temporelle, individuelle et collective de ceux qui se réclament du christianisme au cours des dernières décennies. Mais déjà il faut évoquer ici le double problème identitaire avec lequel catholiques et protestants se sont trouvés confrontés dans des pays comme la France et l'Allemagne. La religion a parfois pris le pas sur l'identification nationale. Le Zentrum, parti catholique, a été considéré, notamment par la curie romaine, comme un instrument de la religion organisée, que ce fût dans la seconde moitié du XIXe siècle ou dans le premier tiers du XXe. En France, le long refus de se rallier à la République a placé nombre de catholiques en quelque sorte hors la nation, même quand ils se réclamaient de celle-ci contre « la Gueuse ». La Grande Guerre a eu un effet doublement intégrateur. Catholiques et prolétaires acquirent dans les tranchées une pleine identité nationale, à la fois aux yeux des autres et à leurs propres yeux.

Le prix payé a souvent été considérable. L'identité nationale efface si bien la confessionnelle que celle-ci est mise au service de la nation. Que de *Te Deum* chantés à l'occasion de victoires remportées sur des chrétiens ayant une autre identité nationale ! « Mourir pour la Patrie est le sort le plus beau » – même si, en son nom, on massacre des frères chrétiens ou, plus simplement, des frères humains. Le Dieu des armées est appelé au secours de la nation et on osera appeler une église Notre-Dame-des-Victoires. Que d'insultes a reçues le pape Benoît XV lorsqu'il voulut rétablir la paix entre la France, « fille aînée de l'Église », et l'Autriche, légataire du Saint Empire romain !

Il est vrai qu'en d'autres siècles on célébrait la réussite de la persécution infligée à d'autres chrétiens ne se réclamant pas de la bonne Église. Dans l'admirable dialogue initial des *Misérables* entre Mgr Myriel et le vieux conventionnel, Victor Hugo fait demander par l'évêque : « Que pensez-vous de Marat battant des mains à la guillotine ? » La réponse terrible vient aussitôt : « Que pensez-vous de Bossuet chantant le *Te Deum* sur les dragonnades ? »

Qu'il ait pu exister, qu'il existe encore des conflits entre appartenance nationale et appartenance religieuse, qui le nierait ? Encore que souvent l'existence de ce conflit ait fréquemment échappé aux consciences. Je me souviens que, chez les Éclaireurs protestants, on chantait d'un même cœur :

Dans le drapeau qui frissonne
À tous les souffles des cieux
C'est la Patrie en personne
Qui parle à ses fils pi-eux.

et :

Mon Sauveur, je voudrais être
Une fleur de tes parvis,
Briller pour toi seul, ô Maître,
Puisque par toi seul je vis.

Le conflit existe-t-il là où les deux identités se trouvent si enchevêtrées qu'elles finissent par n'en faire qu'une ? Après la publication du *Crime et la Mémoire* en 1989, donc avant les effusions de sang dans l'ancienne Yougoslavie, je me suis vu reprocher, dans deux lettres assez semblables, l'une d'un prêtre orthodoxe serbe, l'autre d'un prêtre catholique croate, de n'avoir pas assez parlé des crimes commis par l'autre communauté sur les Serbes, sur les Croates. J'ai répondu que, surtout s'ils se voulaient chrétiens, il faudrait qu'ils parlent chacun à sa communauté des crimes commis en son nom contre l'autre communauté. Chacun me paraissait n'avoir qu'une identité, la serbe et la croate ayant absorbé la chrétienne.

Je reconnais que je simplifie ainsi à mon tour l'infinie complexité des entrecroisements identitaires balkaniques. On se perd déjà dans les mélanges, à partir du VIe siècle, entre peuples et ethnies, tantôt autochtones, tantôt envahisseurs devenant à leur tour autochtones envahis. À la diversité des peuplements s'ajoute une forte diversité religieuse. Grecs, Bulgares, Serbes, Roumains et un dixième des Albanais étaient chrétiens orthodoxes ; Croates, Slovènes, Hongrois et un cinquième des Albanais, catholiques romains ; Bosniaques, Turcs et la majorité des Albanais étant musulmans. La carte politique des États-nations ne se superpose pleinement à la carte religieuse que pour la Slovénie et la Grèce, qui ne comprennent guère de minorités. Les dirigeants et la population grecs savent bien que l'orthodoxie ne se limite pas aux frontières de la Grèce, mais l'Église orthodoxe fait tout pour que la nation grecque soit identifiée par l'orthodoxie, ce qui restreint considérablement les chances de carrière des jeunes catholiques et met sur la défensive les politiques désireux d'établir plus solidement la laïcité de l'État ou du moins une séparation nette entre celui-ci et l'Église.

Pour mieux affirmer une identité nationale liée à une identité religieuse, il est commode et rentable de transformer l'histoire en drapeau. Les idéaux nationalistes forgés au XIXe siècle ont été renforcés par des récits historiques largement mythiques de la résistance contre la conquête turque. Un peu comme en France, la conscience nationale a été renforcée par le mythe d'une Gaule identifiée comme communauté résistant à César sous la direction du fort mythique Vercingétorix. En 1389, la bataille du « Champ des Merles », dans la plaine de Kosovo, a vu la défaite du roi des Serbes Lazare, qui commandait une coalition comprenant aussi des Bosniaques, des Albanais et des Bulgares. Les troupes ottomanes victorieuses comptaient également des Bulgares et des Serbes et, en 1387, les Serbes avaient participé, en Anatolie, à une campagne dirigée par le sultan Murad, le chef des vainqueurs de 1389. En 1402, le fils de Lazare commande à son tour des troupes serbes au sein des armées du fils de Murad face à l'invasion de Tamerlan. Plus de cinq siècles plus tard, la Serbie de Milosevic fait remonter le droit des Serbes orthodoxes à dominer le Kosovo musulman à la bataille héroïquement perdue.

Les tués ont été assurément moins nombreux en Irlande du Nord, mais on en a tout de même compté 3 637 de 1966 à 1998, c'est-à-dire depuis la reprise de la guerre civile jusqu'à l'apaisement. Au total, 2 038 civils ont été tués, dont 698 protestants et 1 232 catholiques, auxquels il faut ajouter les policiers, les soldats britanniques, les auxiliaires de sécurité, les républicains paramilitaires, les « loyalistes » organisés. Sur l'ensemble des morts, 1 771 ont été tués par l'IRA (« armée révolutionnaire » catholique), 1 050 par les paramilitaires protestants, 301 par l'armée et 60 par la police[3].

Depuis la domination de l'Angleterre sur l'Irlande, voici trois siècles, catholiques et protestants se sont affrontés. Colonisation, résistance, massacres ont nourri des « mémoires collectives » antagonistes. Les mariages interconfessionnels n'ont pas pleinement cessé d'être considérés comme une double trahison de la communauté d'appartenance, à la fois religieuse et politique. Pourtant, deux particularités identitaires doivent être prises en compte. Le conflit religieux est aussi un conflit social, l'accaparement protestant des richesses et des places ayant laissé la majorité des catholiques dans la pauvreté. En même temps, si l'IRA a choisi la voie armée, l'Église catholique, elle, a davantage tablé sur la lutte pacifique pour obtenir l'unité de toute l'Irlande – une unité qui ferait des protestants une petite minorité.

Lorsque l'Inde a accédé à l'indépendance, en 1947, ce n'étaient pas des chrétiens qui étaient en cause : le Pakistan est né à partir d'une identification religieuse. Ne constituait-il pas une vaste région peuplée presque exclusivement de musulmans – ce qui ne voulait pas dire qu'il ne restait pas de musulmans dans l'Inde ennemie ?

L'islam et les autres

En France, peut-être plus qu'ailleurs en Europe, nombre de chrétiens considèrent l'islam comme l'ennemi historique, avec un mélange étonnant et parfois détonant de haine et de mépris. Ces sentiments ne sont pas nécessairement conscients. Que de films dans lesquels les adversaires de nos vaillants officiers et soldats, en Algérie ou au Maroc, étaient tout simplement « les salopards ». Ainsi dans *Trois de Saint-Cyr*, qui remporta un succès durable à partir de 1938. Mais en 1999 encore, le calendrier des Scouts d'Europe comporte un texte de quelques pages intitulé « Un peu d'histoire » où l'on peut lire plusieurs passages semblant dater d'une autre époque :

> Un fait très important est la conversion des Francs au catholicisme et montre que, de tous les barbares, les Francs sont les plus évolués. Clovis en personne le prouve, par l'enthousiasme avec lequel il embrasse la vraie religion… D'autres envahisseurs arrivent en 725 : des hordes d'Arabes, fidèles à la fausse religion de Mahomet… Charlemagne dut combattre les Saxons pendant vingt ans, avant de réussir à les soumettre ; il détruisit leurs idoles et

fit construire à leur place des monastères. Cependant, un autre peuple infidèle tentait la conquête de l'Europe : les Arabes ; ils avaient déjà occupé toute l'Espagne. Charlemagne tenta une première expédition militaire qui échoua, mais en vingt ans de lutte, il réussit à occuper une partie de l'Espagne martyrisée par le joug de ces infidèles sans cœur et sans foi...

Chers scouts, voici des exemples pour nous tous, d'hommes qui ont œuvré pour notre Pays, pour notre histoire, pour notre Église. Qu'il en soit de même pour nous tous, dans le plus profond respect de notre promesse.

Vaut alors l'appel lancé par Roman Herzog, président de la République fédérale d'Allemagne, dans sa *laudatio* pour Annemarie Schimmel, islamisante recevant le prix de la Paix à Francfort, le 15 octobre 1995 :

> Rappelons-nous que, voici six ou sept cents ans, il y a eu une grande *Aufklärung* islamique qui a conservé pour l'Occident des parties considérables du savoir antique et qui s'est trouvée confrontée à une pensée occidentale qu'elle a dû ressentir comme fortement fondamentaliste et intolérante.

À tous ceux qui se réclament de Charles Martel, il faut demander pourquoi ils emploient des chiffres arabes et non pas romains ou leur recommander de faire un voyage à Cordoue pour y réfléchir sur ce qu'a été l'Andalousie du VIIIe au Xe siècle. Averroès, né à Cordoue en 1126, n'a-t-il pas été l'un des penseurs les plus féconds du temps, même s'il allait être condamné par l'Église catholique un demi-siècle après sa mort ? Ou encore pourraient-ils se demander qui donc avait été cet Avicenne dont un hôpital parisien porte le nom et quelle avait pu être la grandeur de ce médecin et philosophe.

N'allons pas trop loin ! La tolérance, l'ouverture, la

créativité dans les siècles passés n'effacent pas les intolérances et les obscurantismes d'aujourd'hui, quelle que soit l'intensité récente du dialogue interreligieux. Celui-ci est de toute façon affecté par la difficulté à définir l'identité islamique.

Dans le langage courant, les assimilations erronées sont monnaie courante. Les expressions « les Arabes » et « les musulmans » sont utilisées comme équivalentes. Comme si des millions de musulmans n'étaient pas pakistanais ou indonésiens ! Comme si, en Algérie, les Berbères n'étaient pas victimes de l'arabisation ! En Europe, est-ce pleinement le même islam que celui des Maghrébins en France, celui des Pakistanais en Grande-Bretagne, des Turcs en Allemagne, des Surinamiens aux Pays-Bas [4] ?

La définition et l'autodéfinition dépendent d'au moins deux facteurs qui contribuent à préciser ou à transformer les identités. Dans le pays d'accueil, les musulmans font-ils face, pour s'y intégrer ou non, à une société fondée sur l'idée de citoyenneté individuelle – ce qui est théoriquement le cas de la France –, ou bien le principe communautaire y pousse-t-il à la constitution d'ensembles islamiques homogènes ? Dans quelle mesure aussi ces individus, ces communautés sont-ils indépendants du pays d'origine ou bien soumis à une domination du dehors ? En Allemagne, les livres d'histoire utilisés dans l'enseignement en turc se révèlent lourds d'endoctrinement non pas musulman, mais de glorification chauvine de la Turquie. En France ou ailleurs, qui peut mesurer l'influence de l'islamisme de l'Arabie Saoudite par le moyen de l'argent qu'elle investit dans la construction de mosquées ou la formation des imams ?

Dans les discussions entre musulmans et non-musulmans, en particulier les chrétiens, trois questions sont constamment abordées : l'intolérance, le sort réservé aux femmes et l'éducation. Pour des millions de Français, d'Allemands, de Britanniques, l'islam est par nature intolérant. Et de citer – le plus souvent incorrectement – telle ou telle sourate du Coran. Combien de catholiques oublient alors que leur Église a été à la fois celle de saint François et celle de l'Inquisition ? Face à l'islam intolérant existe l'islam tolérant. Assimiler le second au premier, c'est assurer la victoire de l'intolérance.

Mais je suis souvent choqué par une certaine naïveté ou une certaine autocensure chez les protagonistes du dialogue entre chrétiens et musulmans. La cohérence logique et morale ne demande-t-elle pas qu'on exige des pays islamiques la même tolérance, le même esprit de pluralité qu'on veut obtenir de ses concitoyens français ou allemands ? Il ne s'agit pas de dire : « Pas de mosquées chez nous tant qu'il n'y aura pas d'églises au Yémen », mais ne faudrait-il pas dire aux interlocuteurs musulmans qu'ils doivent chercher publiquement à faire évoluer les attitudes intransigeantes et discriminatoires dans les pays de l'islam ? Sinon, ils appliqueraient implicitement la logique dont se réclamait explicitement, du côté catholique, un Léon Bloy : « Je vous réclame la liberté au nom de vos principes et je vous la refuse au nom des miens. » Une logique qui a été utilisée par les communistes et par tous les groupes minoritaires aspirant à un pouvoir absolu, notamment les Églises.

La situation des femmes est effroyable au Pakistan et en Afghanistan. Mariages forcés et non-accès à la vie publique continuent à dominer en Algérie et au Maroc, qui n'ont pas eu leur Bourguiba. Faut-il pour autant considérer que la situation est la même, à partir des mêmes interprétations coraniques, dans les islams d'Europe ? Lorsque Assia Djebar, écrivain algérienne francophone, passée par l'École normale supérieure, reçoit, en octobre 2000, le prix de la Paix à Francfort, elle ne représente évidemment pas l'ensemble des femmes musulmanes résidant en France. Mais les identités citoyennes, religieuses et sociales de celles-ci sont d'une variété telle – avec des évolutions générationnelles fort diverses – que la généralisation est impossible, qu'il s'agisse de la perte des croyances ou du retour au religieux, d'une spécificité voulue ou d'une spécificité ressentie parce que imposée du dehors. Il y a bien des façons de lire le témoignage de Karina, d'origine algérienne, infirmière de trente ans, qui figure en annexe au beau livre de Leïla Babès, *L'Islam positif. La religion des jeunes musulmans de France*, dont un chapitre est précisément intitulé « Identité, culture, pluralisme[5] ».

> La religion musulmane, je la recherche encore. J'ai appris les tabous, les interdits comme toutes les Maghrébines de France. Mais ce n'est pas ce que je veux retenir… On ne peut pas faire abstraction de son éducation. C'est un mode de vie, un codage, mais que je voudrais reformuler d'une autre manière… Il y a autre chose dans la religion que les interdits ; la sérénité, par exemple, l'acceptation des épreuves. L'islam doit être un voyage intérieur, et, pour le faire, il faut repartir à zéro. C'est cela qui donne sens à ma vie.

Il faudrait aussi, dans le dialogue entre musulmans et chrétiens, mettre à part les catholiques. Qui oserait affirmer que les rôles assignés ou consentis aux femmes dans l'Église romaine répondent aujourd'hui encore aux exigences de l'égalité ? Et, du côté juif, quand donc disparaîtra la prière par laquelle un homme peut rendre grâce à Dieu de n'être pas né femme ?

C'est aussi au judaïsme qu'il faut comparer l'islam quand il s'agit d'éducation, de formation. Le risque des écoles hébraïques n'est-il pas, comme celui des écoles islamiques, de forger un sentiment d'appartenance prioritaire, une identification si privilégiée qu'elle risque d'aboutir à une sorte d'autoghettoïsation ? L'école catholique a connu cette attitude et ce risque, mais nous verrons à quel point elle a changé. Dans les affrontements outranciers à propos du « voile islamique », on a trop souvent oublié que l'exclusion de l'école correspondait au rejet vers une formation tendant à l'auto-exclusion.

Il faut cependant faire la différence entre, d'une part, les formations à la fois d'imprégnation religieuse forte et d'ouverture au monde moderne, et d'autre part, le rejet de ce monde au nom d'une exigence religieuse exclusive. En Algérie et ailleurs, il semble que l'enseignement primaire destiné à tous se contente de l'apprentissage du Coran, tandis que le milieu dirigeant veille à la formation intellectuelle et scientifique de ses enfants. En Israël, les hommes qui consacrent leur vie à l'étude de la Bible et du Talmud continuent à être traités en juifs exemplaires, dispensés du service militaire et nourris aux frais de la collectivité. De temps en temps, on trouve dans des publications chrétiennes des contributions pleines d'admiration pour les juifs et les musulmans qui consacrent leur vie à l'étude des textes sacrés ou consacrés[6]. L'admiration protestante est ici d'autant plus étonnante que Luther et Calvin ont l'un et l'autre dénoncé l'ignorance du monde qu'impliquaient bien des conceptions de la vie monacale.

Comme les Églises chrétiennes, l'islam évolue quant à l'ouverture aux autres, à la compréhension des autres.

Parfois l'évolution est plus simulée que réelle. Ainsi lorsque, en juillet 2000, le président iranien Mohammed Chatami a prononcé un long discours à Weimar[7]. Il y fait l'éloge de la liberté et des droits de l'homme et affirme : « Nous nous regardons nous-mêmes avec distanciation. Se connaître ne va pas sans critique de soi. » On est loin des réalités politiques, intellectuelles, religieuses de son pays ! En revanche, quand on découvre la pratique de l'ouverture aux autres, de la discussion avec tous, telles qu'elles sont pratiquées à la mosquée Imam-Ali de Hambourg, pourtant de création et de direction iraniennes, on se dit que l'islam peut aussi se présenter avec ses richesses sans condamner le monde environnant et sans s'en exclure.

Si le simple désir de connaître et de comprendre, fût-ce très insuffisamment, m'a conduit à regarder l'islam, surtout dans sa relation aux autres religions, j'ai vécu à la fin de mon adolescence l'attrait de l'Inde. À travers d'abord ce que Romain Rolland m'en présentait dans *La Vie de Ramakrishna* et *La Vie de Vivekananda*, le disciple du sage et mystique qui a vécu de 1834 à 1886. Encore aujourd'hui, je fais miennes certaines formulations de Vivekananda comme « Ce n'est pas le contenu d'une pensée qui décide si elle ressortit à la religion ou non ; c'est la qualité de cette pensée ». J'avais à la fois épousé une mode (c'était l'époque d'un grand numéro des *Cahiers du Sud* sur l'Inde) et suivi le romancier et essayiste, dont la pensée m'avait paru un modèle de rigueur, de sagesse et de cheminement vers l'intériorité. Dans l'essai *Ends and Means* (« La fin et les moyens »), dans son roman *Eyeless at Gaza* (titre de la version française : « La paix des profondeurs »), Aldous Huxley avait fini par faire l'éloge de la non-violence et de la méditation comme chemin vers la paix en soi et la paix dans le monde. C'est seulement bien des années plus tard que je me suis aperçu que Gandhi n'avait pu triompher que parce que la Grande-Bretagne, tout en dominant son pays, tout en le mettant en prison, était sensible à sa morale, était capable de mauvaise conscience à son égard. S'il s'en était pris à Hitler ou à Staline, il aurait si rapidement disparu qu'il aurait pu à peine faire figure de martyr.

Aujourd'hui, la mode est plutôt au bouddhisme, sans que pour autant nombre de chrétiens tentés par lui aient pris conscience de ce qui devrait les faire résister à cet attrait[8]. On pourra cependant s'interroger sur la signification de l'intense échange des deux dernières décennies entre monastères européens et monastères bouddhistes zen au Japon, d'une tout autre portée que la chute du mot « zen » dans le langage courant. Une chute qui correspond à l'usage frelaté de l'idée même de méditation. Face à la transformation de tel monastère catholique en lieu prospère d'autojustification de puissants de l'économie, on se dira qu'il existe bien des emprises créatrices des religions d'Asie. Je pense à cet ancien étudiant et collègue allemand que son mariage tibétain a fait accéder à un équilibre intérieur qu'il n'avait jamais pu atteindre auparavant. Sa très jeune femme n'a pas vécu longtemps. Le faire-part de décès disait :

PHURBU DOLMA E...
Ma femme, ma mère

Née le 15 février 1969 à Assam, Inde
Mariée le 15 avril 1991 à Delhi, Inde

est morte après une journée pleine d'amour compatissant le 27 décembre 1997 à New York, USA.

Nous avons enterré son corps à W., près de Leipzig, le 2 janvier 1998.

Les lieux de prière pour la protection de son âme ont été New York, Rajpur Uttar Pradesh et W.

Shegu, la fête de son heureuse renaissance, a été célébrée à Manhattan, où elle avait tant aimé la culture du respect et de la tolérance d'hommes d'origines différentes.

Elle nous demeure toujours proche avec la force joyeuse et la sérénité avec lesquelles elle a affronté sa maladie mortelle.

L'assistance spirituelle de moines tibétains nous a rassérénés…

« Joyeuse » traduit mal *heiter* et fait plutôt un peu double emploi avec la *Gelassenheit*, la sérénité qui suit. Or, *Heiterkeit* et *Gelassenheit* appartiennent au langage des mystiques rhénans, notamment Maître Eckhart. Le rapprochement fera question lors de l'évocation de la spécificité de la spiritualité chrétienne.

Chapitre III

CHRISTIANISMES

Il ne s'agit évidemment ni de prendre en considération deux millénaires de christianisme, ni d'embrasser l'ensemble des divers aspects du christianisme d'aujourd'hui. Il fallait avoir les connaissances et l'inspiration d'un Hans Küng pour oser une telle entreprise [1]. J'avoue aussi avoir une passion fort limitée pour deux attitudes chrétiennes et être mal à mon aise avec les hommes et les femmes qui s'en réclament. D'une part, la conception en principe purement scientifique, l'examen du christianisme par une « sociologie religieuse » qui scrute, comptabilise, interprète les croyances et les comportements sans trop s'intéresser aux êtres et à ce qui les fait vivre. D'autre part, les penseurs qui se veulent chrétiens, mais qui mettent leur christianisme entre parenthèses dès lors qu'ils philosophent ou même dès lors qu'ils moralisent. Hegel, Heidegger et Habermas comme justificateurs de la pensée ontologique et éthique, sans référence à l'Écriture. Ce n'est pas seulement parce que je ne suis pas philosophe de métier que j'éprouve un malaise. Je conçois qu'il ne suffit plus de dire, comme l'affirmaient, nous dit-on, Origène et Augustin : « La vraie philosophie, c'est le christianisme », mais faut-il pour autant en arriver au constat que « la relation philosophie-théologie entre dans un nouvel âge, celui de deux postures irréductibles du penser humain[2] » ? Il est vrai que l'auteur, doyen d'une faculté de philosophie catholique, ajoute que « la foi religieuse peut être accueillie comme une énergie spécifique qui inspire la philosophie », et je me sens même un peu ironiquement en accord avec lui lorsqu'il écrit : « Le rapport à la tradition chrétienne favorise une inspiration humaniste qui peut paradoxalement mettre en question les fondements dogmatiques du christianisme. »

Pas seulement du christianisme et de son Dieu trinitaire. Pour moi, c'est l'idée même d'un Dieu qui fait difficulté. Je vois peut-être trop l'anthropomorphisme partout, mais je me trouve sans cesse en face de sentiments humains projetés sur la divinité, de la colère à la compassion, de la bonté à la capacité de juger. Le Dieu qui voit et qui prévoit, qui a intelligence et volonté, je puis aisément admettre que d'autres lui accordent leur foi, mais je me sens totalement extérieur à celle-ci, d'autant plus que, comme je le montrerai ultérieurement, le visage moral de ce Dieu s'est modifié à mesure que se modifiait la morale des hommes.

Depuis toujours aussi, la situation de Dieu dans le temps et l'espace m'intrigue. La notion de Création m'est étrangère. Lorsqu'une inscription à l'Océanopolis de Brest me dit que la Terre existerait depuis quatre milliards d'années, qu'une vie réelle s'y est développée dans les océans il y a 800 à 700 millions d'années et qu'elle est sortie sur la terre ferme voici 400 millions d'années, je ne sais où situer la création à partir d'une volonté divine, moins encore l'homme, image de Dieu et maître de la nature, dans cette immensité temporelle. Il est vrai que le récit biblique n'est plus à prendre au pied de la lettre puisque, parlant d'Adam et Ève, un professeur d'exégèse écrit : « Il est tout aussi impossible à l'exégète de dire qu'ils ont existé que de dire qu'ils n'ont pas existé. Mais, nous l'avons vu, ce n'est pas la vraie question du texte biblique[3]. »

Je comprends aussi les réticences d'un Malebranche imaginant mal qu'un Dieu parfait et en quelque sorte total puisse projeter en dehors de lui une création. Un Dieu qu'il faudrait concevoir à la fois hors du temps dans son éternité et dans le temps dans ses interventions. Qu'il y ait là un vrai problème intellectuel, les affrontements autour de l'idée de prédestination, de saint Augustin à Calvin et à Fénelon, le montrent bien.

Je voudrais pourtant que mon lecteur admette que c'est avec un étonnement chaleureux et non avec ironie que j'entends proclamer à la messe : « Il est grand, le mystère de la foi ! » Parfois, je le reconnais, j'ai la tentation de réagir comme le Jean Barois de Martin du Gard face à sa fille et de trouver, comme lui, enfantine mais inattaquable sa réplique à son père : « Vous ne me ferez pas croire que tout le labeur d'une vie comme la mienne [...] puisse se briser contre votre foi d'enfant. – Mais, père, si ma certitude était à la merci d'objections, ce ne serait plus une certitude. »

Plus souvent, je me sens à la fois admiratif et interrogatif face aux hommes et aux femmes de foi. Pour ne prendre qu'un seul exemple, celui d'un disparu ami, le jésuite François Varillon, mort à soixante-treize ans en 1978 : il avait le droit de dire qu'il était « amoureux de la cohérence », et sa foi profonde, à la fois raisonnée et au-delà de tout raisonnement, n'empêchait en rien l'ouverture à autrui et l'aptitude à la liberté.

Et mes interrogations sur les attitudes chrétiennes face aux Écritures ne m'empêchent nullement de trouver intelligentes et belles les présentations de personnages bibliques par un autre jésuite, professeur de théologie et d'exégèse[4], ou les interprétations pénétrantes qu'une linguiste théologienne proposait aux étudiants ayant des intérêts plus larges que le contenu de leur spécialité universitaire[5].

L'Écriture, la Résurrection et le salut

La Bible et surtout le Nouveau Testament au cœur de la croyance des chrétiens : est-ce si simple ? Du côté protestant, il avait pu sembler à l'origine que, face à l'Écriture, tout croyant était libre de faire la lecture de son choix, de donner les interprétations de son choix. Mais déjà Luther et plus encore Calvin se sont chargés de définir le contenu de ce qu'il fallait croire. La liberté du chrétien continue à être affirmée, mais la Déclaration de concorde de Leuenberg, acceptée en 1973 ou depuis lors par la grande majorité des Églises protestantes d'Europe, parle de la « droite doctrine » (*rechte Lehre*) sur laquelle l'accord s'est fait[6]. Du côté catholique, le cardinal Ratzinger, au nom de la Congrégation pour la doctrine de la foi (l'ancien Saint-Office), avec l'approbation du pape donnée « avec science certaine et son autorité apostolique », peut utiliser quatre fois, dans *Dominus Jesus*, un texte de vingt pages rendu public en septembre 2000, l'expression « on doit croire fermement » et affirmer que les catholiques sont « tenus de professer » telle ou telle croyance[7].

Mais Jean-Paul II – dont nous retrouverons la définition de la vérité de foi avec son encyclique *Veritatis splendor* – avait aussi approuvé, en 1993, un texte fort long et très fouillé de la Commission biblique pontificale, *L'Interprétation de la Bible dans l'Église*[8]. Certes, la percée la plus significative pour la libération de l'exégèse avait été réalisée un demi-siècle auparavant par Pie XII dans son encyclique *Divino afflante*. Mais voici que les méthodes les plus neuves, voire les plus osées (analyse sémiotique, approche sociologique, approche par l'anthropologie culturelle, approches psychologiques et psychanalytiques), se trouvaient acceptées. Des limites étaient fixées, l'interprétation de la Bible dans la vie de l'Église soigneusement définie, mais la mise en garde la plus nette s'adressait à la lecture fondamentaliste, déclarée « dangereuse » car invitant « sans le dire, à une forme de suicide de la pensée ». Cela parce qu'elle « tend à traiter le texte biblique comme s'il avait été dicté mot à mot par l'Esprit et n'arrive pas à reconnaître que la Parole de Dieu a été formulée dans un langage et une phraséologie conditionnés par telle ou telle époque… Souvent le fondamentalisme historise ce qui n'avait pas la prétention à l'historicité, car il considère comme historique tout ce qui est rapporté ou raconté avec des verbes à un temps passé, sans la nécessaire attention à la possibilité d'un sens symbolique ou figuratif ».

À partir de là apparaît, à mes yeux, une énorme contradiction. Comment peut-on à la fois accepter les travaux des exégètes, fussent-ils personnellement tout à fait croyants, et prendre au pied de la lettre les textes évangéliques ? Comment ne pas sursauter en entendant, après la lecture de l'épître, « Parole du Seigneur » et, après l'Évangile du jour, « Acclamons la parole de Dieu », alors que les ouvrages les plus récents et les plus loués montrent qu'aucune formulation attribuée à Jésus ne saurait être pleinement authentifiée ?

Personnellement, je trouve plus impressionnant, par sa rigueur et sa clarté, le *Jésus de Nazareth* de Jacques Schlosser, professeur à la faculté de théologie catholique de Strasbourg[9], que la somme foisonnante tant vantée du grand exégète américain Raymond E. Brown, *Que sait-on du Nouveau Testament*[10] *?* Mais l'un et l'autre, après analyse minutieuse des textes et des sources, parviennent à des conclusions incertaines qui devraient troubler bien des certitudes. Parfois la prise en compte de la recherche donnerait les résultats les plus positifs pour la justice et la paix. Ainsi lorsque Brown écrit : « Nous avons vu que l'emploi johannique de la forme "les Juifs" reflète des attitudes développées dans l'histoire de la communauté johannique. » L'exégèse montre que la généralisation meurtrière, encore si présente chez Bach dans *La Passion selon saint Jean*, n'a pas été dictée par Dieu, mais est née de circonstances entourant la rédaction de l'Évangile de longues décennies après la mort de Jésus. Quant à la différence de ton entre les Béatitudes selon Matthieu, douces et compatissantes, et selon Luc, terribles dans leurs condamnations radicales, elle est atténuée par la constatation que « l'idéal de Luc n'est autre que celui de la communauté des croyants de Jérusalem qui ont mis leurs biens en commun ».

Le document *Dominus Jesus* du cardinal Ratzinger insiste, comme toute la tradition catholique, sur le « Tu es Pierre » de l'Évangile selon Matthieu, qui, avec d'autres passages moins directs, justifierait qu'on déplore que les chrétiens non catholiques persistent dans leur « non-acceptation de la doctrine catholique du primat que l'évêque de Rome, d'une façon objective, possède et exerce sur toute l'Église conformément à la volonté divine ». Le catholique Brown arrive simplement à la conclusion prudente qu'« il est difficile à ceux qui rejettent le pape de présenter la conception d'un successeur de Pierre comme contradictoire avec le Nouveau Testament[11] ». Plus brutales sont les constatations de Schlosser à propos de ce qui fait le fondement de la messe, mais aussi des liturgies réformées. Évoquant le dernier repas pris avec les disciples, il écrit :

> Les deux élaborations littéraires, celle de Jean surtout, se situent loin des origines et ne peuvent guère être prises en compte par l'historien, sinon pour quelques éléments... L'introduction du récit (chez Jean), très surchargée et imprégnée par le langage particulier et la théologie du rédacteur, est d'ailleurs loin de pouvoir nous garantir, pour le cas où l'on retiendrait l'historicité du geste lui-même, un lien réel avec la situation de Jésus à la veille de sa mort [12].

Dans son chapitre introductif « Comment lire le Nouveau Testament », Brown relève les « problèmes particuliers soulevés par des théories de l'inspiration et de la révélation [13] ». Il cite le texte *Dei verbum* de Vatican II : « Les livres de l'Écriture enseignent nettement, fidèlement et sans erreur, la vérité telle que Dieu, en vue de notre salut, a voulu qu'elle fût consignée dans les Saintes Lettres. »

Et il s'interroge sur les critères à utiliser pour « déterminer ce que l'Écriture enseigne avec autorité [14] ». Il se limite alors, en bon ouvrier de l'entente entre catholiques et protestants, à ceux qui sont appliqués par les uns (« L'Esprit nous guide à travers l'enseignement de l'Église ») et par les autres, encore que, comme il a été dit, la formulation « l'Esprit guide chaque lecteur de la Bible » ne corresponde guère aux réalités ecclésiales réformées. Dans les deux cas, le guidage par l'Esprit est présupposé.

Pour moi, les exégètes s'enferment dans le même cercle logique que les autres chrétiens. L'existence de l'Esprit, révélée dans la Bible, est à la base de l'interprétation à donner au contenu de celle-ci. En d'autres termes, on accepte les Écritures comme vraies parce que la Vérité s'y exprime, et on sait que la Vérité s'y exprime puisqu'elles sont vraies. Est-il offensant de voir là une offense à la logique ?

« Si le Christ n'est pas ressuscité, vide alors est notre message, vide aussi notre foi. »

Ce seul verset de la Première épître aux Corinthiens représente en quelque sorte le noyau dur de la croyance chrétienne. Et la résurrection du Christ se trouve intimement liée à la résurrection des morts en général. Peu importe ici à quel moment ou sous quelle forme cette résurrection se fera. L'important, c'est la signification de la résurrection de Jésus pour le salut des hommes.

De tous les hommes ? « Pour nous les hommes et pour notre salut », est-il dit à la messe. Mais précisément parce que la parole ainsi prononcée se rapporte à la fois au sacrifice du Christ et à l'offrande que les fidèles font à Dieu de ce sacrifice, la question des voies du salut doit être posée. Selon moi, il existe une singulière accumulation de saluts. Le salut est d'abord apporté par l'Alliance, celle de Dieu avec Abraham. Puis vient l'« alliance nouvelle et éternelle » que représente la Croix. Ce second salut est assez brutalement affirmé dans l'aria pour basse et chœur qui vient presque en conclusion de *La Passion selon saint Jean* et qu'on pourrait méchamment résumer par « Tu es bien mort ? Ouf, nous sommes sauvés ! ».

Mon cher Sauveur, laisse-nous t'interroger,
Puisque maintenant tu as été mis en croix
Et dit toi-même « Tout est accompli »
Suis-je libéré de la mort ?

Puis-je, par ta souffrance et ta mort,
Hériter du Royaume céleste ?
La rédemption de tout le monde est-elle là ?
Certes, la douleur t'empêche de parler,
Mais tu penches la tête
Et tu dis silencieusement : oui !

L'une des préfaces de la Prière eucharistique va dans ce sens : « Dans le mystère de Pâques, il a fait une œuvre merveilleuse : car nous étions esclaves de la mort et nous sommes appelés à partager sa gloire… Toi qui nous fais passer des ténèbres à Ton admirable lumière. »

Mais une autre préface dit : « Il est maintenant le salut pour tous ceux qui écoutent sa parole », ce qui restreint le cercle des sauvés et saute même la troisième forme de salut, celui qui est apporté par le baptême. Ce salut-là a pendant des siècles conduit l'Église catholique à faire une cruelle distinction entre les enfants morts baptisés et ceux qui ne l'étaient pas, au point qu'aujourd'hui encore des parents demandent le baptême salvateur pour des prématurés morts nés.

Seuls les baptisés peuvent-ils être sauvés ? Oui, mais seuls les croyants parmi eux, répond d'emblée *Dominus Jesus* en s'appuyant sur le verset déjà cité de Marc : « Celui qui croira et sera baptisé sera sauvé ; celui qui ne croira pas sera condamné. » Nombre de chrétiens, prêtres et théologiens compris, préfèrent se référer à la Première épître de Jean :

Aimons-nous les uns les autres
Puisque l'amour est de Dieu
Et que quiconque aime
Est né de Dieu et connaît Dieu.
Celui qui n'aime pas n'a pas connu Dieu.

Encore la suite de l'épître insiste-t-elle sur la nécessité de confesser le Fils.

Tous les croyants cependant n'accèdent pas automatiquement au salut. Comment sont-ils susceptibles d'y parvenir ? Peut-on « faire son salut » ? De forts clivages existent ici entre chrétiens, à cause de la place variable attribuée à la grâce divine. Il y a eu rapprochement, avec quelque restriction mentale, entre l'Église catholique et les Églises luthériennes sur la priorité absolue à accorder à la grâce sur les œuvres et sur le rôle de la grâce dans la présence de la foi. Que la grâce ne se mérite pas, qu'elle est donnée gratuitement par Dieu, voilà qui peut se prêter à des interprétations fort différentes, les unes confiantes et joyeuses, d'autres à la limite du désespoir. C'est le cas de Fénelon, dont l'idée du « pur amour » me semble plus rigoureusement analysée par Michel Terestchenko [15] que par François Varillon [16]. À preuve, la terrible lettre de Fénelon que le premier cite en conclusion :

> Je sais que le nombre des non-prédestinés [au salut] est incomparablement plus grand que celui des prédestinés. [...] Il y aurait à parier cent contre un que je ne me trouverai point du très petit nombre des prédestinés. L'incertitude doit suffire pour causer le plus intolérable tourment quand il s'agit d'une décision telle que celle du salut. [...] De quoi donc puis-je vivre suspendu par un cheveu au-dessus de l'abîme de l'enfer ? [...] Ma paix ne viendra donc que d'un amour qui m'attache à Dieu indépendamment même de la récompense, quoique je la désire...

Il faut donc se déprendre totalement de soi, se perdre en Dieu dans l'attente de son jugement formé depuis toujours. Tout amour mystique, nous le dirons, n'est pas désespéré comme celui-ci. Mais qu'il y ait des sauvés et des damnés, les Églises l'ont toujours affirmé et les grands peintres l'ont illustré. Que ce soit au plafond de la chapelle Sixtine ou dans les personnages qui entourent l'*Agneau mystique* à Gand, les élus se trouvent glorifiés. Élus pourquoi ? Il me semble que le salut par les œuvres (et la damnation à cause des œuvres mauvaises), si présent dans l'art, a fait un retour en force aujourd'hui, en même temps que celui de salut accessible à tous, ce qui effraie les Églises chrétiennes. Le texte luthérano-catholique qui met l'accent sur la grâce et attribue à celle-ci les mérites est sans doute moins présent dans la pensée des chrétiens d'aujourd'hui, pasteurs et prêtres compris, que le « chacun selon ses œuvres » du jugement ultime de l'Apocalypse et aussi, je pense, dans l'une et l'autre version du Sermon sur la Montagne. Dans ce sens, je dis souvent, sans prendre mon affirmation trop au sérieux, à mes amis croyants : « Vous êtes tous des pélagiens ! », Pélage ayant, au début du Ve siècle, affirmé la possibilité pour les hommes de se sauver par leur seule libre volonté, avec une part réduite accordée à la grâce pour la naissance et la mise en action de cette liberté.

Je ne suis pas certain que même les pasteurs des Églises réformées parviennent à écarter l'idée de choix possibles dans la vie quotidienne des croyants, notamment de choix conformes à l'idéal évangélique. L'épître aux Éphésiens dit bien (II, 8) :

> C'est bien par la grâce que vous êtes sauvés, moyennant la foi. Ce salut ne vient pas de vous, il est un don de Dieu ; il ne vient pas des œuvres, car nul ne doit pouvoir se glorifier. Nous sommes en effet son ouvrage, créés dans le Christ Jésus en vue des bonnes œuvres que Dieu a préparées d'avance pour que nous les pratiquions.

Et si le bien pratiqué n'est qu'un effet de la grâce, qu'en est-il du mal, dont l'origine ne se trouverait point en Dieu, mais dans l'exercice par l'homme de sa liberté ?

Job, la théodicée et le péché

« Quoi que vienne dire l'athée d'aujourd'hui et quoi qu'il puisse dire dans l'avenir, il retarde. Job l'avait dit il y a trois mille ans. » La formulation du pasteur Roland de Pury, dans sa brève mais profonde présentation du livre de Job [17], me paraît excessive et, à mes yeux, c'est la logique d'Épicure qui n'a jamais été vraiment entamée :

> Ou Dieu veut empêcher le mal et ne le peut, ou il le peut et ne le veut, ou il ne le veut et ne le peut, ou il le veut et le peut. S'il le veut et ne le peut, il est impuissant. S'il le peut et ne le veut, il est pervers. S'il ne le peut et ne le veut, il est impuissant et pervers. S'il le peut et le veut, que ne le fait-il ?

Sauf à trouver acceptable la réponse de tant de prêtres et de pasteurs face aux interrogations des fidèles : « Le problème du mal ? Vieille question ! Quelle est la suivante ? » Le chrétien ne prend-il pas position chaque fois qu'il dit le Notre-Père ? « Délivre-nous du mal » n'a aucun sens s'il n'implique pas la croyance en la capacité de Dieu d'effectuer cette délivrance. Il n'empêche que, dans toute la Bible, il est peu de livres aussi impressionnants que celui de Job. Déjà par sa construction et ses raisonnements : tout jeune avocat devrait étudier, dans les discours des amis de Job et dans les siens, comment construire une plaidoirie ou un réquisitoire. Il est vrai en même temps que la lecture de l'ensemble m'a toujours laissé insatisfait, sinon irrité, sur deux points, dont le premier est presque toujours négligé, comme s'il était de peu d'importance.

Dieu accepte que, pour mettre son fidèle serviteur Job à l'épreuve, Satan fasse périr sa femme, ses enfants, ses serviteurs. Lorsque, à la fin, Dieu « restaur[e] la situation de Job » et fait pleuvoir sur lui ses bénédictions, Job devient encore père de sept fils et de trois filles, mais ce sont d'autres fils et d'autres filles. La mort des tués est définitive. Ils ont été sacrifiés pour éprouver Job. Combien de fois, au cours des siècles, le nôtre compris, des chrétiens, notamment des confesseurs ou des guides spirituels, n'ont-ils pas interprété des catastrophes familiales non pas en fonction des disparus, mais à partir des épreuves que leur disparition infligeait à celui qu'ils cherchaient à réconforter ?

On relève davantage que le raisonnement le moins marqué par la logique est celui de Dieu donnant sa réponse finale à Job et à ses amis tentateurs. Il développe le thème « Qui es-tu pour me juger dans ma splendeur et ma toute-puissance ? ». Malgré le merveilleux lyrisme des trois derniers chapitres, en particulier dans les passages qui présentent les animaux peuplant la terre, le refus d'expliquer ne constitue pas une explication, ni le refus de justifier une justification. Le croyant se trouve réduit à dire ce que Job réplique à sa femme l'incitant à maudire Dieu et à mourir : « Tu parles comme une folle. Si nous accueillons le bonheur comme un don de Dieu, comment ne pas accepter de même le malheur ? » Est-ce vraiment suffisant pour fonder la théodicée, la justification de la bonté de Dieu par la réfutation des arguments tirés de l'existence du mal ?

La question de l'obéissance à Dieu, de la soumission à Dieu est ici accessoire, même s'il vaudrait la peine d'examiner les réponses fort diverses qu'elle a reçues. Par exemple, l'obéissance d'Abraham acceptant de tuer son fils : que de commentaires positifs sur cet épisode biblique célèbre, y compris l'interprétation-refuge de la fin mise aux sacrifices humains, alors que, pour moi, Abraham représente en cette occasion le fanatisme de l'abdication personnelle devant une injonction faite au nom d'une cause ! Par exemple aussi, les autojustifications effectuées au nom de la soumission à la volonté supposée de Dieu : moins le « Dieu le veut » des croisés massacreurs que l'attitude du pasteur Spener, fondateur du piétisme à la fin du XVIIe siècle ; à chaque proposition d'un avancement, il interrogeait le Seigneur – qui lui a toujours demandé de passer outre à sa modestie, à son humilité chrétienne !

L'important, c'est que « Job cherche à comprendre la justice de Dieu à l'égard de celui qui souffre », ce qui devrait conduire à dire, comme le fait Gustavo Gutierrez, l'un des initiateurs de la « théologie de la libération », dans son livre *Job. Parler de Dieu à partir de la souffrance de l'innocent*[18] : « Une théologie qui n'est pas troublée par la souffrance incompréhensible existant dans le monde devient contestable. »

Il me faut préciser ici que je m'interroge sur les attitudes chrétiennes sans me sentir personnellement concerné. Je suis même loin d'Albert Camus faisant dire au docteur Rieux, dans *La Peste* : « Je refuserai jusqu'à la mort d'aimer cette création où des enfants sont torturés » et disant lui-même, dans une conférence faite à des dominicains : « Je partage avec vous la même horreur du mal. Mais je ne partage pas votre espérance et je continuerai à lutter contre un univers où des enfants souffrent et meurent. » Les notions de création et de lutte contre l'univers me sont en effet étrangères. Je comprends la révolte créatrice contre ce qui fait souffrir, contre ceux qui font souffrir, non la révolte métaphysique contre la souffrance.

La réponse chrétienne qui domine actuellement – et que nous développerons ultérieurement – attribue prioritairement la souffrance des innocents à la liberté accordée à chaque homme. Parfois cette interprétation permet de mettre en pièces le recours abusif à la formule, présente dans le livre de Job : « Le Seigneur a donné, le Seigneur a repris. Que le nom du Seigneur soit béni ! » Lorsque, en 1998, l'abbé Cottard, ce prêtre intégriste qui a fait périr en mer des adolescents par imprudence, et surtout par abus d'autorité, s'est retranché derrière la formule supposée exprimer une noble résignation, tel prédicateur a pu, à juste titre, expliquer aux fidèles qu'il s'agissait d'un blasphème : attribuer à Dieu la responsabilité de la faute meurtrière librement commise constitue assurément une offense au Seigneur ! Et il existe bien des souffrances, bien des horreurs dont les responsabilités humaines sont évidentes.

Mais Voltaire n'a-t-il pas eu raison d'utiliser le tremblement de terre de Lisbonne pour mettre en cause la théodicée ? Suffit-il de se référer à l'insuffisance des mesures de sécurité pour comprendre, si l'on est chrétien, les cent cinquante morts causées en 1897 par l'incendie du Bazar de la Charité ? Sauf à voir dans l'horreur une punition infligée par Dieu à la frivolité, une punition du même ordre que la défaite de 1940 attribuée au déclin de la religion dans la France laïque.

Gutierrez, pourtant en lutte contre les puissants rendant permanente la violence structurelle en Amérique latine, n'était-il pas fondé à ne pas se contenter de l'explication par la liberté humaine ? Je trouve honnête la formulation de Jacques Sommet, père jésuite ayant survécu à Dachau, qui a écrit, après avoir évoqué les charniers : « La seule voie possible [...], c'est précisément la relation à Dieu, à un Dieu incompréhensible. L'abandon à l'incompréhensible de Dieu reste souverainement possible [19]. » Cette attitude, proche de l'attitude imposée par Dieu à Job, ne revient-elle pas à refuser de choisir entre un Dieu méchant et un Dieu impuissant ? Gutierrez va dans le même sens lorsqu'il finit par rapprocher le désespoir de populations sacrifiées de la déréliction de Jésus interrogeant : « Mon Dieu, mon Dieu, pourquoi m'as-tu abandonné ? »

Mais une autre des « sept paroles du Christ sur la Croix », objet des musiques profondément émouvantes de Schütz et de Haydn, dit : « Je remets mon âme entre tes mains. » Une âme dont la résurrection va être le fondement de la foi. « Je suis la résurrection et la vie », lit-on dans l'Évangile. Job, lui, proclame : « Je sais que mon Défenseur [Rédempteur] vit. » Comment ne pas être touché en entendant, dans *La Danse des morts* de Claudel/Honegger, Charles Panzera, dirigé par Charles Munch, chanter le texte de Job ? Un texte qui a recours à la résurrection de tous pour surmonter plutôt que pour abolir la souffrance humaine.

Les souffrances sont-elles à attribuer à des fautes humaines, y compris peut-être surtout les fautes des souffrants ? Nous verrons combien aujourd'hui les chrétiens qui se dévouent pour les malades et les handicapés rejettent une telle interprétation. Mais que de siècles pendant lesquels, pour reprendre le titre d'un gros volume de Jean Delumeau, le péché et la peur ont été liés par une constante culpabilisation des chrétiens ! Delumeau est chrétien lui-même et écrit donc à la fin de son introduction :

Mon livre ne doit pas être compris comme un refus de la culpabilité et de la nécessaire prise de conscience du péché. En revanche, il fera, je crois, ressortir la présence d'une lourde « surculpabilisation » dans l'histoire occidentale. J'entends par « surculpabilisation » tout discours qui majore les dimensions du péché par rapport au pardon. C'est cette disproportion – et cela seulement – qui fournit la matière à la présente recherche [20].

De l'extérieur, on peut s'interroger sur la notion même de péché, même si on n'en est plus à la période où l'horreur du péché était liée à une constante hantise de la damnation. Entre la bonté infinie de Dieu et sa justice de la récompense et du châtiment, le choix s'est fait, la peur de Dieu se trouvant remplacée par la simple crainte de Dieu, témoignage de révérence, non d'angoisse.

De l'extérieur encore, je comprends aisément la question « Pourquoi le mal dans l'esprit des hommes ? », puisque je me réclame de valeurs créant une échelle d'appréciations qui descend effectivement d'un « bien » à un « mal ». Dans *Le Pavillon des cancéreux*, Soljenitsyne raconte une visite au zoo. Sur une cage portant la plaque « Macaque rhésus », un écriteau dit :

> Le singe qui vivait là est devenu aveugle par suite de la cruauté insensée d'un visiteur. Un méchant homme a jeté du tabac dans les yeux du macaque rhésus. Et ce fut le choc !... De cet inconnu, qui était parti impunément, on ne disait pas qu'il était antihumanitaire, on ne disait pas que c'était un agent de l'impérialisme américain. On disait seulement qu'il était méchant. Et c'est cela qui me frappait. Pourquoi donc était-il tout simplement méchant ?

Dans le splendide dessin animé *Kirikou et la sorcière*, Michel Ocelot fait poser à plusieurs reprises la même question à son petit héros : « Pourquoi est-elle méchante ? » La réponse est claire parce que, contrairement sans doute au jeteur de tabac du zoo, la sorcière a été rendue méchante par une souffrance que des hommes lui ont infligée. Elle est délivrée du mal non par Dieu, non en renonçant au péché ou à Satan, mais par un acte humain libérateur dans son humanité.

La notion de péché ne m'est vraiment compréhensible que détachée de sa connotation religieuse, d'autant que celle-ci est constamment liée à une idée pour le moins obscure. Qu'est-ce donc que le « péché originel », surtout si l'histoire d'Adam et Ève passe pour mythique ? Et je ne cesse d'être choqué par l'idée d'une transmission héréditaire ininterrompue de ce péché. Oui, la génétique existe, oui, Rousseau a eu tort de croire que l'homme naît naturellement bon et que seule la société le gâte. Mais de là à supposer une sorte de faute morale pesant sur chacun dès sa naissance, une faute qui doit être rachetée, il y a un grand pas. Il existe heureusement des textes bibliques comme le chapitre XXXI de Jérémie où il est dit :

> En ces jours-là on ne dira plus : les pères ont mangé les raisins verts et les dents des fils sont agacées. Mais chacun mourra pour sa propre faute. Tout homme qui aura mangé des raisins verts, ses propres dents seront agacées.

L'idée du péché présent dès la naissance est si solidement ancrée dans l'Église catholique qu'elle a abouti à la proclamation du dogme de l'Immaculée Conception. Comme, par ailleurs, l'Église a toujours manifesté une sainte horreur du « péché de la chair », la majorité des fidèles croient encore qu'« immaculé » se rapporterait à la naissance virginale de Jésus, autrement dit que l'acte sexuel relèverait de la maculation, alors que le dogme signifie que seule Marie n'a pas reçu le péché en héritage. Et Jésus ? J'avoue que la formule utilisée à la messe me rend perplexe : « Il a vécu notre condition d'homme en toute chose, excepté le péché. » Qu'est-ce donc qu'une condition d'homme libre de tout péché dès lors que le péché serait en quelque sorte consubstantiel à la nature humaine ?

Dans le roman *Le Fou en Christ : Emmanuel Quint*, que Gerhart Hauptmann a écrit juste avant de recevoir le prix Nobel de littérature, le héros, pauvre compagnon menuisier silésien, se prenant progressivement pour Jésus ressuscité ou réincarné, commet un crime précisément parce qu'il n'admet pas de pouvoir échapper à la condition humaine pécheresse, ou parce que la compréhension des hommes ne serait possible que si l'on a partagé le vécu des plus faibles, des plus coupables d'entre eux [21].

Protestantismes

Peut-on réfléchir sur la foi chrétienne sans prendre en compte la pluralité des christianismes, sans se demander ce qui sépare les unes des autres les nombreuses Églises et communautés chrétiennes qui se réclament de lui ? L'Église romaine se tient à distance du Conseil œcuménique des Églises et les Églises pentecôtistes et évangéliques lui demeurent également extérieures. Pourtant, le COE, constitué, lors de sa création en 1948, de 147 Églises, en compte 336 aujourd'hui. Il se définit comme « une communauté fraternelle d'Églises qui confessent le Seigneur Jésus-Christ comme Dieu Sauveur selon les Écritures et s'efforcent de répandre ensemble leur commune vocation pour la gloire du seul Dieu, Père, Fils et Esprit ». La Déclaration de concorde de Leuenberg, elle, réunit surtout les Églises européennes issues de la Réforme du XVIe siècle et tente des rapprochements avec la communion anglicane et aussi avec les baptistes. Elle veut témoigner de ce que le protestantisme peut parler d'une seule voix pour dire qu'il est pluriel, multiple et pourtant unitaire.

Deux grands courants me sont étrangers. Les rares cultes anglicans auxquels j'ai assisté m'ont montré une grande ressemblance avec le rituel catholique. Et, selon mon humeur du jour, je m'amuse ou je m'indigne d'un récent comportement de Rome. Le refus toujours aussi vigoureux du mariage des prêtres n'a pas empêché l'accueil, en tant que prêtres catholiques, des prêtres anglicans mariés quittant leur Église parce que celle-ci venait d'accepter le sacerdoce des femmes !

De l'orthodoxie, je ne connais guère que l'intransigeance nationaliste agressive d'Églises autocéphales comme celle de Chypre ou, en revanche, la grande humanité du vieil archimandrite de Timisoara, en Roumanie, confessant ses liens coupables avec le régime de terreur et luttant pour la tolérance orthodoxe envers le catholicisme minoritaire. Certes, il y a la splendeur des icônes et des voix de basse, la beauté de l'art byzantin, mais aussi la sécheresse ritualisée, au moins apparente, des cérémonies, l'autoritarisme des popes, le refus de remettre en cause le passé. Parfois aussi, par exemple à l'église parisienne Saint-Julien-le-Pauvre, la façon dont sont établies les séparations subtiles entre orthodoxes, chrétiens d'Orient et catholiques romains.

Je me sens plus à l'aise avec les Églises de la Réforme. J'avais entrepris une thèse – qui n'a jamais vu le jour – sur le fondateur du piétisme luthérien, le pasteur Philipp Jakob Spener, à propos de qui la monumentale *Encyclopédie du protestantisme*[22] dit : « On saurait difficilement surestimer l'importance de Spener pour le christianisme des Temps modernes » – tout en ne lui consacrant qu'une colonne, la moitié de la place accordée à Ernest Renan, pourtant catholique. Son continuateur August-Hermann Francke (1663-1727) est encore plus mal traité, alors qu'aujourd'hui encore le rayonnement des fondations qu'il a créées à Halle demeure considérable. Le pasteur, le prédicateur, le pédagogue s'adressant par priorité aux déshérités, l'homme curieux d'autres religions, d'autres civilisations, passionné aussi de techniques nouvelles, entrepreneur d'imprimerie pour diffuser la Bible à travers le monde en de multiples langues, incarne pour moi un moment particulièrement créateur du protestantisme européen.

Pour le présent, j'ai le plus grand mal à m'y retrouver dans les structures et les pratiques. La Fédération protestante de France regroupe seize Églises ou unions d'Églises. L'EKD, l'Église évangélique en Allemagne, va très au-delà d'un simple regroupement des Églises régionales d'une part, des luthériens et des réformés d'autre part. Ses organes centraux ont de véritables fonctions de représentation globale et d'actions sectorielles.

Il me semble aussi difficile de tracer une délimitation nette entre ce qu'on qualifiera d'Églises et ce qu'on disqualifiera comme sectes. En France, le débat porte centralement sur la notion de « manipulation mentale ». J'en connais peu de plus obscures. Dans la déclaration sur la liberté religieuse *Dignitatis humanae* du 7 décembre 1965, le concile Vatican II a affirmé :

> Dans la propagation de la foi et l'introduction de pratiques religieuses, on doit toujours s'abstenir de toute forme d'agissement ayant un relent de coercition, de persuasion malhonnête et peu loyale, surtout s'il s'agit de gens sans culture et sans ressources. Une telle manière d'agir doit être considérée comme un abus de son propre droit et une entorse au droit des autres.

Ne condamnait-il pas ainsi des pratiques séculaires de toutes les Églises manipulant les esprits ? Je veux bien admettre que l'Église de scientologie, encore que reconnue comme communauté religieuse aux États-Unis et en Suède, vise simplement à conquérir les esprits et à tirer profit de leur soumission, de leur abdication. Mais les croyances qui poussaient tant de catholiques à payer les « indulgences » pour éviter tant de jours, d'années, de siècles de purgatoire étaient-elles vraiment d'un autre ordre ? La scientologie n'a évidemment pas favorisé les épanouissements artistiques qu'ont permis les papes de la Renaissance, mais ceux-ci n'avaient-ils pas eux aussi édifié leur fortune sur la crédulité plutôt que sur la foi ?

Jugera-t-on l'arbre à ses fruits en disant que les bons fruits sont ceux qui s'accordent avec la morale d'aujourd'hui – la tolérance, le respect d'autrui, la disponibilité aux autres, bref les vertus énumérées au chapitre V de l'épître de Paul aux Galates ? Mais le plus récent et fort compétent biographe de Calvin n'évoque-t-il pas à plusieurs reprises la « haine positive » exigée et mise en œuvre par le réformateur, la haine qui ne serait qu'un instrument pédagogique de l'amour [23] ? Peut-être cependant est-ce la capacité de haine qui définit le mieux le caractère sectaire des ultras du catholicisme français, qu'ils aient été exclus de l'Église ou qu'ils aient été retenus en son sein plus par des concessions qu'on leur faisait que par des soumissions qu'ils auraient consenties.

Les hussites ont été combattus en cinq croisades après que Jan Hus eut été brûlé en 1415. C'est du mouvement hussite, que je ne puis qualifier de secte, que sont nés les Frères moraves. Ils se disent aujourd'hui Église. Leur action centrale est la distribution multilingue des *Paroles et textes*, recueil de versets bibliques dont la première édition remonte à 1731. Est-ce une activité sectaire ? Les mormons, Église ou secte ? Et les pentecôtistes ? Presque toute l'Amérique latine est soumise aujourd'hui aux agissements en réseau des sectes les plus diverses, aux finalités les plus variées, depuis la diffusion d'un christianisme sincère jusqu'à la mainmise, souvent contrôlée à partir des États-Unis, sur le pouvoir économique ou politique[24].

Comment qualifier les quakers ? Déjà appréciés par Fénelon et Mme Guyon, admirés par les philosophes du XVIIIe siècle, n'ont-ils pas précédé les Églises instituées sur les chemins de la tolérance, de la lutte contre l'esclavage, de l'éducation offerte à tous ? Personnellement, j'ai été sensible à leur action pacificatrice quand j'ai codirigé à deux reprises un séminaire pour diplomates de l'Ouest, de l'Est et du Sud. Les organisateurs quakers ne cherchaient pas à recruter, ni même à convaincre. Le seul exercice spirituel proposé était une méditation matinale silencieuse – troublée ou animée seulement quand l'un ou l'autre des participants était saisi par l'Esprit et se mettait à « parler en langues ».

La tolérance, le respect de la liberté d'autrui, la foi confiante, sont-ce là vraiment les marques du protestantisme en général ? Je n'ai jamais bien compris que les réformés si positivement vivants que j'ai connus puissent se réclamer de Jean Calvin. Sans doute ne l'ai-je pas assez lu ni étudié, mais pour moi, il représente une forme genevoise du Savonarole florentin qui a vécu et est mort un demi-siècle avant lui. La conviction d'avoir seul raison, la surveillance tracassière et répressive imposée aux croyances et aux mœurs, la persécution des déviants – je ne reconnais pas en lui les « parpaillots » insérés et créateurs des XIXe et XXe siècles. Les formes figées et répressives que peut prendre le luthéranisme, avec ses communautés repliées et renfrognées, j'ai cru les percevoir, adolescent, à la lecture passionnée des pièces de Henrik Ibsen. Le héros de *Brand* allait jusqu'à sacrifier son enfant à sa rigide conviction. Et les milieux luthériens que décrit le cinéma scandinave, depuis *Ordet* de Dreyer jusqu'à même *Le Festin de Babette*, de Bille August, ne m'ont guère paru attrayants.

Luther lui-même, si. Moins les textes, pourtant riches, qui ont fondé et animent encore le luthéranisme[25] que la personnalité d'un homme sincère, plein de contradictions, combatif et recueilli. Certes, il a appelé à l'écrasement cruel des paysans révoltés, il a trop admis le pouvoir des princes, mais que de moments magnifiques dans ses variations et quelle permanence dans son inspiration ! Et quand je me sens choqué, indigné par l'antisémitisme virulent de ses écrits de 1543, je veux me souvenir de *Que Jésus-Christ est né juif*, écrit vingt années auparavant, un texte d'une vigueur que l'on ne retrouvera même pas, quatre siècles plus tard, chez Pie XI ou Jean-Paul II :

> Si les apôtres, qui étaient aussi des Juifs, avaient agi avec nous, païens, de la même manière que nous, païens, agissons avec les Juifs, jamais aucun païen ne serait devenu chrétien. Et, même si nous nous glorifions hautement, nous n'en sommes pas moins païens, alors que les Juifs, eux, sont du sang du Christ. Nous sommes des beaux-frères et des étrangers, eux sont des parents directs, des cousins et des frères de notre Seigneur. Si nous ne les traitons qu'avec violence et répandons sur leur compte des inepties mensongères, les accusant d'avoir besoin du sang des chrétiens pour ne pas puer et je ne sais quelles autres folies ; si on les traite comme des chiens, que

pourrions-nous faire de bien pour eux ? De même, lorsqu'on leur défend de travailler parmi nous, d'exercer un métier, d'entrer en relation humaine avec les autres et qu'on les pousse ainsi à se livrer à l'usure, comment cela pourrait-il les rendre meilleurs ? Si on veut les aider, il faut pratiquer envers eux non pas la loi du pape, mais celle de l'amour chrétien[26]...

Cependant, ce ne sont ni Luther ni Calvin qui incarnent pour moi le protestantisme, mais tant d'hommes et de femmes « dont j'ai connu la droiture ». La différence est grande entre le protestantisme allemand majoritaire et le protestantisme français marqué par sa situation minoritaire. La minorité actuelle, tantôt figée, tantôt vivante, me semble fort bien présentée dans le livre plein d'alacrité de Jeanne-Hélène Kaltenbach, *Être protestant en France aujourd'hui*[27], jusques et y compris les incompréhensions de jeunes catéchisés entendant « Comme un cerf a le télégramme » pour « Comme un cerf altéré brame » ou « Mon cœur, très sale dans la graisse » pour « Mon cœur tressaille d'allégresse » !

L'auteur est une femme, comme France Quéré, théologienne et moraliste, l'une des personnes que j'ai le plus admirées. Pas seulement pour ses livres et ses interventions. Elle a aussi pratiqué une vie associative de grande présence et de grande qualité, notamment par sa présidence de Votre école chez vous, une association qui, plus que toute autre, voit une partie importante de ses jeunes membres mourir chaque année puisqu'il s'agit d'enfants et d'adolescents dont les graves maladies empêchent la scolarisation. La convergence possible des religions et des humanismes, elle a été vécue par tous ceux qui, en 1995, sont parvenus à entrer dans l'église comble de Saint-Étienne-du-Mont où l'on célébrait les obsèques de France Quéré.

Face à l'Église catholique, la marque principale des Églises protestantes d'aujourd'hui est précisément la place enfin accordée aux femmes. Je sais bien que le prêtre exerce un sacerdoce dont la nature est très différente des fonctions du pasteur. J'ai pendant des décennies cherché à expliquer la différence à partir d'un roman et d'un film. Dans *La Puissance et la Gloire*, Graham Greene montre comment son héros, prêtre dans la déchéance, reste *sacerdos in aeternum*. Dans *Dieu a besoin des hommes*, tiré du roman de Henri Quéfellec, *Le Recteur de l'île de Sein*, le héros, quelles que soient sa foi et sa volonté de service, ne pourra jamais être prêtre puisqu'il n'aura pas reçu le sacrement. Mais qu'il est satisfaisant de voir quel enrichissement constituent pour le protestantisme allemand ses femmes évêques (ou ses évêques femmes) ! En juin 1999, la pasteure Margot Kässmann, après avoir été secrétaire générale du *Evangelischer Kirchentag*, le grand rassemblement régulier du protestantisme allemand, est devenue évêque de l'Église luthérienne de Hanovre, qui comprend plus de trois millions de membres. Élue par le synode à quarante et un ans, elle confiera le plus souvent ses quatre enfants aux soins de son mari, également théologien, prêt à être « homme au foyer » pour permettre à sa femme d'exercer ses lourdes responsabilités.

En France, chacun des lecteurs de *Réforme*, malheureusement trop rares, a pu découvrir, de mai à août 2000, quatre portraits-interviews de femmes pasteurs, de pasteures. Voici, par exemple, Yousra Ouerradia, chargée de l'aumônerie de l'aéroport d'Orly : « Sans idéaliser l'Église réformée, je sais que je peux y vivre ma foi, en tant que femme et Maghrébine.

Elle me donne la liberté et la tolérance que j'ai toujours cherchées... » Ou Agnès von Kirchbach, qui a choisi le célibat. Dans la communauté d'Asnières, en banlieue parisienne, elle dit :

> Oui, je suis un pasteur heureux le dimanche lors du culte où convergent les activités des quatre associations [paroisse, Centre 72, Entr'aide, maison des jeunes], où nous partageons le pain et le vin, pétris de nos soucis, enrichis de nos joies, faits de ce que sont profondément les uns et les autres en l'honneur de ce Dieu qui se révèle discrètement dans le service, l'amour et le partage.

Assurément, l'accueil fait aux femmes en charge d'un ministère n'est pas aussi facile partout, et que de pasteurs hommes se plaignent de leur côté de l'aridité de leur vie ! Mais l'Église catholique devrait se demander pourquoi elle reste fidèle à un principe d'exclusion si fortement articulé. Pour les pasteurs protestants, la différence, l'antagonisme entre luthériens et réformés a-t-il encore un sens profond ? Même en Alsace, les interdits mutuels sont en voie de disparition. En 1997, le pasteur Jean Tartier, en provenance du pays de Montbéliard, est devenu – pour peu de temps – le premier président luthérien de la Fédération protestante de France, tout en déclarant : « Je ne me sens pas appartenir à une orthodoxie luthérienne stricte. Les Montbéliardais du reste ressemblent beaucoup dans leurs comportements ecclésiaux aux réformés. » Le mélange des uns et des autres dans les paroisses, conséquence des mobilités contemporaines, équilibre-t-il les différences anciennes et nouvelles ? Un culte luthérien dans l'église des Billettes ressemble peut-être davantage à une messe catholique qu'à un culte réformé au temple de l'Oratoire. Et ce sont les luthériens seuls qui ont signé un texte théologique commun avec Rome. Les fidèles du dimanche doivent-ils pour autant être définis par les différences confessionnelles ? En Allemagne, où l'appartenance à une Église est largement de règle et entraîne le paiement d'un impôt proportionnel au revenu, les croyances protestantes deviennent de plus en plus floues, à en juger par les amples enquêtes lancées à intervalles réguliers par l'Église évangélique elle-même[28].

Si l'on doit vraiment reconnaître l'arbre à ses fruits, ce sont les engagements temporels que vivent les protestants à partir de leur foi qu'il faudrait examiner. Nous les évoquerons avec ceux des chrétiens catholiques.

À la fin de l'année jubilaire romaine, le bilan des relations interconfessionnelles est contrasté. Les préjugés héréditaires se sont effondrés, sans disparaître tout à fait. Que de lettres de lecteurs dans *Réforme* témoignant encore d'un anticatholicisme viscéral ! Du côté catholique, on n'en est tout de même plus à la célèbre petite histoire supposée drôle : un fils annonce à ses parents qu'il va se marier. Ils sont indignés : « Notre mariage va se dérouler à l'église. — Mais tu nous as dit qu'elle était protestante. — Vous m'avez mal compris ; je vous ai dit qu'elle était prostituée. — Ah bon, nous voilà soulagés ! » On ne trouve plus, à l'entrée de la cathédrale de Cologne, la petite brochure mettant en garde contre les mariages mixtes, encore présente dans les années soixante. On y apprenait que, si on mourait dans sa belle-famille protestante, on ne serait pas entouré de vraies prières ! Aujourd'hui, l'Église de Rome a tort de ne pas mieux faire connaître aux fidèles des deux confessions la belle formulation du gros *Catéchisme de l'Église catholique* publié en 1992 : la pastorale des mariages mixtes doit, chez les futurs époux, « encourager l'épanouissement de ce qui leur est commun dans la foi et le respect de ce qui les sépare ».

L'idée globale que Rome se fait des Églises protestantes évolue. En 1949, le Saint-Office publiait une *Instruction sur le mouvement œcuménique* qui se situait dans la perspective d'un « retour » des « dissidents » à l'« unique Église du Christ » et demandait d'écarter l'idée erronée selon laquelle « l'Église catholique peut être perfectionnée par les autres Églises ». En mars 2000, la revue *Études* publie un article d'un professeur de théologie catholique à l'université de Strasbourg, « La déclaration luthéro-catholique sur la doctrine de la justification », dans lequel il est dit :

> La signature de la DC implique que l'Église catholique reconnaît sa plénitude à l'Église de la Confession d'Augsbourg. Autrement dit, lorsque les catholiques affirment qu'en dehors de l'Église il n'y a point de salut, ils ne disent plus l'Église catholique seulement.

Six mois plus tard vient la déclaration *Dominus Jesus*. Certes, le protestantisme n'est pas traité avec le même impérialisme que les religions non chrétiennes, dont « les livres sacrés […] reçoivent du mystère du Christ les éléments de bonté et de grâce qu'ils contiennent » ! Mais « les communautés ecclésiales qui n'ont pas conservé l'épiscopat valide et la substance authentique et intégrale du mystère eucharistique ne sont pas des Églises au sens propre ; toutefois les baptisés de ces communautés sont incorporés au Christ par le baptême et se trouvent donc dans une certaine communion bien qu'imparfaite avec l'Église ».

L'année jubilaire a vu aussi refleurir la notion d'indulgence, avec un manuel à l'usage des pèlerins et de grandes annonces affichées notamment à l'entrée des basiliques romaines. Le langage n'en est plus tout à fait celui qui avait provoqué la sainte colère de Martin Luther, mais on ne saurait dire que la promesse de l'indulgence (au singulier) à acquérir par une confession, une participation à l'eucharistie ou le passage par la Porte sainte d'une de ces basiliques soit pleinement conforme à l'idée du salut par la grâce seule. L'article 1471 du *Catéchisme de l'Église catholique* n'est pas d'une clarté aveuglante :

> L'indulgence est la rémission devant Dieu de la peine temporelle due pour les péchés dont la faute est déjà effacée, rémission que le fidèle bien disposé obtient à certaines conditions déterminées, par l'action de l'Église, laquelle, en tant que dispensatrice de la rédemption, distribue et applique par son autorité le trésor des satisfactions du Christ et des saints.

Pourtant, c'est ce même passage par la *Porta sancta* de Saint-Paul-hors-les-murs que vantait en janvier 2000 le président de la Fédération mondiale luthérienne. Christian Krause, évêque de Brunswick, a justifié sa participation à la célébration commune à laquelle Jean-Paul II avait convié les représentants de vingt et une Églises et communautés ecclésiales. En commun avec le président luthérien, avec le chef de l'Église anglicane, avec la présidente de la Fédération mondiale méthodiste, il a interprété de la façon la plus large ce que Jésus dit dans l'Évangile selon Jean : « Je suis la porte… Celui qui entre par la porte est pasteur des brebis[29]. » Les participants à la cérémonie étaient donc bien tous des pasteurs du troupeau chrétien.

Les textes communs s'étaient d'ailleurs multipliés en 1999. Pas seulement avec l'Église romaine. Le 17 novembre, par la Déclaration de Reuilly, anglicans britanniques d'une part, réformés et luthériens français de l'autre ont établi la pleine reconnaissance mutuelle entre leurs Églises « comme appartenant à l'Église de Jésus-Christ, une, sainte, catholique et apostolique et participant authentiquement à la mission apostolique du Peuple de Dieu tout entier ». Mais luthériens et réformés n'en demeurent pas moins séparés par la signification différente attribuée à la Cène, et ce sont les luthériens seuls qui ont signé solennellement, le 29 octobre 1999, à Augsbourg, le texte commun avec l'Église catholique sur la justification par la foi et le rôle de la grâce. Malgré les protestations véhémentes de nombre de théologiens luthériens allemands, le texte a revêtu une grande signification symbolique d'unité chrétienne, ne serait-ce qu'à cause de la date et du lieu choisis. Luther avait affiché ses 95 thèses à Wittenberg le 31 octobre 1517. La Confession d'Augsbourg, en 1530, est demeurée le texte de référence fondamental des Églises de la Réforme et la paix d'Augsbourg, en 1555, a mis fin à une terrible période de guerres religieuses.

La déclaration commune est compliquée et sujette à des interprétations différentes[30]. Mais, dans son esprit, elle se situe dans la ligne d'un événement qui avait eu lieu deux décennies auparavant. Le 17 novembre 1980, au cours de la première visite du pape Jean-Paul II en Allemagne, il avait été accueilli par les chefs de l'EKD et leur avait adressé une longue allocution disant notamment :

> Je me souviens en cette heure que Martin Luther est venu en 1510-1511 sur les tombes des apôtres à Rome comme pèlerin, mais aussi en homme qui cherche et qui

interroge. Aujourd'hui, je viens chez vous, héritiers spirituels de Martin Luther ; je viens comme pèlerin… Il n'y a pas de véritables chrétiens sans pénitence… Nous ne voulons pas nous juger les uns les autres (Rm XIV, 3), mais nous voulons nous confesser mutuellement nos torts. Pour la grâce de l'unité vaut aussi Rm III, 23 : « Tous ont péché »…

Respect mutuel et coopération sur le terrain sont devenus le pain quotidien des relations entre protestants et catholiques. Que s'est dit le cardinal Ratzinger s'il a vu à la télévision la cérémonie religieuse qui a eu lieu dans la plus grande église de Dresde le 2 octobre 2000, pour le dixième anniversaire de la réunification ? L'évêque catholique et l'évêque protestant ont présidé ensemble, en pleine fraternité œcuménique égalitaire ! Vaut, me semble-t-il, pour les chrétiens les plus engagés sur la base de leur foi, la parole d'un aumônier d'hôpital parlant de sa coopération quotidienne avec l'aumônier protestant : « On est là pour témoigner d'un seul Amour. Le reste, c'est une affaire de théologiens et de blessures de l'Histoire. »

L'Église catholique, ses théologiens, ses sacrements, ses prêtres et son pape

Faut-il plaindre les théologiens catholiques ? À la différence des protestants, ils sont en tout cas soumis à des instances détentrices et proclamatrices de Vérité, disposant d'un fort pouvoir de sanction. Les Églises protestantes, elles aussi, ont le droit de retirer l'autorisation d'enseigner en leur nom, depuis les facultés de théologie jusqu'aux écoles primaires, là où le principe de laïcité ne l'a pas emporté. Mais les interventions de

Rome sont d'une autre portée et d'une autre ampleur, tout en n'étant pas nécessairement durables dans leurs effets. Hans Küng n'a pu continuer à enseigner, après son expulsion de la faculté de théologie de Tübingen, que parce que la faculté des lettres de la même université a créé une chaire pour lui. Aucun retour en grâce n'était en vue lorsqu'il a pris sa retraite en 1993. En 2000, sa mise à l'écart n'a pas cessé. En revanche, trois des grands participants français à Vatican II, les dominicains Marie-Dominique Chenu et Yves Congar, et le jésuite Henri de Lubac, avaient connu la disgrâce dans les années cinquante. Intellectuellement et religieusement difficile à vivre, celle-ci avait cependant été moins lourde de signification quotidienne que l'interdit qui frappait les prêtres-ouvriers. Racontant la soirée de décembre 1965 où Paul VI autorisa la reprise de l'expérience de prêtres au travail, Georges Gilson, à l'époque secrétaire de l'archevêque coadjuteur de Paris, aujourd'hui archevêque de Sens, en charge de la Mission ouvrière, écrit : « J'étais témoin d'une joie assez extraordinaire de prêtres qui, dans l'ombre et la soumission, avaient traversé la nuit sans jamais perdre l'espérance[31]. »

Dans l'encyclique *Fides et ratio*, Jean-Paul II recommande aux théologiens de faire de la philosophie, mais les philosophes ne s'empressent guère pour effacer la séparation que, selon le pape, la modernité aurait promue entre les deux disciplines. De l'extérieur, il me semble pourtant que les questions posées par la théologie devraient être plus fondamentales pour les croyants, dans la mesure où « la foi est une exigence qui engage toute l'existence ». C'est aussi ce que paraît penser la Société théologique d'Amérique, forte de ses mille quatre cents membres. En Italie, en Amérique latine, les rencontres de théologiens de l'été 2000 ont traité de sujets comme « Inculturation et catholicité », « Expérience et théologie », « Théologie et histoire » ou encore « Évaluation de trente années de théologie de la libération [32] ». Le théologien trouve évidemment sa personnalité, sa sensibilité impliquées dans son travail personnel, à son tour inséré dans un effort collectif. Cependant, si « un véritable travail théologique doit pouvoir se réaliser dans une réelle liberté intellectuelle, [...] l'acte théologique n'est pas pour autant arbitraire. Il a un cahier des charges et des obligations [33] ». Il en résulte une inévitable tendance à l'autocensure et un conflit avec la censure venue du dehors, vécue dans la soumission ou bien avec un *non possumus* de révolte, dès lors que la réflexion intellectuelle et (ou) l'expérience spirituelle du théologien sont trop fortement mises en cause.

Jean-Paul II a été plus loin que ses prédécesseurs dans l'affirmation que le pape est le détenteur ultime de la Vérité. L'encyclique *Veritatis splendor* d'août 1993 est pour moi un document étrange. Le long premier chapitre est constitué par une analyse profonde de la « question morale », celle posée à Jésus par le jeune homme riche dans l'Évangile selon Matthieu : « Maître, que dois-je faire de bon ? » Puis, sur la base d'affirmations historiques contestables (« L'Église a toujours tenu compte des paroles que Jésus lui a adressées »), le pape affirme que « le magistère a le devoir de déclarer l'incompatibilité de certaines orientations de la pensée théologique ou de telle ou telle affirmation philosophique avec la vérité révélée ». Il applique cette affirmation essentiellement à l'enseignement moral de l'Église qui « redonne, aujourd'hui encore, la réponse du Maître, car elle possède une lumière et une force capables de résoudre même les questions les plus compliquées et les plus complexes ». Il aboutit à une conception de la théologie qui la réduit à un rôle de justificatrice et de proclamatrice de la Vérité détenue et définie par le Magistère :

> Les théologiens moralistes sont appelés à approfondir les motifs de ses enseignements, à mettre en lumière les fondements de ses préceptes et leur caractère obligatoire… Il leur revient d'exposer la doctrine et de donner, dans l'exercice de leur ministère, l'exemple d'un assentiment loyal, intérieur et extérieur, à l'enseignement du Magistère, dans le domaine du dogme et dans celui de la morale.

L'Église et le Magistère, c'est le pape, peut-être plus encore aujourd'hui qu'il n'était dit dans l'affirmation de l'infaillibilité pontificale par le concile Vatican I en 1870 :

> Le Pontife romain, lorsqu'il parle *ex cathedra*, c'est-à-dire lorsque, remplissant sa charge de pasteur et de docteur de tous les chrétiens, il définit, en vertu de sa suprême autorité apostolique, qu'une doctrine sur la foi et les mœurs doit être tenue par toute l'Église, jouit, par l'assistance divine à lui promise en la personne de saint Pierre, de cette infaillibilité dont le Rédempteur a voulu que fût pourvue son Église, lorsqu'elle définit la doctrine sur la foi et les mœurs. Par conséquent, ces définitions du Pontife romain sont irréformables par elles-mêmes et non en vertu du consentement de l'Église.

À côté, parfois au-dessus de la présentation rationalisée de la Vérité, l'Église catholique n'est pas avare de démonstrations solennelles et massives d'une foi collective. Et aussi d'un rituel qui enveloppe et parfois cache le sens profond d'une donnée chrétienne essentielle, à savoir les sacrements.

On est en droit de ne pas aimer les grands rassemblements, de rejeter la ritualisation. Mais je dénie ce droit à tous les jeunes et moins jeunes amateurs de « manifs », à tous les anciens participants des grandes liturgies communistes, à tous les francs-maçons aussi, dont le rituel a été inventé comme substitut à celui de l'Église. Et les plus anticléricaux des critiques des foules que réunit Jean-Paul II devraient admettre que les hommes et les femmes, les jeunes et les vieux qui les composent sont venus volontairement, alors qu'à Moscou ou à Pékin – et évidemment aussi à Nuremberg – les participants n'ont pas pu échapper à la discipline et à l'enthousiasme obligatoires. À Rome, à l'occasion du Jubilé, comme à Paris auparavant, les centaines de milliers de participants aux Journées mondiales de la jeunesse étaient plus chaleureux que soumis, plus recueillis qu'adorateurs du Chef. Grâce à Jean XXIII et à Paul VI, la solennité majestueuse de la présence pontificale a d'ailleurs été allégée – encore qu'à Wroclaw, dans la Pologne de 1999, on ait cru bon de dresser une colonne nouvelle avec un crucifix, représentant un Jésus portant non la couronne d'épines, mais la tiare pontificale, que les papes ne portent plus.

Le cadre de la messe a changé avec Vatican II. Il n'est que de voir, dans les vastes églises ou cathédrales, les imposants autels abandonnés et de très simples tables en bois ou des blocs métalliques, parfois fort artistiquement travaillés, recevoir calice et ciboire (mais aussi, de nouveau, de l'encens). Les catholiques, dissidents ou non, qui demeurent attachés au « rite de saint Pie V », ce pape du XVIe siècle, oublient que ce rite était moins fidèle à l'Église primitive que la messe actuelle. Je compare volontiers avec les juifs orthodoxes qui font comme si leurs habits, leur barbe et leurs cheveux, si inadaptés au climat méditerranéen, étaient en continuité avec la tenue d'Abraham et non avec celle de communautés juives d'Europe centrale et orientale vivant de fort nombreux siècles après les patriarches. Et quand le maintien du latin est réclamé, c'est dans l'oubli qu'il s'est répandu comme langue populaire, face au grec de l'élite.

Il n'empêche que personne, heureusement, ne préconise d'affubler le chant grégorien de paroles françaises, anglaises, espagnoles, même si la récitation du Credo en latin donne parfois l'impression de devoir cacher la distance prise à l'égard de son contenu précis. La volte-face de l'officiant, elle, me paraît gênante par un aspect qui n'est pas sans importance : dos aux fidèles, il parlait davantage en leur nom, il effectuait mieux le sacrifice comme porte-parole consacré de l'assemblée. Mais il était loin de celle-ci. Ses paroles et même ses gestes lui échappaient.

La messe n'a pas la même allure, le même aspect dans des lieux qui ne se ressemblent guère, et les goûts des fidèles diffèrent. J'ai du mal à comprendre ceux qui aiment Saint-Pierre de Rome, avec son immensité proclamée par comparaison avec d'autres cathédrales, avec son baldaquin écrasant, avec ses splendeurs si peu en accord avec l'idée d'une Église servante et pauvre. Dans la foule des basiliques, tout le monde a, s'il le désire, accès à l'eucharistie. Pourtant, quelques-uns devraient en être écartés, d'autres devraient s'en écarter.

Le cas des divorcés-remariés semblait en voie de tacite évolution lorsque, en juillet 2000, le Conseil pontifical pour l'interprétation des textes législatifs a rappelé que, selon le code de droit canonique, les excommuniés et ceux qui « persistent avec obstination dans un péché grave et manifeste ne sont pas admis à la sainte communion ». Même s'il s'agit d'époux très croyants dont l'un a divorcé parce qu'il ne supportait plus les agressions antireligieuses de son conjoint. Il était simplement demandé aux curés d'éviter le « refus public ». Dans l'année du Jubilé, où la miséricorde et l'ouverture étaient sans cesse mises en avant, l'intransigeance a fortement choqué. Il aurait fallu en profiter pour faire l'inventaire de tous ceux qui ont toujours eu accès à l'hostie, à commencer par les chefs d'État catholiques et meurtriers, comme les généraux Franco et Pinochet, ou encore comme les membres de la Milice sous l'Occupation. Et lorsque, peu de mois avant le sévère rappel du Vatican, un prêtre pédophile est passé en justice, on a pu apprendre que son évêque, au courant d'au moins une partie de ses actes, ne l'a pas empêché d'accéder à la communion, et lui a même permis de continuer à exercer son ministère, donc de dire les paroles et d'effectuer les gestes de la consécration.

J'en reste, sur un autre plan, à la remarque ironique sur l'épiscopat français que j'ai faite à Noël Copin, dans le livre d'entretiens *La Passion de comprendre* paru en 1977. En 1972, les évêques français, assemblés à Lourdes, avaient adopté une déclaration, *Pour une pratique chrétienne de la politique*. C'était l'époque où les affrontements entre catholiques étaient particulièrement vifs et intolérants. Les évêques se posaient gravement la question : « L'Eucharistie est-elle possible entre adversaires ? » Dans l'oubli total des paroles du Christ selon Matthieu :

> Quand tu présentes ton offrande à l'autel, si tu te souviens que ton frère a quelque chose contre toi, laisse là ton offrande et va d'abord te réconcilier avec ton frère ; puis reviens et alors présente ton offrande.

Récemment, un aumônier d'hôpital psychiatrique m'a raconté qu'un malade, habitué de la messe, avait quitté la chapelle avant l'élévation et était revenu après la fin de l'office, demandant à recevoir la communion : « Je me suis souvenu que j'avais eu ce matin des mots avec une infirmière ; alors j'ai été d'abord me réconcilier avec elle. » Je connais des religieux antagonistes moins fidèles à l'Évangile que ce « déséquilibré »...

Je ne me sens pas qualifié pour entrer dans les oppositions entre Église catholique, Églises luthériennes et Églises réformées sur la nature de l'eucharistie. Je comprends cependant, contrairement à bien des catholiques œcuméniques, les réticences accentuées de Rome à l'égard de l'intercommunion. Il me semblerait commettre un sacrilège si j'allais communier à une messe. Au début des années soixante-dix, quand, à Lesneven, dans le Finistère, j'intervenais dans des sessions de formation continue pour prêtres, j'étais parmi les participants réunis autour de l'autel. Je faisais simplement un pas en arrière lorsque le pain et le vin circulaient pour la communion. Et mon attitude était parfaitement comprise par le prêtre organisateur, devenu évêque depuis lors.

Le degré de spiritualité des offices est, comme il sera précisé plus loin, fort variable. Il est de toute façon des formules que j'ai du mal à comprendre. Non le « humbles et pauvres », qui sonne pourtant bizarrement quand c'est un prélat rutilant qui préside, surtout quand il appartient à une Église riche comme l'allemande. Mais je suis précisément gêné par le rapport d'autorité qui s'exprime dans les prières eucharistiques. L'officiant prie au nom de tous « pour ceux qui ont la charge de ton peuple » ou, pis, « ceux qui veillent fidèlement sur la foi catholique reçue des apôtres ». Décidément, il y a une sorte d'incompatibilité entre l'Église romaine et l'égalité consentie aux membres du peuple de Dieu, sauf quand celui-ci est décrit comme l'a fait le cardinal Marty, archevêque de Paris, le 30 mai 1980 en accueillant Jean-Paul II, lors de son premier voyage pontifical en France, sur le parvis de Notre-Dame[34] :

> Le Peuple de Dieu, le voici. Avec les responsables du bien commun, vous avez devant vous les représentants des communautés catholiques qui viennent des huit diocèses de Paris et de sa région. Ils sont des chrétiens responsables ; ils sont engagés au service de l'Évangile. Ils veulent mener le combat de la justice et de la paix. Ils participent au ministère de l'Église avec les prêtres et les diacres, ces hommes courageux qui sont les amis et les proches collaborateurs des évêques. Au loin il y a les autres, tous les autres, mes frères et sœurs en Christ. Ils sont dispersés dans les rues de la ville ; ils sont cachés derrière leur poste de télévision. Vous rencontrez la foule anonyme. Les malades et les malheureux, les jeunes et les anciens, les prisonniers, les rejetés de la terre, les immigrés, les étrangers. Ils vous regardent. Ils guettent votre sourire. Ils attendent l'Évangile des Béatitudes. Voici le peuple. L'Église est peuple de Dieu convoqué par la Parole de l'Évangile et pour l'Eucharistie. Voici le peuple. Je vous le présente.

L'un des mots les plus présents dans le texte de la messe est « gloire ». Je ne parviens toujours pas à bien le comprendre, à commencer par le *Gloria*. « Rendre gloire », est-ce la même chose que d'admettre la préexistence de l'« immense gloire » dont on rend grâce à Dieu ? Ou encore que la gloire projetée dans l'avenir par « Nous attendons ta venue dans la gloire » ? Parce que alors la mort sera vaincue ? C'est ce que paraît exprimer le chant qui ne cesse de retentir dans les cultes réformés : « À toi la gloire, ô ressuscité, à toi la victoire, pour l'éternité ! » Dans le AMDG (*Ad majorem Dei gloriam*) des jésuites, je vois plutôt le prestige, la réputation de Dieu mieux connus sur la terre grâce à l'action missionnaire.

Dans le rajout au Notre-Père, emprunté aux protestants, « car c'est à toi qu'appartiennent le règne, la puissance et la gloire », c'est cependant moins le dernier mot qui fait problème pour moi que le premier. La prière fondamentale des chrétiens ne proclame-t-elle pas une énorme contradiction, directement liée à la théodicée ? On prie « Que ton règne vienne, que ta volonté soit faite ! ». Le mal est sur la terre parce que le règne n'est pas encore venu, parce que la volonté divine ne s'est pas encore imposée. En même temps, le règne est déjà là, depuis toujours et pour l'éternité.

Malgré les réticences de bien des religieux trouvant les paroles du missel un peu creuses et répétitives dans leur quotidienneté, je suis impressionné par l'universalité du texte de l'ordinaire de la messe. Le fait que les mêmes prières soient dites avec les mêmes formules sur tous les continents me semble constituer un signe très fort d'unité. Parfois des suppressions ou des ajouts mettent en cause la signification très élaborée du rituel. D'autres fois, en revanche, je suis ému par tel ajout adapté à la circonstance. En octobre 2000, dans la chapelle Saint-Thomas-d'Aquin de l'Académie catholique de Berlin, la messe faisait partie d'une journée de fraternité avec les immigrés et demandeurs d'asile. La chorale était composée d'Africains dont la plupart étaient sans papiers. Parmi les prières ajoutées, l'une était située en plein canon, entre l'élévation du vin et celle du pain. Elle disait notamment :

Nous répétons sans cesse « Merci », Père très bon, parce que nous savons qu'il ne va pas de soi que nous vivions dans un pays apaisé, que nous puissions dire librement notre opinion, sans peur d'être espionnés et torturés. Que, pour nos vacances, nous ayons le choix entre la Turquie et la Norvège, entre Bali et l'Afrique. Nous ne savons pas pourquoi nous sommes privilégiés à ce point.

Mais nous voudrions apprendre comment faire ceci : vivre fraternellement, sans peur des contacts ; vivre dans l'hospitalité de nos maisons à la porte ouverte, où chacun serait le bienvenu. Nous voudrions apprendre de Jésus de partager le pain de cette terre avec ceux qui ont faim, de boire ensemble le calice de la souffrance et de la joie...

La messe rassemble une faible partie des baptisés. Ceux-ci représentent une portion en diminution constante de la population française. 92 % des jeunes enfants étaient baptisés en 1980, 54 % en 1997. Souvent, sans doute le plus souvent, s'agit-il surtout, dans l'esprit des parents, d'accomplir un rite social. Mais, comme pour le mariage, ceux – plus rares – qui demandent le sacrement se sont préparés à en comprendre la signification. Surtout quand on a affaire à des baptêmes d'adultes ou d'adolescents, qui ont connu une préparation de deux années. Dans la nuit de Pâques 2000, deux mille cinq cents adultes ont ainsi été baptisés en France. Les prêtres leur avaient expliqué auparavant ce que les parents des bébés ont du mal à admettre, à savoir que ce sacrement symbolise un passage par la mort pour que le baptisé puisse mener une vie nouvelle. Comment parler de la mort quand on est encore plein de la joie de la naissance de l'enfant présenté au baptême ?

Pour moi, l'idée de base est celle avec laquelle je me suis familiarisé en étudiant le piétisme, à savoir celle d'une seconde naissance, d'une re-naissance

(*Wiedergeburt*) qui fait du baptisé un *Wiedergeborener*, un re-né. Encore cette seconde naissance n'est-elle pas nécessairement marquée par le baptême (sauf pour les anabaptistes), mais est le fait d'un baptisé enfant vivant une conversion à la vraie foi dans l'adolescence ou à l'âge adulte. Pour que les deux coïncident, il faudrait précisément que le baptême ne soit administré qu'après l'accession à la conscience des croyances et des actes. Bien des sectes protestantes sont allées dans ce sens. L'appel constant à la « conversion » lancé par l'Église catholique repose lui aussi sur l'idée du baptême comme étape nécessaire mais insuffisante.

Adolescents et adultes sont également mieux à même de comprendre la portée de ce qu'on appelle la confession. L'idée et le verbe figurent dès le début de la messe et du culte réformé. Le *Confiteor* constitue une reconnaissance collective des péchés, y compris les péchés d'omission, assurément les plus nombreux en matière de relations humaines et d'interventions sociales ! Je pense qu'il s'agit d'un sacrement magnifique dès qu'on l'appelle par son vrai nom, le sacrement de la réconciliation. Le temps n'est plus où le confesseur de l'enfant faisait constamment de l'éducation sexuelle consternante en posant des questions nées de ses propres obsessions ou de celles de l'Église. La pureté sur laquelle portent les questionnaires de préparation aujourd'hui disponibles dans certaines églises est d'une autre nature. Il s'agit de se demander par priorité quelles fautes on a commises à l'égard d'autrui. Il faudra essayer de réparer le réparable. Pour l'irréparable, l'absolution permettra de passer du remords à la confiance en soi pour devenir autre ou pour retrouver la fidélité à ce que l'on voudrait être. Vivekananda exprimait cela en affirmant : « Il ne faut pas dire “Je suis pécheur, je suis pécheur”, mais “je ne suis pas attaché”. » Ce que les croyants appellent « se réconcilier avec Dieu » signifie, selon moi, le rejet du remords et du regret stériles au profit des retrouvailles avec la confiance en soi en vue d'actions créatrices. La mémoire du manquement contribue à la plénitude, au lieu d'être paralysante et stérilisante.

Les sacrements sont administrés par les prêtres. Eux-mêmes ont accédé au sacerdoce par un autre sacrement. En principe, ils ont été pour ainsi dire recrutés par Dieu qui les a appelés. L'un des plus beaux tableaux du Caravage, *La Vocation de saint Matthieu*, montre Jésus pointant le doigt vers ce solide receveur des impôts. Et celui-ci, se désignant lui-même, exprime l'étonnement de se voir ainsi appelé. Chaque diocèse a son service des vocations, aux résultats en général décevants. Dans un livre chaleureux, le cardinal Albert Decourtray, à mes yeux le plus attachant des prélats français de mon temps, dit :

> Je suis certain que la remontée des vocations sacerdotales dépend, pour une bonne part, de la manière dont le Peuple de Dieu redécouvrira l'irremplaçable splendeur du ministère des prêtres. Appelés et qualifiés pour l'eucharistie et la réconciliation, pour garantir la fidélité du témoignage des chrétiens individuellement et en groupe, pour assurer l'ouverture de chaque groupe à toute l'Église. Triple fonction qui repose sur une mystérieuse configuration permanente au Christ pasteur [35].

Dans les pays européens, cette découverte ne se fait guère, et le nombre de prêtres diminue rapidement. Au Vatican, on ne se montre pas trop affecté, puisque les vocations se font plus nombreuses en Afrique, en Asie, en Amérique latine. Mais il est permis de se demander si l'appel divin n'est pas facilité par l'ascension sociale que représente l'accession à la prêtrise, comme c'était le cas dans les pays européens au cours des siècles passés. Ou même le simple accès à un revenu assuré que l'on pourra partager avec sa famille dans le besoin, comme c'est le cas par exemple dans la Pologne d'aujourd'hui. En France, le jeune prêtre ne devrait même pas avoir besoin de faire vœu de pauvreté : il sait qu'il sera pauvre. Georges Gilson, évêque auxiliaire de Paris, a pu découvrir, après être devenu évêque du Mans en 1981, quelle était cette pauvreté dans les paroisses rurales et lui consacrer des passages significatifs de son livre *Les Prêtres. La vie au quotidien*[36], des passages qui manquent dans l'encourageant, mais assez sévère, *Directoire pour le ministère et la vie des prêtres* rédigé par la Congrégation pour le clergé et « approuvé par Sa Sainteté Jean-Paul II le 31 janvier 1994[37] ».

Parmi les obstacles aux vocations, on évoque le plus souvent le célibat. Il existe pourtant des arguments en sa faveur autres que les références évangéliques. Dans le drame *Un homme de Dieu*, Gabriel Marcel a présenté un pasteur protestant pris entre les exigences de la disponibilité familiale et celles de l'ouverture aux problèmes de tous ordres de ses paroissiens. Dans mon adolescence, je me projetais dans le métier de pédagogue et j'estimais que le mariage limiterait ma disponibilité. Peut-être est-ce pour cela que je ne me suis marié qu'à trente-quatre ans – pour découvrir que la vie de couple pouvait constituer un stimulant supplémentaire à l'ouverture aux autres. Le célibat n'impose pas seulement la renonciation à cette vie de couple. Il implique aussi le non-accès à la joie profonde de la paternité. En 1884, Maupassant a publié la nouvelle *Le Baptême*. À un moment, en marge du repas assez dégradant des paysans, le prêtre prend l'enfant dans ses bras. « Une des grand-mères demanda de loin : ça ne t'fait point deuil, l'abbé, que tu n'en auras jamais de comme ça ? » Et la nouvelle se termine sur l'image de « l'abbé, à genoux près du berceau, [qui] sanglotait, le front sur l'oreiller où reposait la tête de l'enfant ».

En France, le recrutement des prêtres séculiers se trouve aussi ralenti par l'exigence nouvelle de la réflexion personnelle, d'un effort prolongé de discernement. Un tel effort était demandé depuis longtemps aux jeunes hommes qui veulent se faire jésuites ou dominicains et est de plus en plus fortement imposé avant l'acceptation de l'entrée dans la vie monastique. Du moins était-ce le cas jusqu'à très récemment : tel ou tel évêque, désireux de « faire du chiffre », aura tendance à accélérer le processus.

La solitude du prêtre séculier, menace permanente pour son équilibre personnel, se trouve à la fois renforcée et allégée par les transformations de la réalité ecclésiale. Accentuée parce que la pénurie, entraînant le regroupement de paroisses, lui a imposé une grande dispersion entre des communautés souvent géographiquement fort éloignées les unes des autres. Il risque de n'être présent, moins encore inséré, nulle part. En même temps, ces communautés sont souvent plus vivantes, plus structurées qu'autrefois, avec des laïcs d'autant plus participants que le prêtre a perdu de sa superbe et de son autoritarisme.

Les origines sociales se sont diversifiées. Nombre d'évêques sont encore d'origine paysanne, mais les prêtres qui se sont consacrés aux déshérités de la société industrielle ne sont assurément pas tous « allés au peuple » comme Hugo, le héros des *Mains sales* de Sartre était venu au prolétariat incarné à ses yeux par le Parti communiste, c'est-à-dire par rejet écœuré de sa famille bourgeoise. Jean-Paul II a raconté comment, confronté, pendant ses études romaines avec ses collègues belges, au problème des prêtres-ouvriers et au mouvement de la JOC, il a compris que ce qui était devenu si important pour l'Église et pour le sacerdoce en Occident – le contact avec le monde du travail – « était déjà inscrit dans l'expérience de [s]a vie[38] », puisqu'il avait lui-même travaillé dans une carrière, puis dans une station d'épuration d'eau. Et c'est parce qu'il avait vécu, enfant, le dénuement, la faim et le mépris que le père Joseph Wresinski a décidé de s'implanter dans la misère du « quart monde ». En même temps, les vocations tardives d'anciens élèves des grandes écoles se sont multipliées – davantage, à vrai dire, pour le clergé régulier que pour le séculier. Le recrutement sacerdotal, bien que de plus en plus limité en nombre, a gagné en surface sociale.

Et que de curés et de vicaires à la fois profondément spiritualisés et animateurs de groupements les plus divers, intérieurs ou extérieurs à leur paroisse ! Les plus réfléchis, les plus cultivés, y compris théologiquement, parmi eux peuvent avoir parfois l'impression d'être tenus en piètre estime par les intellectuels confirmés que sont entre autres les jésuites et les dominicains. Ceux-ci, de leur côté, souffrent d'être si fréquemment soupçonnés, par Rome ou par des prélats français, de se montrer trop aventureux, de poser trop de questions qu'un prêtre ne devrait pas poser. D'où les efforts pour soustraire les futurs prêtres à leur funeste influence.

Depuis quelques années, le manque de prêtres a conduit à renouveler et à développer une catégorie d'hommes consacrés, les diacres, qui peuvent, eux, être mariés puisque, même s'ils ont le droit de remplir certaines fonctions sacerdotales, ils ne sont point prêtres. Le diaconat permanent a été rétabli par le concile, puis en France à partir de 1968. En Allemagne, plus qu'en France, le débat s'est fait vif sur la possible accession de femmes au diaconat. En 1997, une pétition lancée par le mouvement « Nous sommes l'Église » a recueilli 1,8 million de signatures. En mai 2000, l'association des femmes catholiques KED, qui regroupe 750 000 laïques engagées dans six mille paroisses, réclamait la réintroduction immédiate du diaconat féminin dans l'Église. Réintroduction parce que, au cours des premiers siècles, des femmes chargées d'un ministère analogue à celui des diacres (assistance, catéchèse, baptême...) portaient le nom de diaconesses, appellation courante dans les Églises protestantes. Mais le Vatican a toujours affirmé que tout ministère ordonné était inaccessible aux femmes. Or les diacres sont ordonnés, cette ordination constituant, par ailleurs, pour les futurs prêtres, l'ultime étape avant leur ordination sacerdotale.

Si la présence féminine est de plus en plus visible à la messe, qu'il s'agisse des deux premières lectures ou de la distribution de la communion, les ordres religieux féminins connaissent d'immenses difficultés de recrutement. « Il y a trois choses que Dieu ignore : ce que va prêcher un dominicain, ce que pense un jésuite – et le nombre des congrégations féminines. » La plaisanterie demeure pour le nombre, mais le vieillissement est encore plus marqué que pour le sacerdoce et les ordres masculins. Moins aux États-Unis ou en Allemagne qu'en France, mais le déclin des vocations transforme bien des bâtiments pour activités pédagogiques ou sociales en maisons de retraite. Et les nouvelles arrivantes proviennent de plus en plus souvent d'autres continents. Certaines congrégations ont mis fin à leur recrutement. D'autres prennent la responsabilité de laisser les jeunes novices se préparer à entrer dans un groupe totalement déséquilibré du point de vue de l'âge. Les attitudes internes sont très variables. Il existe des communautés rétrécies, racornies par le vieillissement ou par l'autoritarisme de supérieures d'autant plus attachées à leurs prérogatives que le nombre de celles sur qui elles ont autorité est devenu très faible. Mais que d'activités toujours créatrices, de transformations d'expériences accumulées en initiatives fécondes, quelle multiplication d'engagements de religieuses de tous âges auprès de souffrants du corps ou de l'esprit, d'écoliers à éduquer, de jeunes et de moins jeunes à aider dans leur devenir spirituel ! C'est précisément l'ampleur et le sérieux de ces engagements qu'ont du mal à comprendre les jeunes prêtres, surtout parisiens, de nouveau formés à se considérer comme détenteurs privilégiés de l'autorité, de la Vérité, sinon de la grâce divine.

Prêtres séculiers et réguliers, religieuses et religieux, tous sont liés par l'obéissance puisqu'ils ont fait vœu de la pratiquer. La pratique n'est pas toujours de même nature. Dans la Compagnie de Jésus, les supérieurs dialoguent avant d'imposer. L'autorité subie peut être vécue sans soumission humiliante. Ainsi, Albert Decourtray dit, dans son livre dialogué : « J'ai toujours obéi… Mais comme on ne m'a jamais commandé que des choses intéressantes, je n'ai guère de mérite. » Mais il était grand, le mérite d'André Depierre, ancien prêtre-ouvrier, prêchant sur l'obéissance, lors d'une messe-anniversaire de la mort d'Emmanuel Mounier, dans un des plus beaux sermons que j'aie entendus !

Qui dit obéissance dit hiérarchie. Qui dit hiérarchie dit institution. L'une des meilleures formules utilisées par Jean Monnet à propos de l'Europe était : « Rien ne se crée sans les hommes. Rien ne dure sans les institutions. » L'Église romaine a duré. Preuve de l'action du Saint-Esprit ? Peut-être dans le sens d'une petite histoire bien connue. Un protestant et un catholique cherchent à se convertir mutuellement ; finalement le protestant décide, pour en avoir le cœur net, de passer quelques mois à Rome. Réaction du catholique : « Zut, c'est fichu ! » Or le voyageur revient membre de l'Église catholique : « Ce que j'ai vu au Vatican est tellement effroyable que je me suis dit que, s'ils tiennent comme cela depuis deux mille ans, c'est qu'ils ont la Vérité ! »

L'autorité ordinaire est exercée par les évêques. Ils n'en font pas un usage uniforme. Les relations avec les fidèles actifs peuvent se dérouler dans une coopération amicale, mais tout de même inégalitaire. En France, de véritables mobilisations ont lieu pour la préparation des synodes diocésains. Le premier qui soit parvenu à un texte substantiel fut celui du Mans. Six cent cinquante équipes synodales avaient rédigé des propositions. Quatorze « lois synodales » ont été votées par une assemblée synodale et promulguées par l'évêque à la Pentecôte 1988. À Clermont-Ferrand, cent seize propositions synodales ont été promulguées à la Pentecôte 2000, après trois années de réflexion et de discussions menées par 1 350 équipes réunissant dix mille personnes. À Saint-Denis, en octobre 2000, « L'Évangile de la ville » comprenait cinquante et une propositions, demandes ou résolutions. Les sujets brûlants sont tantôt écartés, tantôt transmis au Vatican. À Clermont, les questions telles que le mariage des prêtres, le sacerdoce pour les hommes mariés ou les femmes, le cas des divorcés-remariés ont été écartées comme ne relevant pas de la compétence du diocèse. L'évêque de Saint-Denis, lui, s'est engagé à transmettre aux instances romaines les vœux portant sur des thèmes analogues, ainsi que sur la position éthique de l'Église face aux progrès actuels de la science médicale. Je ne pense pas qu'il y ait lieu de s'enthousiasmer même sur cette timidité-là, surtout quand je la compare aux intenses débats traversant l'actuel catholicisme allemand. Ainsi, le puissant Comité central des catholiques allemands affronte Rome et la hiérarchie allemande à propos des consultations prévues par la loi organisant, de façon restrictive par rapport à la France, les interruptions volontaires de grossesse.

Il fut un temps où la France, « fille aînée de l'Église », ruait dans les brancards au nom d'une spécificité à défendre. Le gallicanisme n'est plus qu'une vieille histoire. L'action des prélats français qui ont contribué à faire basculer le concile Vatican II dès son début est peut-être encore un sujet de fierté pour leurs successeurs, mais l'esprit d'autonomie et le goût de la parole collective forte ne sont vraiment pas ce qui caractérise aujourd'hui l'épiscopat français ! Pourtant le concile a mis en avant l'idée de collégialité, et il avait semblé que les conférences épiscopales nationales deviendraient le lieu d'un véritable pouvoir.

En fait, le désir puissant d'éviter les conflits a abouti à une pratique constante de la soumission révérencielle. Il fallait, il faut surtout que les conflits même potentiels n'apparaissent pas publiquement. Cela vaut tout particulièrement pour les divergences au sein de l'épiscopat français. Celui qui parle publiquement le premier et le plus fort a donc gain de cause, puisque ceux qui pensent autrement ne le diront pas ouvertement, par exemple lorsqu'il crée, contre l'avis de ses collègues, une chaîne nationale de télévision catholique, ou lorsqu'il obtient directement du pape le droit d'avoir son propre système de formation des prêtres. Parfois, le conflit est tout de même perceptible sans pour autant être exposé ouvertement. Ainsi peut-on constater que le nombre de radios regroupées au sein de RCF (Radios catholiques de France), coordonnées par Radio Fourvière à Lyon, est très supérieur à celui des radios qui suivent les lignes directrices parisiennes de Radio Notre-Dame.

La personnification du pouvoir dans l'Église par le pape oblitère souvent la réalité complexe de la curie romaine, en principe ensemble de collaborateurs du souverain pontife, en réalité lourde machine aux structures compliquées dont la puissance éclatée est d'autant plus réelle que Jean-Paul II est physiquement atteint, tout en demeurant grand voyageur, donc pas trop disponible pour la gestion du quotidien. Faire partie d'un appareil quel qu'il soit ne favorise jamais l'esprit critique et la créativité. Les grands textes conciliaires[39] n'auraient pas vu le jour si l'assemblée avait consenti à travailler sur la base des documents préparés par la curie. Parmi ceux qui ont obtenu leur mise à l'écart figurait le cardinal-archevêque de Cologne Joseph Frings. En qualité de membre de la Commission centrale préparatoire, il avait reçu les « schémas » qui devaient être soumis aux Pères. Il demanda régulièrement commentaires et suggestions à son conseiller théologique, Joseph Ratzinger. Trente-cinq ans plus tard, celui-ci, devenu personnage central du Vatican, écrit prudemment : « J'avais évidemment certaines objections, mais je n'avais pas de raison d'opposer un refus radical – comme beaucoup l'exigèrent au Concile, en obtenant gain de cause[40]. »

On raille souvent l'âge des préfets des neuf congrégations et des présidents des onze conseils pontificaux – qu'on pourrait comparer à des ministères et à des secrétariats d'État dans les gouvernements nationaux –, mais la moyenne d'âge des prêtres français étant de soixante-cinq ans, il n'y a pas là une spécificité bien nette. Les cardinaux chargés des Églises orientales ou de l'évangélisation des peuples avaient bien soixante-seize ans au commencement de l'an 2000, mais ceux qui étaient à la tête de la Congrégation pour l'éducation catholique ou du Conseil pontifical de la famille n'en avaient que soixante et soixante-quatre. Ne faudrait-il pas plutôt évoquer à double titre le style de vie des gouvernants de l'Église romaine ? Ne sont-ils pas coupés des réalités humaines des fidèles ? Rencontrent-ils des « curés de base » pour s'entretenir des difficultés de tous ordres de leurs paroissiens ? Ont-ils eu l'occasion de découvrir le sort des femmes rendues enceintes pour la énième fois par suite du machisme et de l'inconscience de leur mari ? Ou d'assister au désarroi de parents auxquels le médecin vient de révéler le contenu tragique de la première échographie ? Par ailleurs, je crois savoir que les prélats romains ne mènent pas une vie communautaire qui les stimulerait par ses discussions ou même par ses conflits. La solitude des décideurs ne favorise guère la sagesse informée de leurs décisions.

Les cardinaux élisent le pape. Du moins était-ce le cas jusqu'à ce que les plus de quatre-vingts ans se trouvent écartés des conclaves. Les évêques, eux, doivent démissionner à soixante-quinze ans. Il n'y a pas de limite d'âge pour le pape lui-même. Or, en l'année jubilaire, Jean-Paul II, restreint dans son autonomie physique, est resté intact dans sa volonté de présence quasi universelle. Paul VI a donné l'exemple de voyages pontificaux hors de Rome, alors qu'auparavant les papes se confinaient dans l'*Urbs* dont ils étaient les évêques. Jean-Paul II aura été un constant voyageur dont chaque déplacement a attiré de vastes foules. Parmi les reproches qui lui ont été adressés, celui de susciter une sorte de culte de la personnalité m'a toujours paru le moins justifié. Les mêmes souvent qui s'enthousiasment pour le nombre de gens attirés par un rassemblement syndical, par une manifestation sportive ou par un chanteur font la fine bouche devant les centaines de milliers de fidèles aux messes célébrées en plein air par un vieillard fragile, lisant de surcroît des textes fort longs. Et si c'était cette fragilité même qui expliquait, pour une large part, la chaleur enthousiaste des participants aux Journées mondiales de la jeunesse ?

La discussion autour de Pie XII demeure vive, en particulier à cause de son attitude à l'égard de l'horrible destin des juifs sous le nazisme. Depuis ma postface, en 1964, au livre de Saul Friedländer, *Pie XII et le IIIe Reich*, je me tiens à l'idée qu'un pape se doit d'être à la fois Antigone et Créon, protestataire affrontant le danger au nom de principes sacrés et chef d'une institution à laquelle il doit ordre et protection. Pie XII a été Créon en oubliant trop souvent la fonction d'Antigone. Pie XI a plus de chance. On ne veut se souvenir que de l'encyclique *Mit brennender Sorge* et l'on oublie que les dictatures ont eu droit de sa part à un traitement de faveur, Mussolini puis Hitler ayant bénéficié des concordats qui sacrifiaient délibérément la pluralité des partis politiques et impliquaient notamment la mort des partis démocratiques se réclamant du catholicisme. Il est facile de juger favorablement Jean XXIII, épris de simplicité et révolutionnaire pacifique lançant le concile. Mais on oublie trop souvent d'attribuer le mérite des grands textes conciliaires à Paul VI parce que ce dernier vivait sa fonction de façon plus discrète, sa foi avec des certitudes moins tranchées et une inquiétude plus visible pour l'avenir de l'Église et de l'humanité que n'allait le faire Jean-Paul II.

Parler sereinement de celui qui gouverne l'Église et s'adresse au monde depuis 1978 est particulièrement difficile parce qu'il a assumé des contradictions probablement insurmontables. Mes orientations personnelles me font réagir négativement, je le dirai de façon plus explicite, à ce qui m'apparaît comme ses obsessions en matière de vie privée et de réalités biologiques. Je m'étendrai plus longuement et avec une admiration presque sans réserve sur les engagements sociaux que permettent, que réclament des encycliques comme *Laborem exercens, Solicitudo rei socialis, Centesimus annus*.

Mais il existe une dimension plus fondamentale. Aucun pape n'avait été aussi loin dans l'affirmation de la dignité égale de tous les humains. Il n'a pas attendu les déclarations éclatantes de *Gaudium et spes* pour être attiré par une vision personnaliste de la société, se traduisant notamment par son admiration pour Max Scheler. Une vision qu'il a articulée dans un livre paru en 1980 en polonais et en anglais. La traduction française, revue par lui, a été publiée en 1983 sous le titre *Personne et acte*. On y lit notamment :

> Le terme de « prochain » nous demande non seulement de reconnaître, mais d'estimer en l'homme ce qui est indépendant de l'être-membre de quelque communauté que ce soit… Le terme de « prochain » ne prend en considération que la seule humanité de l'homme, humanité qui revient à tout « autre » que moi-même. Le terme de « prochain » fournit donc la base la plus large pour la communauté, une base qui s'étend par-delà toute altérité, et aussi bien celle qui résulte de l'être-membre de diverses communautés humaines. […] La communauté en

> humanité est donc la base de toutes les autres communautés. Lorsqu'une communauté quelconque se trouve arrachée à cette communauté fondamentale, elle perd nécessairement son caractère « humain »... L'homme-personne est capable non seulement de participer à la communauté, existant et œuvrant « en commun avec d'autres », mais il est capable de participation à l'humanité même d'« autres »[41]...

L'une des conséquences de ce texte, si admirable à mes yeux d'humaniste athée, est l'ouverture aux autres communautés religieuses. Déjà, dans *Nostra aetate*, déclaration sur les relations de l'Église avec les religions non chrétiennes, « Paul, évêque-serviteur des serviteurs de Dieu, en union avec les Pères du Saint-Concile », affirmait, le 28 octobre 1965 :

> Tous les peuples forment une seule communauté... L'Église catholique ne rejette rien de ce qui est vrai et saint dans ces religions. Elle considère avec un respect sincère ces manières d'agir et de vivre, ces règles et ces doctrines qui, quoiqu'elles diffèrent en beaucoup de points de ce qu'elle-même tient et propose, cependant apportent souvent un rayon de la vérité qui illumine tous les hommes.

La rencontre d'Assise, le 27 octobre 1986, constituera un geste beaucoup plus spectaculaire, au point de susciter des réactions particulièrement haineuses. Une feuille distribuée devant les églises, avec une présentation de « Marcel Lefèbvre, archevêque-évêque émérite de Tulle », montrait, au recto, sous le gros titre « L'imposture d'Assise », un dessin représentant Jean-Paul II refusant à Jésus et à Marie, malgré la présence au-dessus d'eux de Dieu le Père et de la colombe du Saint-Esprit, l'accès à l'église vers laquelle se pressaient les participants du Congrès international des religions.

Dans une bulle, le pape disait : « Non ! non ! Nous ne pouvons vous recevoir, vous n'êtes pas œcuménistes ! » Au verso, sous le titre « L'apostasie... ? », le pape se présente à la porte du paradis en disant : « Je suis Jean-Paul II, le pape œcuméniste. » Le Christ lui refuse l'entrée. Sa bulle dit : « Je regrette ! Mais il n'y a qu'une seule religion ici. Allez voir ailleurs ! » Au bas du dessin, Satan lui ouvre les bras : « Eh, mon ami, par ici les œcuménistes – *omnes dii gentium daemonia*, Ps 95. » Une note explique la citation du psaume : « Tous les dieux de ceux qui n'ont pas la vraie foi sont des démons. »

Pourtant Jean-Paul II avait déclaré dans son discours d'ouverture qu'il ne s'agissait pas d'une « conférence interreligieuse sur la paix », ni d'une « négociation sur nos convictions de foi », mais d'« un jour consacré à la prière et à ce qui va avec la prière : le silence, le pèlerinage et le jeûne ». Le thème de l'ouverture fraternelle aux autres religions a été conservé ultérieurement. Dans l'une des homélies adressées aux participants des JMJ de Paris, Jean-Paul II est parti de la parabole du Samaritain pour faire remarquer que le voyageur blessé avait été ignoré par un prêtre de sa religion et secouru par un adepte d'une autre religion.

Mais c'est le même pape qui a affirmé le plus vigoureusement l'unicité salvatrice de l'Église catholique et la nécessité de la conversion des autres à obtenir par l'action missionnaire. Sans doute ne peut-il pas parler, ne peut-il pas penser autrement sans renier sa fonction et le catholicisme romain, mais comment ne pas être frappé par la contradiction qui marque même l'encyclique *Ut unum sint*, « Qu'ils soient un », donnée en mai 1995 ? D'un côté, « le dialogue œcuménique a le caractère d'une recherche commune de la vérité, en particulier en ce qui concerne l'Église ». De l'autre, l'affirmation que « l'unité voulue par Dieu ne peut se réaliser que dans l'adhésion commune à la totalité du contenu révélé de la foi ». Au paragraphe 79 sont énumérés les « thèmes à approfondir pour parvenir à un vrai consensus dans la foi » :

> 1) Les relations entre la sainte Écriture, autorité suprême en matière de foi, et la sainte Tradition, interprétation indispensable de la Parole de Dieu ; 2) l'Eucharistie, sacrement du Corps et du Sang du Christ, offrande de louange au Père, mémorial sacrificiel et présence réelle du Christ, effusion sanctificatrice de l'Esprit saint ; 3) l'ordination, comme sacrement, au triple ministère de l'épiscopat, du presbytérat et du diaconat ; 4) le Magistère de l'Église, confié au Pape et aux Évêques en communion avec lui, compris comme responsabilité et autorité au nom du Christ pour l'enseignement et la sauvegarde de la foi ; 5) la Vierge Marie, Mère de Dieu et Icône de l'Église, Mère spirituelle qui intercède pour les disciples du Christ et pour toute l'humanité.

Dans les dernières années, la tension entre attitudes contradictoires s'est accentuée, débordant même sur d'autres terrains et aboutissant en l'année jubilaire à deux juxtapositions étranges : la béatification simultanée de Jean XXIII et de Pie IX ; les deux voyages successifs à Jérusalem et à Fatima.

Le « bon pape Jean » béatifié : bel hommage à Vatican II, y compris et peut-être surtout à *Gaudium et spes*, « L'Église dans le monde de ce temps ». La béatification de Pie IX : inévitable consécration posthume du *Syllabus* de 1864 énumérant clairement, même brutalement, les erreurs à condamner. L'ultime erreur consistait à dire : « Le Pontife romain peut et doit se réconcilier et transiger avec le progrès, le libéralisme [politique] et la civilisation moderne. »

La présence repentante au mur des Lamentations du chef de l'Église si longtemps persécutrice, puis trop indifférente, a provoqué émotion et adhésion. Fallait-il alors, en quelque sorte dans la foulée, aller à Fatima – où déjà la balle qui avait failli tuer Jean-Paul II se trouvait insérée, comme une relique, dans le diadème de la Vierge – pour proclamer l'ultime secret que celle-ci aurait révélé aux enfants visionnaires de son apparition ? Dans les années cinquante, j'avais souvent trouvé politiquement outrancier le dominicain Jean Cardonnel. Le 3 juin 2000, je n'ai pas trouvé choquant qu'il dise dans *Le Monde*, sous le titre « Le faux troisième secret de Fatima » :

> Un beau théologien laïc italien met irréfutablement le doigt sur la plaie : « Un Dieu qui pense à révéler en 1917 que les chrétiens seront persécutés et qui ne parle pas de la Shoah et des six millions de juifs n'est pas un Dieu crédible. » [...] il m'est intolérable d'entendre que la Sainte Mère de Dieu ait pu détourner les balles faites pour tuer le pape, alors qu'elle n'aurait pas levé le petit doigt pour arrêter l'extermination des juifs et la traite de millions de Noirs... Dans la langue de bois pénitentielle de Notre-Dame de Fatima [...], avec le bras lourd de son fils qu'elle ne pourrait plus empêcher d'écraser le pauvre monde, alors qu'il lui est plus facile d'arrêter le meurtre du pape, je ne reconnais jamais le style, la griffe de la sainte jeune fille mère de Dieu.

Une telle véhémence devrait conduire à deux ordres de réflexions. Les unes, à mes yeux subordonnées, bien qu'elles soient encore génératrices de bien des rejets méprisants de la part de non-catholiques, portent sur toute la panoplie d'apparitions et de miracles dont l'Église s'enorgueillit encore. Il faut dire qu'en son sein même la dénonciation des miracles fabriqués et des attitudes superstitieuses se développe fortement. En témoigne le gros livre de Joachim Bouflet, consultant auprès de postulateurs de la Congrégation pour les causes des saints, *Faussaires de Dieu*, ouvrage qui n'est pas hétérodoxe, puisqu'il a paru avec le *nihil obstat* et l'*imprimatur*[42].

L'autre réflexion portera sur Marie. C'est à partir de sa place dans le christianisme que je me propose de réfléchir sur la prière, sur la mystique, bref sur la spiritualité dont ni les chrétiens ni les religions en général n'ont l'apanage.

Chapitre IV

VERTICALITÉS : LA SPIRITUALITÉ AVEC ET SANS DIEU

Les deux dimensions

Nous vivons tous ou plutôt nous devrions tous vivre dans deux dimensions. L'une, horizontale, concerne notre présence parmi les autres, qu'il s'agisse de la famille ou de la profession, de la vie politique ou de tout autre engagement social. L'autre, verticale, concerne notre présence à nous-même, qu'il s'agisse, pour le chrétien, de lier cette présence à une autre présence par une sortie de soi, ou, pour celui qui ne sent pas la réalité ni le besoin d'une transcendance divine, de plonger en lui-même pour précisément dépasser l'horizontalité du quotidien.

Selon moi, le chrétien est soumis à deux tentations. Ne vivre que dans l'horizontalité de l'engagement au service du prochain ; se trouver, pour cause de relation avec Dieu, en situation de rupture avec la réalité de la société. L'insertion où l'on se perd, la désinsertion où l'on perd les autres. Le premier excès était particulièrement à l'honneur aux environs de 1968. C'était l'époque où les maisons de la culture devenaient, dans tel hebdomadaire chrétien épris de vérité et de justice, de

« modernes cathédrales », où « la foi se vivait dans la rue ». L'époque aussi où, lors d'une réunion à Sciences-Po sur les origines et les causes des « événements de Mai », le doux protestant François Goguel se faisait vertement rabrouer par le jésuite Michel de Certeau pour avoir timidement suggéré qu'il y avait peut-être, parmi d'autres, des causes spirituelles.

Ces outrances-là ont été durement raillées, à l'époque, dans un livre lui-même outrancier, mais percutant, d'un dominicain par ailleurs excellent sociologue[1] : « Hier leur réduction du monde au religieux était haïssable. Ils croient avoir changé parce qu'ils font du zèle dans la réduction à l'économique et au politique. » Cette réduction-ci faisait oublier la dimension spirituelle, qui n'est nullement l'apanage des croyants religieux. On pourrait pourtant le supposer en voyant le déferlement de la nouvelle mode du retrait (fort provisoire) dans le désert du silence, de l'appel au « ressourcement », bref du retour sinon à Dieu, du moins à une religiosité stimulée par des gourous de toutes sortes. Se perdre pour se trouver : la visée profonde de l'intériorité chrétienne risque aujourd'hui une affligeante banalisation.

Le contraire de la foi n'est pas un prétendu matérialisme. L'échange d'un regard entre humains relève déjà de la spiritualité s'il est ressenti comme un échange. Le vécu inverse ne va pas non plus dans le sens d'une explication par l'optique et le mécanisme de la rétine. Pour Jean-Paul Sartre, sans doute parce qu'il se sentait laid, le regard de l'autre, loin de stimuler, « réifiait », « chosifiait ». Il l'explique dans *L'Être et le Néant*. Il l'applique dans ses romans, où je n'ai trouvé qu'un seul exemple d'échange de regards vivifiants. Il s'agit de l'apparition furtive, dans *Les Chemins de la liberté*, d'un jeune couple sur un quai de la gare de l'Est, au moment de la mobilisation rendue inutile par l'accord de Munich.

Le dépassement de l'animalité fait vivre dans les deux dimensions. Il existe, certes, une tradition chrétienne du retrait du monde pour n'avoir plus de relation qu'avec Dieu. Mais la volonté d'être dans le monde sans être de ce monde se fait de moins en moins rare, y compris chez les religieux conventuels. Pas seulement chez les catholiques. Il existe un monachisme protestant qu'incarnent notamment, à Paris, les diaconesses de Reuilly. Un hôpital réputé, des maisons de retraite, un foyer de jeunes travailleurs, des centres pour enfants inadaptés – les engagements « horizontaux » ne manquent pas, pratiqués parfois de façon pionnière, comme l'apport des diaconesses à l'humanisation de la mort par les soins palliatifs. Ils n'empêchent pas une pratique liturgique, quatre offices quotidiens, le silence et la méditation. Avec une constante identification monastique, comme c'est le cas pour les religieuses et les religieux catholiques de la Fraternité monastique de Jérusalem qui mènent une vie monacale en plein Paris, avec un engagement social réel, tout de même limité par une pratique religieuse particulièrement intense, largement traditionnelle. Leurs offices publics remplissent régulièrement l'église Saint-Gervais de fidèles aux motivations et aux attachements ecclésiaux manifestement fort variés, mais tous profondément soucieux de verticalité.

Ces religieuses et religieux-là vivent en quelque sorte aux antipodes de ceux et de celles qui consacrent leur vie au service des autres, animés par une intériorité, par une foi aussi intense, mais plus discrète, moins étalée. Nous les retrouverons ultérieurement dans l'efficacité de leurs engagements. Pour le moment, il s'agit simplement de montrer que l'interpénétration des deux dimensions peut répondre de diverses manières à la double exigence chrétienne de l'amour de Dieu et de l'amour du prochain.

La vie spirituelle, qu'est-ce ? Pour quelqu'un comme moi, c'est une réalité dont j'essaierai de rendre compte. Pour nombre de gens, c'est une dimension négligeable, ou même niée, de leur existence. Dans un sondage effectué en 1997 chez les jeunes de 15 à 25 ans, les éléments jugés « indispensables ou très importants pour une vie heureuse » étaient « réussir sa vie de famille » (91 %), « avoir un métier intéressant » (91 %), « être entouré d'amis fidèles » (84 %), alors qu'« avoir une vie spirituelle » n'était estimé tel que par 24 % des sondés. Ils ne se rendaient manifestement pas compte de la dimension spirituelle de l'amour maternel ou filial, ou encore de l'amitié. Parfois je trouve stupéfiant de voir que la spiritualité est niée par une époque qui justifie tout au nom de l'amour, dont il est admis qu'il existe dans les couples homosexuels, et que toutes les ruptures d'engagements sont justifiées en son nom.

Pour le chrétien, la vie spirituelle est indissolublement liée à la prière. Pour les catholiques, il me semble qu'elle passe pour le moins par une interrogation sur Marie et sur la place de celle-ci dans le champ de ses croyances et de sa dévotion.

Marie

Notre-Dame de Paris et Notre-Dame de Chartres, l'Annonciation le 25 mars, la Visitation le 31 mai, l'Assomption le 15 août, la naissance le 8 septembre, la Conception Immaculée le 8 décembre pour fêter enfin la Sainte Mère de Dieu le 1er janvier ; et Lourdes et La Salette et Fatima : Marie est vraiment omniprésente dans le catholicisme ! Quatre dogmes lui ont été consacrés au cours des siècles : *théotokos*, mère de Dieu, au concile d'Éphèse en 431, sa virginité définitivement proclamée en 649, l'Immaculée Conception devenue dogme grâce à Pie IX en 1854, Pie XII proclamant le dogme de l'Assomption en 1950. Puis, en 1964, c'est Paul VI qui la confirme « Mère de l'Église ». En 1987, Jean-Paul II, dans l'encyclique *Redemptoris mater* « sur la bienheureuse Vierge Marie dans la vie de l'Église en marche », affirme que « c'est cette vive participation à la foi de Marie qui détermine sa présence particulière dans le pèlerinage de l'Église comme nouveau Peuple de Dieu sur toute la terre ». « Le concile n'avait pas été jusque-là », remarque le père Congar dans sa présentation de l'encyclique[2]. Le 8 octobre 2000, un « acte de confiance dans la Sainte Vierge Marie » est prononcé à Rome, en clôture du Jubilé des évêques.

> Aujourd'hui, par la voix du successeur de Pierre, à laquelle s'unit celle de nombreux pasteurs rassemblés ici de toutes les parties du monde, l'Église cherche à se réfugier sous ta protection maternelle et implore avec confiance ton intercession face aux défis de l'avenir... Mère, toi qui connais les souffrances et les espérances de l'Église et du monde, assiste tes enfants dans les épreuves quotidiennes que la vie réserve à chacun et fais que, grâce aux efforts de tous, les ténèbres ne l'emportent pas sur la lumière.

Par fidélité à la doctrine, mais aussi par souci d'œcuménisme chrétien, les formulations étaient choisies pour ne pas laisser apparaître la « Reine du Ciel » comme corédemptrice :

> Tu es la splendeur qui n'ôte rien à la lumière du Christ, car tu existes en Lui et par Lui... Toi, aurore du salut, nous te confions notre marche dans le nouveau millénaire, afin que, sous ta conduite, tous les hommes découvrent le Christ, lumière du monde et unique sauveur.

Ce dernier énoncé aurait sans doute déjà heurté Melanchthon, qui disait, dans l'*Apologie de la Confession d'Augsbourg* :

> Même si nous concédons que la bienheureuse Marie prie pour l'Église, est-ce elle qui reçoit les âmes à l'heure de la mort ? Est-ce elle qui triomphe de la mort ? Est-ce elle qui vivifie ?... Une croyance générale a mis la bienheureuse Vierge exactement à la place du Christ. On l'a invoquée, on a mis sa confiance dans sa miséricorde, par son entremise on a voulu rendre le Christ bienveillant, comme s'il n'était pas le propitiateur (qui obtient le pardon), mais seulement un vengeur, un juge terrible.

Dans l'*Encyclopédie du protestantisme*, le pasteur André Birmelé écrit :

> Le protestantisme et Marie sont généralement compris comme irréconciliables. Il faut dénoncer ce malentendu. Le protestantisme s'oppose seulement à une certaine mariologie catholique romaine qui a encore été amplifiée au XXe siècle et qui se traduit par une intense piété populaire.

Pour moi, avant même de réfléchir à la nature de l'intercession, il convient de s'interroger à propos de ce qu'on trouve sur Marie dans les Évangiles. Ma lecture ne correspond pas à celle qui est faite dans la plupart des commentaire chrétiens, surtout catholiques, qu'il m'a été donné de lire. Je passe sur la naissance virginale qui apparaît, ainsi que tant d'autres passages évangéliques, comme la réalisation d'une prophétie, ce qui permet d'écrire à de multiples reprises : « Cela fut fait afin que s'accomplisse... » Ici, il s'agit d'Isaïe : « Voici que la Vierge enfantera un fils. » Sans vouloir trop choquer mon lecteur chrétien, je pense au mythe de la naissance d'Hercule, fils de Jupiter et d'Alcmène. Plus importante pour moi est la discussion sur la place de Marie dans la vie de Jésus. J'ai tendance à ne pas considérer comme marial le passage du Quatrième Évangile où Jésus crucifié confie sa mère à l'apôtre Jean. « Femme, voici ton fils ! Voici ta mère. » Ces mots – encore repris dans l'Acte de confiance des évêques – est à lire en fonction de Jean et de la place privilégiée que cet Évangile accorde au « disciple que Jésus aimait ». Une place ultérieurement reconnue par la majorité des peintres représentant la Crucifixion et la quasi-totalité de ceux qui ont peint la Cène. On finit alors par montrer à Éphèse la maison où Marie aurait été recueillie par Jean. Les autres évangélistes n'évoquent pas la présence de Marie mère de Jésus.

Surtout, Marie n'est pas traitée par son fils avec respect ni admiration. Il échappe à ses parents pour aller au temple sans les en avertir. À Cana, selon Jean, il accède sans enthousiasme à la demande implicite de sa mère de trouver du vin pour les convives de la noce. L'essentiel, à mes yeux, parce que lourd de conséquences dans la vie chrétienne, c'est le rejet, présent chez les quatre évangélistes, de la mère et des frères. Selon la dure formulation chez Luc :

> Si quelqu'un vient à moi sans haïr son père, sa mère, sa femme, ses enfants, ses frères, ses sœurs et jusqu'à sa propre vie, il ne peut être mon disciple. Quiconque ne porte pas sa croix et ne vient pas derrière moi ne peut être mon disciple.

L'« unique nécessaire », c'est l'amour du Christ Sauveur. Pendant des siècles, que de chrétiens n'ont-ils pas été séparés, ne se sont-ils pas séparés de leur famille, ne l'ont-ils pas rejetée pour se consacrer à Dieu !

Molière y a vu simple hypocrisie en faisant dire à Orgon, envoûté par Tartuffe :

Qui suit bien ses leçons goûte une paix profonde
Et comme du fumier regarde tout le monde.
Oui, je deviens tout autre avec son entretien ;
Il m'enseigne à n'avoir affection pour rien,
De toutes les amitiés il détache mon âme,
Et je verrais mourir frère, enfants, mère et femme,
Que je m'en soucierais autant que de cela.

À quoi Cléante, le beau-frère raisonnable, réplique à bon droit : « Les sentiments humains, mon frère, que voilà ! » Aujourd'hui, les séminaires sévères et les couvents n'en sont plus à exiger le rejet de la famille et s'efforcent même d'éviter que la famille incompréhensive ne rejette de son côté. Mais le problème demeure, pour les non-croyants aussi : que de déchirements quand il s'agit de risquer sa vie pour une cause, par exemple dans la Résistance, si la mort probable laisse une veuve et des orphelins ! Descendons des sommets : que de mauvaise foi aussi chez tant de révolutionnaires sans risques, par exemple en mai 1968, auxquels la « cause » donnait une excuse pour ne pas s'occuper de la grand-mère grabataire !

Sainte Marie, mère de Dieu, priez pour nous,
Maintenant et à l'heure de notre mort.

Il s'agit bien d'un appel à l'intercession, mais que de dérives ! Sur les innombrables ex-voto dans les églises, dans les cahiers mis à la disposition des fidèles, on trouve l'expression multiple de la gratitude pour les faveurs que Marie aurait non seulement obtenues, mais directement accordées, du sauvetage en mer jusqu'à l'examen réussi.

Les processions, la promenade de statues à travers la France (qui choquaient tant le père Varillon), les foules de Lourdes et de Fatima : s'agit-il vraiment de demander à la Vierge de prier son fils – ou bien d'exaucer les vœux de son propre chef ? Nouvelle Ève en quelque sorte inverse, elle est appelée à écraser le serpent du péché. Sauf dans un tableau du Caravage, théologiquement plus correct : sur le pied de Marie posé sur la tête du serpent appuie le pied de Jésus, exceptionnellement représenté en véritable enfant et non en bébé joufflu aux traits grossiers.

Je comprends les réactions négatives, parfois discrètement indignées, de prêtres et de croyants engagés pour qui ces manifestations d'adoration plus encore que de vénération paraissent relever des cultes païens de la Déesse-Mère. Mais j'ai deux raisons pour ne pas partager leur indignation. La première relève de la formulation agressive et trop brutale de Serge Bonnet :

> Les bourgeois voltairiens déclaraient : « Nous n'avons pas de religion, mais la religion est bonne pour le peuple. » Les arrière-petits-neveux pensent : « Nous avons la religion de la foi adulte. Elle est trop bonne pour le peuple. »

Pour ma part, je respecte profondément et souvent j'admire les vieilles femmes marquées par une vie terriblement difficile qui égrènent leur rosaire avec conviction, foi et gratitude ou qui participent sans esprit de folklore à un pardon breton. Je place ainsi parmi les plus beaux poèmes de la langue française la *Ballade pour prier Nostre Dame*, dans laquelle François Villon donne la parole à sa mère :

Dame des cieulx, regente terrienne,
Emperiere des infernaux palus,
Recevez moy, votre humble chrestienne,
Que comprise soye entre vos eslus
Ce non obstant qu'oncques rien ne valus.
[...]
Vous portastes, digne Vierge, princesse,
Iesus regnant qui n'a ne fin ne cesse,
Le Tout Puissant, prenant notre foiblesse,
Laissa les cieulx et nous vint secourir,
Offrit a mort sa tres chiere jeunesse ;
Notre Seigneur tel est, tel le confesse.
En ceste foy je veuil vivre et mourir.

Et qu'il est donc confiant, heureux et priant, ce couple prématurément vieilli parce que ayant vécu dans la pauvreté qui lève les yeux vers la Vierge et vers l'Enfant Jésus dans le tableau *La Madone aux pèlerins* – pour me référer une troisième et dernière fois au Caravage !

La seconde raison est liée à toutes les émotions positives que je dois à Marie. Des émotions artistiques, mais il me semble qu'elles dépassaient la simple réaction à un tableau, à une icône, à une statue, à un chant. Elles ressortissent à ma vie intérieure toujours à développer et à approfondir. La pureté fait sens pour moi. Et la maternité. Et la douleur. Donc Marie fait sens pour moi. Je sais que la pureté a mauvaise presse aujourd'hui, mais lorsque Dona Prouhèze offre son soulier de satin à la Vierge pour être préservée de l'adultère, Claudel – qui avait laissé Ysé effectuer un tout autre partage... – fait bel et bien de Marie le signe incarné de la pureté sereine. La pureté est encore la marque avec l'acceptation non pas résignée mais lumineuse d'une maternité étonnante. Les plus belles annonciations traduisent bien la première partie du *Magnificat* – dont la seconde me gêne par son aspect « Dieu des armées ». La Pietà, représentative de la douleur de toutes les mères ayant perdu leur fils par la violence, s'exprime assurément dans bien des sculptures et des peintures. Pour moi cependant, sans qu'il y ait à mes yeux contradiction avec ce que je viens de dire du Quatrième Évangile, l'émotion naît avec les *Stabat Mater*, tout particulièrement celui de Pergolèse, mais presque autant celui de Francis Poulenc.

Je devrais être irrité par bien des qualificatifs outranciers dont les litanies chargent Marie, surtout quand elles s'adressent directement à une statue, comme c'est le cas pour les *Litanies à la Vierge noire de Rocamadour*, du même Poulenc. Mais il n'en est rien. Et comment ne pas se sentir atteint par les deux prières essentielles adressées à Marie… Le « Je vous salue », en particulier, quand, pendant près de huit longues minutes, Monteverdi, dans *Les Vêpres de la Vierge*, reprend inlassablement les simples mots *Sancta Maria, ora pro nobis*. Je ressens encore davantage le rayonnement spirituel qui peut émaner du *Salve Regina* (où l'*avocata nostra* exprime bien la simple idée d'intercession…). Peut-être l'émotion est-elle née la première fois à la fin du film de Giraudoux et Bresson, *Les Anges du péché*, sur les sœurs de Béthanie, et a-t-elle été particulièrement ravivée par le chant des religieuses marchant à l'échafaud dans *Le Dialogue des carmélites*, mais il me suffit d'un *Salve Regina* chanté, même mal, en grégorien simple.

La prière

La prière est au cœur de la vie croyante. Avant de dire quelle signification elle peut avoir pour moi, je voudrais tenter de donner des réponses, fussent-elles insuffisantes et approximatives, à des questions clarificatrices.

Qui prie ? Le chrétien solitaire, une communauté, une foule ? Où prie-t-on ? Qu'est-ce que la spiritualité d'un lieu ? À qui la prière s'adresse-t-elle ? Quelle est la nature de l'appel aux saints dans le catholicisme ? Que demande-t-on à Dieu ? L'adoration et la louange sont-elles des prières sans demandes ? La prière, avec ou sans demande, donne-t-elle accès à Dieu, se substitue-t-elle à l'amour humain, transforme-t-elle l'accès immanent à soi en accès transcendant à Dieu ?

L'Évangile de Matthieu ne fait pas précisément l'éloge de la prière collective :

> Et quand vous priez, ne soyez pas comme les hypocrites : ils aiment, pour faire leurs prières, à se camper dans les synagogues et les carrefours, afin qu'on les voie... Pour toi, quand tu pries, retire-toi dans ta chambre, ferme sur toi la porte et prie ton Père qui est là, dans le secret...

Il s'agit seulement de dénoncer l'insincérité, l'étalage que Molière a si bien caricaturés dans la même scène du *Tartuffe* :

> *Il attirait les yeux de l'assemblée entière*
> *Par l'ardeur dont au ciel il poussait sa prière ;*
> *Il faisait des soupirs, de grands élancements,*
> *Et baisait humblement la terre à tout moment.*

Je ne dis pas que je n'ai jamais pensé à ce passage évangélique et à Molière devant telle ou telle agitation, mais, si la prière exigeait vraiment la solitude, il n'y aurait ni messe ni culte. On peut cependant être en nombre de différentes façons. Parmi les lettres reçues comme auteur qui m'ont causé les plus grandes joies figure celle que m'ont adressée des moines bénédictins pour me dire qu'ils avaient affiché un passage de mon *Au nom de quoi ?* J'y disais : que signifie le fait d'être au pluriel ? « Le pluriel ne vaut rien à l'homme », chantait Georges Brassens. La condamnation est trop absolue. Être foule dégrade. Être communauté rehausse... Où est la différence ? Dans le nombre ? Dans le but ? Ou plutôt dans la nature du lien interpersonnel créé ? Toutes les exaltations ne sont pas de même nature. Être foule, c'est se fuir. Être en communauté, c'est se trouver mieux, c'est permettre aux autres de se trouver mieux par l'existence même du lien interpersonnel. Dans la foule, les personnes ont disparu dans leur relation mutuelle...

Trente années plus tard, j'ai de plus en plus de peine à appliquer cette différenciation à la réalité des réunions chrétiennes, des rassemblements chrétiens. Le lieu importe assurément. La densité spirituelle que je puis percevoir est plus grande dans une église romane que dans une église baroque. Même hors de tout culte et sans la présence de priants, un moment passé dans l'église d'Orcival ou à Saint-Philibert de Tournus est épanouissant grâce à un climat, à une atmosphère spirituelle. À Passau, en Bavière, j'ai assisté, dans la cathédrale furieusement baroque, à un concert, aux côtés de l'évêque. Je lui ai demandé si, contrairement aux instructions de Rome, il laissait aussi exécuter de la musique pas directement religieuse. D'un large geste, il m'a désigné tous les angelots, tout le stuc de la nef et du chœur : « Si je voulais enlever de cette église tout ce qui n'est pas religieux, que resterait-il ? »

Il y a sans doute plus de recueillement collectif à l'abbaye du Bec-Hellouin qu'à Notre-Dame de Paris. Les abbayes ne se ressemblent pas pour autant. Si la densité spirituelle m'a paru plus forte à Saint-Benoît-sur-Loire qu'à Solesmes, c'est que dans la première abbaye tout le monde, paroissiens et visiteurs occasionnels, se trouve inclus dans la collectivité, tandis que, dans la seconde, le comportement des moines est plus élitaire et l'exclusion des non-moines fort nette. Cependant, qui aurait dénié la réalité du recueillement communautaire aux quinze mille chrétiens orthodoxes, catholiques, protestants réunis au stade Charléty en septembre 1998 pour vivre « une expérience de la spiritualité dans l'unité » ? Faut-il pour autant mettre sur le même plan le communautaire et ce que j'appellerais le fusionnel ? Je comprends qu'il puisse exister, qu'il existe effectivement une tension, dans l'Église catholique de France, à propos des « charismatiques ». La façon de concevoir, de recevoir l'Esprit est-elle la même chez les jeunes prêtres qui sont passés par la Communauté de l'Emmanuel que chez les autres ?

Je me sens sans cesse porté, même si je ne suis pas qualifié pour cela, à établir des différences entre spiritualités. Je n'ai été à Lourdes qu'une seule fois – et encore très fugitivement –, au début des années cinquante. Si j'ai été révulsé par les « marchands du temple », c'est sans doute parce que, la veille, j'avais assisté à une messe en plein air à Barèges, dans les Pyrénées. Elle concluait une rencontre franco-allemande de jeunesse organisée par le père jésuite Xavier Léon-Dufour. Elle était courageuse pour l'époque. L'officiant français était assisté par des Allemands. Le lieu et l'occasion étaient propices au recueillement communautaire. De même, ma première visite à Saint-Pierre de Rome et ma réaction négative se sont situées le lendemain d'une journée passée à Assise, cette fois sans rencontre, mais avec le contact de la double église, demeurée dans mon esprit haut lieu de la spiritualité européenne. À Paray-le-Monial, la cathédrale romane m'émeut, l'église consacrée à sainte Marguerite-Marie Alacoque m'irrite parce que le culte du Sacré

Cœur de Jésus ne me paraît pas un exemple contagieux de la spiritualité catholique.

Le retour des pèlerinages est l'une des marques du catholicisme contemporain. Ils ne se ressemblent pas nécessairement dans leur inspiration ni dans leur déroulement. À preuve, les deux pèlerinages Paris-Chartres et Chartres-Paris effectués chaque année, l'un par des étudiants plutôt « conciliaires », l'autre par des « traditionalistes ». Je suis certain qu'à l'arrivée à Lourdes bien des groupes prient en communauté plutôt qu'en demande partagée de miracle. Mais Lourdes me gêne dans ma sympathie pour la foi catholique. D'une part, parce que l'histoire de Bernadette Soubirous ne m'émeut vraiment pas, même et peut-être surtout quand elle est présentée aux catéchistes dans la petite revue généralement vivante et courageuse *Points de repère*. La Vierge est apparue à la petite bergère à une époque où l' « on pense que les idées révolutionnaires détruisent la religion » et où « les catholiques se sentent protégés par Napoléon III ». « Sur le conseil du curé, Bernadette demande son nom à la dame. Elle répond en patois, par des mots mystérieux que Bernadette ne comprend pas. Elle les répète au curé : "Je suis l'Immaculée Conception." Pour celui-ci, il n'y a plus de doute : Bernadette a vraiment vu la Vierge Marie ! Comment aurait-elle pu deviner, en effet, ce que le pape venait de proclamer ? » Le curé, lui, savait que le dogme avait été proclamé quatre ans avant l'apparition… D'autre part, ce sont toutes les demandes de guérison, souvent assurément admirables de foi confiante, si proches aussi des attitudes présentées comme exemplaires dans les Évangiles. Je réagis cependant en fonction de la théodicée. Si Dieu, à la demande de la Vierge, ou la Vierge elle-même peuvent guérir, c'est qu'ils avaient le pouvoir d'empêcher la naissance de la maladie ou du handicap. Quant aux miracles…

On retrouve, pour Lourdes, la question de l'intercession. Elle ne se pose pas seulement pour Marie. Elle est présente dans les prières adressées à tous les saints, réels ou imaginaires. À cet égard, le *Dictionnaire hagiographique* des bénédictins de Ramsgate devrait être mis entre les mains de tous les prêtres qui continuent à participer aux invocations solennelles de personnages mythiques[3]. « On sait peu de choses de la vie de saint Nicolas. Sa vie posthume est plus riche », notent les auteurs avec humour. Le culte de sainte Barbe a été supprimé en 1969. « La légende est manifestement fausse, la sainte n'ayant jamais existé. » On l'invoquait contre la foudre, le feu, la mort subite et l'impénitence. Même le plus timide *Livre des saints*[4] qui suit le calendrier liturgique n'est pas toujours enthousiaste pour les saints du jour. Si saint Laurent a été décapité – ce qui le rend déjà martyr –, il n'a jamais été brûlé sur un gril (ce qui ne l'empêche pas d'être sinistrement patron des rôtisseurs !).

Dans mon adolescence, à Saint-Germain-en-Laye, je passais souvent devant un couvent d'augustines et m'étonnais de la plaque qui était apposée à l'entrée : « Sainte Rita, avocate des causes désespérées, est invoquée dans cette maison. » Mon étonnement demeure face à la notion même d'invocation. Je comprends aisément la vénération. Que les moines de la belle abbaye de Landévennec vénèrent saint Guénolé, je l'admets aisément comme fidélité à leur fondateur du VIe siècle. Mais c'est l'invocation pour intercession qui me gêne, comme elle gênait Melanchthon. Faut-il qu'il y ait des limites à l'infinie miséricorde de Dieu, à la capacité de Dieu de comprendre et de pardonner, pour que le chrétien ait besoin de l'assistance de Marie et des autres saints, qu'il leur faille ajouter leurs prières à celles du pécheur repentant ! À la messe, dès la préparation pénitentielle, il est dit : « Je supplie la Vierge Marie, les anges et tous les saints, et vous aussi, mes frères, de prier pour moi le Seigneur notre Dieu. » Et, avant la communion, il est question de la Vierge Marie et de tous les saints « qui ne cessent d'intercéder pour nous ».

La critique logique et intellectuelle ne s'oppose pas cependant à l'émotion, au partage de spiritualité, quand, notamment lors d'une consécration diaconale ou sacerdotale, est chantée la longue « Litanie des saints » – où je salue intérieurement au passage mes saints préférés, comme les Pères de l'église Saint-Basile, Grégoire de Nazianze et Grégoire de Nysse, ou saint François d'Assise et saint François-Xavier. Le lancinant refrain « priez pour nous » me fait oublier la question de l'intercession.

Celle-ci me semble accessoire par rapport au problème de la prière de demande. Les Évangiles semblent favoriser sa pratique. « Demandez et on vous donnera. » Si j'écarte ce qui n'est assurément pas demande et relève davantage de la mystique, la contemplation, l'adoration, il reste tout l'aspect en quelque sorte intéressé de la prière. Quand deux camps opposés prient l'un et l'autre pour la victoire, surtout sur d'autres chrétiens, je me demande quelle idée de Dieu se font les officiants. À un tout autre niveau : peut-on prier pour la pluie ? Les réponses ne sont pas toujours très claires. Tel rabbin dénoncera « quelques dizaines de personnages barbus à souhait, armés de *shofars*, qui montaient dans un avion affrété pour la circonstance » et « allaient sonner de la trompe afin de faire pleuvoir ». Mais il ajoute que « ce genre d'exhibitionnisme est absolument contraire à la manière dont les maîtres du Talmud savaient intervenir auprès de Dieu afin qu'il accorde la pluie à sa terre [5] ». Tel sermon de dominicain, à la messe télévisée, dit :

> Priez pour la pluie, pour la santé, la réussite, mais avec humour et sagesse... Si je bénis la Bonne Providence parce que, à ma prière, elle a donné un temps merveilleux à notre fête de famille, je devrais la maudire si, en dépit de ma prière, le temps a été exécrable... Il faut demander, supplier, réclamer des bienfaits... En réalité, on ne prie pas Dieu pour qu'il agisse, mais parce qu'il agit. Il s'agit non pas d'accorder le désir de Dieu à notre désir, mais d'ajuster notre désir au sien [6].

J'avoue que je flotte un peu. Je préfère la formulation dont les spectateurs du film de Claude Berri, *Manon des Sources*, n'ont pas pu profiter, parce que, présente dans le roman de Marcel Pagnol, elle a été coupée, sans doute pour que le curé puisse être pleinement ridiculisé. L'eau revient à la fontaine municipale parce que Manon a enlevé les pierres avec lesquelles elle avait bouché la source. Le prêtre annonce bien à la foule admirative de l'efficacité de la procession que le grand saint Dominique a fait un miracle, mais, se tournant vers Manon, il la bénit en lui disant : « Les vrais miracles, c'est dans les âmes que Dieu les fait. »

Je ne parviens pas à admettre que ce Dieu tout-puissant et omniscient se préoccupe, partout dans le monde, de satisfaire ou de ne pas satisfaire d'innombrables demandes en général autocentrées. Heureusement, la prière du chrétien a deux autres dimensions. Dans la première, la prière constitue bien une demande, mais Dieu est seulement appelé à fortifier le priant, à lui permettre d'accéder à l'état intérieur souhaité. Pour moi, il s'agit tout aussi bien d'une exigence que l'on formule à l'égard de soi-même. Ainsi, je puis comprendre et faire presque entièrement mienne la « Prière de l'artisan » que j'ai trouvée en mai 1989 dans la revue *Prier* et que je ne cesse de citer depuis lors parce qu'elle me paraît devoir être méditée par tout travailleur intellectuel aussi. Il s'agirait d'un « texte ancien dans la tradition du compagnonnage » :

Apprends-moi, Seigneur,
À bien user du temps
Que tu me donnes pour travailler
Et à bien l'employer sans rien en perdre.
Apprends-moi à tirer profit des erreurs passées
sans tomber dans le scrupule qui ronge.
Apprends-moi à prévoir le plan
Sans me tourmenter,
À imaginer l'œuvre sans me désoler
Si elle jaillit autrement.
Apprends-moi à unir la hâte et la lenteur,
La sérénité et la ferveur, le zèle et la paix.

[…] Garde en moi l'espérance de la perfection,
Sans quoi je perdrais cœur.
Garde-moi dans l'impuissance de la perfection,
Sans quoi je me perdrais d'orgueil.

[…] Seigneur, ne me laisse jamais oublier
Que tout savoir est vain
Sauf là où il y a travail,
Et que tout travail est vide
Sauf là où il y a amour.

[…] Que, si je fais par goût du profit,
Comme un fruit oublié,
Je pourrirai à l'automne.

Que si je fais pour plaire aux autres,
Comme la fleur de l'herbe
Je fanerai le soir.
Mais si je fais pour l'amour du bien,
Je demeurerai dans le bien…

L'autre dimension, présente dans la « Prière de l'artisan », c'est précisément l'amour. Parfois cet amour se substitue à l'amour humain dont le croyant ne bénéficie pas ou qu'il redoute. Dans les papiers de son père défunt, Antoine Thibault trouve en même temps la preuve de la volonté d'« enroidissement » du personnage autoritaire et intolérant, et la phrase : « La prière a été donnée à l'homme pour lui permettre quotidiennement un cri d'amour dont il n'ait pas à rougir. » Dans une prière de saint Anselme, donc de la fin du XIe siècle, il est dit : « Dans mon amour, puissé-je te trouver et, en te trouvant, t'aimer. » Ce qui est premier dans la formule, c'est l'amour éprouvé. Éprouvé intérieurement comme une ascension. Les fidèles catholiques chantent : « Seigneur écoute-nous, Seigneur exauce-nous. » Je pense alors à la formule que le père Varillon utilisait : « Je suis exaucé en étant exhaussé. » Dans la mesure où je crois qu'il existe des états humains supérieurs à d'autres, je la trouve admirable.

Mystiques et musiques

Il existe, me semble-t-il, plusieurs voies pour être exhaussé. Je ne puis, j'y reviendrai, séparer la voie de la morale de la voie de la raison. La justice ne progresse pas sans examen comparatif des situations, ni la liberté sans mise en cause raisonnable des dépendances et des contraintes. Mais il est possible que la voie de la raison bloque le chemin d'un exhaussement se produisant par l'abandon de la distanciation intérieure, donc par l'unité spirituelle établie. Cette plongée en soi est en même temps, pour les croyants, sortie ascensionnelle de soi, communication transcendante avec Dieu.

La grandeur humaine, pour moi, c'est d'abord la possibilité cartésienne de prendre conscience de sa propre pensée. Avec des risques de stérilisation spirituelle. Dans son grand livre de 1902, *Les Variétés de l'expérience religieuse* – que j'ai lu trop tôt, adolescent –, William James citait Alphonse Daudet disant : « Oh ! Ce terrible second moi toujours assis pendant que l'autre est debout, agit, vit, souffre, se démène. Ce second moi que je n'ai jamais pu mépriser ni endormir. » Dans *Le Cimetière marin*, le « ver rongeur » dont parle Paul Valéry, qui épargne les morts et détruit la pure jouissance du Midi méditerranéen, c'est la conscience de soi, à la fois aiguillon et frein. Dans *Mon Faust,* il fait dire à son héros, parlant à Satan : « Tu es dans l'éternité, mon diable, tu n'as donc pas de pensée. Tu ne sais ni douter ni chercher. Au fond tu es infiniment simple. » Un des fondements de mon athéisme est précisément que, pour moi, un Dieu pensant ne serait pas un Dieu parfait et éternel – et un Dieu non-pensant serait vraiment sans grand intérêt pour les hommes.

La distanciation intérieure a encore un autre inconvénient : elle conduit sans cesse à se poser la question de la sincérité. Dans son *Ce que je crois*, François Mauriac écrivait, s'adressant à Dieu :

> Les premiers signes que Vous m'aviez donnés, je n'ai pas compris que c'étaient des signes pour me détacher et pour avancer vers Vous. Je suis demeuré immobile, ligoté par mes habitudes jouisseuses, attendant d'être de nouveau consolé. [...] Je me suis assis sur une borne,

résigné à ne pas aller plus loin, encombré de mille choses vaines, de tous les bagages que je traîne.

Mon Dieu, est-ce que je ne trouve pas satisfaction jusque dans cet aveu ?... Ne suis-je pas en ce moment même, et à mesure que je trace ces lignes, un simulateur ? Cette image de moi que je dessine sous votre regard et qui feint d'être accablante, je m'y complais en réalité [7]...

Mais même si ce regard sur soi est destructeur, ne vaut-il pas mieux que l'unité intérieure aveugle ? Une unité qu'il faut tout de même chercher à atteindre dès lors qu'on veut aller vers l'approfondissement de soi ou vers ce que les croyants appellent contemplation.

Dès qu'il y a contemplation, le mot mystique est prononcé – et il est mis aujourd'hui à toutes les sauces. Le sens premier, « qui a rapport aux mystères », s'est quelque peu perdu. L'emploi généralisé n'est pas récent. En 1952, après la première du *Cid* au TNP, Robert Kemp écrivait dans *Le Monde* à propos de Gérard Philipe : « C'est une face de mystique : mystique de l'idée monarchique, mystique du guerrier, mystique de l'amant parfait. » Bien des chrétiens ont découvert que la mystique religieuse n'était pas l'apanage du christianisme. La mystique juive, la mystique de l'islam, la mystique hindoue ont acquis droit de cité. Mais qui connaît déjà la foisonnante histoire de la mystique chrétienne ? Je reconnais n'avoir pas lu les quatre volumes de Kurt Ruh, totalisant dix-huit cents pages – et s'arrêtant pour le moment aux mystiques hollandais du XVIe siècle [8] !

Mon initiation à la mystique chrétienne s'est effectuée par mon premier métier de germaniste, c'est-à-dire par Maître Eckhart et Novalis, par les liens entre Tauler et le quiétisme de Mme Guyon et de Fénelon. Une lecture en quelque sorte plus intime avait été celle, mi-souriante, mi-attendrie, de l'*Imitation de Jésus-Christ*, aujourd'hui définitivement attribuée à Thomas Kempis [9]. L'approche plus intellectuelle est venue avec William James et avec la grande thèse sur Jean de la Croix due à cet autre incroyant qu'a été Jean Baruzi [10].

Pour cerner la définition et le contenu de la mystique chrétienne, je pense que quelques affirmations fermes sont possibles. La première est que toute expérience mystique est personnelle et inquiète donc inévitablement les Églises institutionnalisées, tout particulièrement la catholique, qui se veut seule médiatrice entre les hommes et Dieu. La deuxième a rapport au temps. L'expérience mystique se fait dans l'arrêt du temps, dans l'abolition de la durée, dans le rejet de l'historicité du sujet. En troisième lieu, elle comporte une sorte de participation directe à la vie de Dieu. Une participation qui a pour contrepartie la sensation de l'absence, l'expérience douloureuse de la « nuit ». *Ich habe dich empfunden* (« Je t'ai ressenti, éprouvé, goûté »), dit Novalis dans ses *Hymnes spirituels* [11]. Enfin, on se trouve devant les aspects pathologiques de certaines formes de mystique. Des formes qui m'inspirent souvent plus de compassion, parfois même de révulsion, que d'admiration. « La frontière entre mysticisme sain et mysticisme pathologique est la plupart du temps ténue à l'hôpital », écrit le père Philippe Dechamps dans un bel article de la revue des chrétiens en santé mentale *Souffles* [12]. Pas à l'hôpital seulement. N'est-on pas dans le pathologique quand Mlle de Klettenberg, le modèle de la « belle âme » de Goethe, contemple les plaies du Christ jusqu'à prendre une sorte de bain spirituel dans le sang du Sauveur [13] ? Ou lorsque Novalis termine les *Hymnes à la nuit* par l'appel à connotation quasiment homosexuelle :

Descendons vers la douce fiancée
Vers Jésus, l'aimé.

Et aussi quand Thérèse d'Avila applique à ses rapports avec Jésus le texte du *Cantique des cantiques*, notamment le verset « Qu'il me baise d'un baiser de sa bouche[14] ».

J'imagine que les psychanalystes parleraient là de refoulement, de transfert, de sublimation. Mais l'expérience mystique est aussi tout autre chose, y compris chez Thérèse d'Avila. Elle est supposée se distinguer des rapports spirituels avec les humains. Pourtant, lorsque Maître Eckhart écrit : « Dans l'homme le plus pauvre, le plus méprisé, l'humanité est aussi parfaite que dans le pape et l'empereur, car l'humanité en soi m'est plus chère que l'homme que je porte en moi », il ne parle pas seulement d'une humanité abstraite, il évoque une identification à tout autre par une sorte de sortie spirituelle vers lui. Son absorption d'autrui – ou par autrui –, il la décrit aussi en disant : « Toute la perfection et la béatitude de saint Pierre et celle de saint Paul, je les porte aussi complètement qu'eux-mêmes et j'en jouirai éternellement comme si leurs actes étaient les miens[15]. » Je ne pense pas que cette sortie de soi corresponde vraiment à un échange spirituel entre personnes. Un tel échange s'établit dans la confiance. Comme le disait si bien le « catéchisme hollandais[16] », malheureusement si vite délaissé en France :

> Il n'y a qu'une manière de connaître l'autre tel qu'il *est* : me laisser gagner, faire confiance, croire. Sans foi, pas d'amour. Cette foi en l'autre n'est pas une forme inférieure de connaissance, mais une forme supérieure... Une description psychologique, aussi intelligente qu'elle soit,

reste juste à bord, n'arrive pas tout à fait à atteindre l'autre lui-même. La connaissance dans l'amour y réussit.

Le livre décrit une communication spirituelle. Je ne vois pas – peut-être parce que, selon les caractérologues, je suis largement un extraverti – en quoi j'aurais besoin d'un tiers divin entre l'autre et moi. Si ce tiers est transcendant au lien spirituel créé, je ne vois pas ce qu'il y ajouterait. S'il est immanent à la relation, nous nous trouvons dans une sorte de panthéisme, si fréquent, à mes yeux, dans le christianisme dès lors qu'il voit l'Esprit de Dieu à l'œuvre partout. Si le souffle chaud de ma sympathie permet à l'autre, recroquevillé sur lui-même, de déployer ses ailes et de prendre son vol, c'est par un abus de terme qu'on confondra mon souffle avec celui de l'Esprit.

Faut-il une transcendance divine pour que l'homme puisse atteindre, fût-ce pour un moment, le détachement du monde extérieur qui permet une sorte de descente en soi ? L'*Abgeschiedenheit* d'Eckhart a été précédée et suivie par bien des appels – chrétiens ou non – à un tel détachement. Ce dernier est la précondition à la sérénité (la *Gelassenheit* d'Eckhart, bizarrement souvent traduite elle aussi par « détachement »). La plupart des mystiques que j'ai tenté de comprendre vont dans ce sens. Ils font souvent de la sérénité un stade préalable à l'entrée en Dieu et à l'accession à la joie parfaite, à la béatitude. L'« entrée en Dieu » : « Son être et sa substance et sa nature sont miens », écrit Eckhart [17]. D'autres ne se perdent pas en Dieu, mais lui arrachent une force divine, un peu comme lorsque, dans l'Évangile de Marc, « Jésus eut conscience qu'une force était sortie de lui » parce qu'une femme venait d'être guérie après avoir touché son vêtement avec foi.

La parfaite union mystique à Dieu se fait dans une sorte de vide intellectuel, dans une absence de connaissance. Le silence n'est pas seulement signe de plénitude atteinte. Il est aussi constat de l'informulable : *Nescio*, disait saint Bernard pour parler de son expérience mystique. « La montée vers Dieu est une montée dans l'obscurité et le silence », a dit Edith Stein [18]. François Varillon a répondu sur la mystique [19] :

> Est-elle un dépassement ?... Faut-il admettre que le mystique est celui qui sent ce que le commun des chrétiens ne sent pas ? J'en doute beaucoup... Les vrais mystiques, pour moi, sont ceux du non-savoir, ceux de la foi qui se maintient devant un Dieu qui est un désert.

Dans une petite anthologie de citations relatives au désert, où l'auteur séjourne régulièrement seule pour renouveler sa vie intérieure, l'un des brefs chapitres est intitulé « Vide et plein [20] ». L'expérience spirituelle dans le temps immobile fait-elle vraiment la différence entre un vide et un plein, entre une absence et une présence ? Encore doit-on distinguer entre l'accomplissement de la descente en soi/sortie de soi que représente l'accès à la plénitude sans contenu et la nuit parfois tragiquement désespérée que tant de mystiques ont traversée. Pas seulement quand ils passent par une période de sécheresse où la vigueur spirituelle s'atténue ou même disparaît. Davantage encore – ce sont là les plus belles pages que j'aie lues de Jean de la Croix – quand ils font l'expérience de l'absence – ressentie comme provisoire – de Dieu. Chez sainte Thérèse de l'Enfant Jésus, la nuit représente quelque chose d'encore plus dramatique. Le père jésuite Christoph Théobald l'a exprimé dans une conférence délivrée à Lisieux, en avril 1999, à l'occasion d'une session-pèlerinage organisée par le diocèse d'Évry :

> L'expérience des ténèbres dont Thérèse parle n'a rien à voir avec l'expérience classique de l'épreuve chez les grands mystiques [...], car dans la tradition carmélitaine l'épreuve, la nuit, est un passage ; mais jamais l'image du Ciel, de la Patrie n'est brouillée. Or cette image oriente toujours l'expérience spirituelle. Chez Thérèse, il y a une intense communion avec l'expérience des athées. [...] Les mystiques anciens avaient le modèle, la carte qui oriente. Ici, c'est la carte même qui disparaît. C'est presque l'effondrement de la foi. Presque, parce que c'est là où apparaît le « je veux croire, c'est ça que je chante [21] ».

Le philosophe marxiste athée Ernst Bloch, dans le livre *Atheismus im Christentum*, a parlé d'Eckhart comme ayant « revendiqué, du moins en théorie, les biens aliénés dans le ciel comme bien propre de l'homme [22] ». Allant très au-delà du récit des Actes de la conversion de Paul dans les Actes des Apôtres, Eckhart écrivait : Paul « se releva de terre, les yeux ouverts ; il ne vit rien et ce néant était Dieu [23] ». Celui-ci est « un être dépourvu d'être ». Eckhart chantera donc :

Ô mon âme,
Sors, Dieu entre !
Sombre tout mon être
Dans le néant de Dieu.

Un tel poème mystique ne renvoie pas à une nuit de la désespérance ni même de la sécheresse, mais à un anéantissement de la personne pour entrer dans ce que l'on pourrait, selon moi, appeler aussi bien un non-Dieu qu'un Dieu – ou encore pour parvenir à un vide intérieur auquel peut également donner accès la musique.

Je n'ai évidemment aucun mépris pour la peinture ni pour la sculpture. Mais la place de la musique dans la vie de l'esprit est particulière. Pas seulement à cause du deuxième commandement du Décalogue : « Tu ne te feras aucune image sculptée, rien qui ressemble à ce qui est dans les cieux, là-haut, ou sur la terre, ici-bas, ou dans les eaux, au-dessous de la terre. » Dans une certaine mesure, tout de même, le catholicisme et l'orthodoxie me paraissent avoir constamment violé ce commandement – ce qui leur a permis de créer des œuvres éclatantes. Mais scripturairement, les iconoclastes n'avaient pas tort. Et le protestantisme aurait-il vraiment donné tant de chefs-d'œuvre musicaux s'il n'était pas né pour une part d'une réaction vigoureuse contre le foisonnement de la peinture et de la sculpture catholiques ? Vitraux et tableaux ont permis de faire passer le message chrétien avant la diffusion de la lecture – mais ont-ils jamais été autant intégrés que la musique dans la pratique religieuse ?

On chante dans les temples. On chante dans les églises. Souvent mal. Souvent l'harmonium est désaccordé. Mais le beau chant n'a cessé de s'épanouir en France au cours des dernières décennies. On estime que la France compte dix mille chorales, dont un grand nombre sont religieuses. Il existe cent cinquante associations de chorales liturgiques, cent trente associations de Petits Chanteurs. C'est sans doute le mouvement « À cœur joie » qui, né à Lyon en 1940, a redynamisé le chant choral et permis, vers 1980, la naissance de vingt et un centres d'art polyphonique où sont formés les chefs de chœur. Si je parle d'abord du chant choral, c'est qu'à travers lui une étonnante diffusion de la musique religieuse a pu s'effectuer. En particulier de la musique d'inspiration luthérienne. Je surprends souvent mes publics allemands en leur disant qu'en France non seulement Bach, mais aussi Schütz et Buxtehude font partie de la pratique courante des chorales.

Qui n'a pas remarqué aussi combien les visages de garçons et de filles, de femmes et d'hommes s'embellissent pendant le chant, parfois se trouvent comme transfigurés ? Cela ne prouve pas qu'ils vivent la communication religieuse dont musique et paroles sont porteuses. Mais le « paradoxe du comédien » de Diderot ne s'applique guère ici. La distanciation par rapport au texte et au rôle, le contrôle de soi empêchant d'éprouver les sentiments qu'on joue sont-ils déjà réels pour les comédiens ? Un administrateur de la Comédie-Française a raconté comment il a un soir trouvé Marie Bell, après le dernier acte de *Phèdre*, effondrée derrière le décor et lui jetant : « Quel métier de c..., je chiale ! » Lors de la première représentation du *Messie*, à la fin de la mise en musique du Quatrième Chant du serviteur d'Isaïe, « He was despised... », un chapelain se leva du milieu du public et lança à la cantatrice, connue pour ses mœurs légères : « Pour cela, femme, tes péchés te seront pardonnés ! » Les artistes qui nous communiquent l'émotion musicale ne sont pas entièrement à l'écart de cette émotion, même si ni l'auditeur ni l'exécutant n'adhèrent pour autant aux actes de foi que peuvent contenir les paroles chantées. Les compositeurs non plus. Le père Varillon a dit : « J'aimerais bien qu'à mon enterrement on joue le *Requiem* de Fauré[24]. » Il devait savoir que Fauré n'était nullement croyant. Sans que, pour autant, on doive trouver artificielle la ferveur qui se dégage du « Pie Jesus » ou du « Libera me ».

Je ne prends pas le cas de Fauré au hasard. Je puis me sentir chez moi dans la musique religieuse et y trouver une source de vie intérieure comme dans celle qui ne s'inspire pas de la religion. Cela ne m'empêche pas de désirer savoir quelle foi réelle, quelle vision théologique a inspiré le compositeur croyant. J'ai été fort déçu en lisant la notice sur Bach dans l'*Encyclopédie du protestantisme.* J'ai eu l'impression qu'elle s'y trouvait simplement parce que Bach était protestant et qu'il s'agit seulement de raconter sa vie et d'énumérer ses œuvres. En revanche, lorsque deux jésuites, à la fois théologiens et musicologues, font cours trois années de suite, au centre Sèvres de Paris, sur *La Passion selon saint Jean*, *La Passion selon saint Matthieu* et la *Messe en si*, ils approfondissent de façon inséparable la structure musicale des œuvres et les conceptions luthériennes du compositeur vivant de et pour sa foi.

Ni la connaissance théologique ni la connaissance des structures musicales ne sont cependant nécessaires pour accéder à sa propre intériorité. En même temps, la musique semble être considérée comme de plus en plus nécessaire à l'entrée dans la mystique. Quand, en novembre 2000, le Festival d'automne et le journal *La Croix* se sont associés pour favoriser une meilleure connaissance de la mystique juive, chrétienne et musulmane, la lecture des *Dits de lumière et d'amour* était accompagnée ou mise en musique en des mélodies originales.

L'interaction entre musique et vie intérieure peut se faire de différentes façons. L'oubli de soi par le simple plaisir éprouvé provient par exemple d'un concerto de Mozart. L'accession à la sérénité sera facilitée par le quintette pour clarinette de Brahms. Ma compréhension pour l'attitude chrétienne de la résignation confiante succédant à la révolte contre une tragédie personnelle, elle est née en grande partie du quatrième et dernier chant des *Kindertotenlieder* de Mahler. La musique traduit de façon bouleversante la transformation des sentiments du père dont on vient d'emporter les corps des enfants morts.

Mais l'arrêt du temps, l'intériorité accomplie, ce que le croyant ressentira comme une sortie de soi, je le vis dans l'écoute d'œuvres musicales comme le premier mouvement de la dernière sonate pour piano de Schubert ou son quintette avec deux violoncelles. À la fin du roman *Contrepoint*, d'Aldous Huxley, un personnage en général cynique essaie, avant de se suicider, de convaincre ses amis qu'il existe une preuve décisive de l'existence de Dieu : le mouvement lent « Heiliger Dankgesang » du XVe quatuor de Beethoven. Il ne les convainc pas et meurt désespéré. Je ne suis pas davantage convaincu, mais crois que l'expérience musicale est parfois l'équivalent d'une expérience mystique.

Avec le même risque : celui de se séparer du monde, de vivre sa « vraie vie » dans la contemplation, de prendre trop goût à la spiritualité éprouvée. Mais le musicien contemporain le plus épris de spiritualité, Yehudi Menuhin, était aussi le plus ouvert, le plus présent aux joies et aux souffrances des hommes et des femmes de tous pays, de tous continents. Et même ceux qui prônent le retrait du monde agissent parfois plus profondément sur lui que ceux qui s'y plongent.

En novembre 1999, les pères abbés et mères abbesses de cent soixante monastères trappistes, « cisterciens de la stricte observance », venus de quarante-quatre pays, étaient réunis à Lourdes en chapitre général. Selon l'abbé général, « les Églises minoritaires, perdues dans l'océan de l'islam, doivent montrer que l'action chrétienne est dirigée vers la contemplation et que le Dieu du Règne est plus important que le Règne de Dieu[25] ». Les moines de Thibirine, assassinés en 1996, étaient des trappistes. Leur martyre, c'est-à-dire leur témoignage de foi dans le Dieu du Règne, a sans doute plus fait pour la gloire de Dieu et le salut de la fraternité entre chrétiens et musulmans que bien des actions engagées pour que le Royaume de Dieu progresse sur la terre. Il n'empêche que la présence « horizontale » dans la société de ce temps est redevenue la dimension essentielle de l'engagement du croyant, le plaçant aux côtés de ceux qui ne partagent pas sa foi.

Chapitre V

HORIZONTALITÉS : LES ENGAGEMENTS TEMPORELS

Personne ne prêche plus la séparation absolue entre les deux domaines. Qui n'accepterait la double dérision de Nietzsche dans son *Zarathoustra* ? « Ainsi parle le sot : "Le commerce des hommes gâte le caractère, surtout quand on n'en a pas." "Qui cherche se perd. Tout isolement est coupable" : ainsi parle le troupeau. » Je ne pense pas qu'il y ait grande contestation sur la formulation de François Varillon, dans laquelle le mot « lumière » est cependant employé dans deux sens fort différents : « Vous avez une lumière qui descend de l'Évangile, vous avez une lumière qui monte de l'analyse des situations, vous prenez votre décision au confluent des deux lumières. » Mais il y aurait sans doute contestation autour de son affirmation selon laquelle « le devoir d'acquérir la compétence dans l'analyse des situations relève déjà de la spiritualité [1] ». Jacques Maritain y aurait sans doute vu l'amorce de la « complète temporalisation du christianisme », la tentation de « l'agenouillement devant le monde [2] ». Et si, au moment de rédiger son livre polémique, il avait eu connaissance du *Message final aux chrétiens* de la IVe assemblée du Conseil œcuménique des Églises, réunie en juillet 1968 à

Uppsala, il aurait trouvé excessive la formulation « Les chrétiens qui, dans leur comportement, nient la dignité de leurs semblables sont aussi coupables d'hérésie que ceux qui refusent tel article de foi ».

Une telle affirmation n'allait pas de soi. Elle prenait à contre-pied une longue tradition chrétienne. Elle mettait aussi entre parenthèses la question essentielle de la mission du chrétien, celle de l'évangélisation à effectuer par les chrétiens, à commencer par les Églises : comment concilier le désir de convertir avec l'engagement politique et social pratiqué aux côtés d'une partie de ceux qui seraient à convertir ?

Une morale transformée face à la mission

Je suis toujours étonné de voir à quel point les Églises ont tendance à voir en leur Dieu la source centrale de toute morale humaine. Même Jean XXIII dit encore en 1961, dans l'encyclique *Mater et magistra* : « L'ordre moral ne peut s'édifier que sur Dieu ; séparé de Dieu, il se désintègre. » La condamnation la plus brutale d'une morale humaniste a été portée à Rome le 14 décembre 1991. Le synode des évêques de l'Église catholique a adopté un texte disant :

> L'éclatement du communisme remet en cause toutes les voies sociales, culturelles et politiques de l'humanisme européen, en tant qu'elles sont marquées par l'athéisme et non pas seulement du fait de la fin du marxisme. Cette faillite démontre dans les faits et non seulement dans les principes qu'il n'est pas permis de disjoindre la cause de Dieu de celle des hommes.

En d'autres termes, il ne saurait y avoir d'incroyants moraux, sauf à les considérer comme des chrétiens inconscients de leur christianisme. Je préfère la formule du dominicain Jean-Pierre Lintanf affirmant :

> La foi en Dieu n'est pas non plus nécessaire pour fonder une morale. La morale n'appartient pas aux Églises. Affirmer comme Dostoïevski que, si Dieu n'existe pas, tout est permis, c'est se faire une piètre idée de l'homme, de la morale et de Dieu [3].

Les évêques n'avaient pas assez réfléchi à la phrase sur laquelle s'ouvre la partie « Nouveaux aspects de la question sociale » de *Mater et magistra* : « Le déroulement de l'Histoire met en plus grand relief les exigences de la justice et de l'équité. » Ce déroulement ne s'est pas produit tout seul. Du XVIe au XIXe siècle, il a été influencé par des individus et des forces organisées – qui ont conquis les progrès vers la justice presque toujours contre les Églises, notamment la catholique. Non pas par un combat contre les valeurs évangéliques, mais en partie en s'inspirant d'elles, souvent à partir d'une autre lecture des Évangiles.

Quel prédicateur catholique ou protestant n'est-il pas heureux aujourd'hui de commenter le célèbre passage de l'Épître aux Galates où il est dit : « Il n'y a ni Juif, ni Grec ; il n'y a ni esclave, ni homme libre ; il n'y a ni homme, ni femme, car tous vous ne faites qu'un en Jésus-Christ » ? Il oublie en général d'ajouter que, pendant des siècles, l'Église acceptait bel et bien l'esclavage. Le verset signifiait simplement que les esclaves pouvaient devenir chrétiens, sans cesser pour autant d'être esclaves. Ou même d'être contraints à le devenir. L'article 2 du Code noir, proclamé en 1685 par

Louis XIV et maintenu en vigueur jusqu'à l'abolition de l'esclavage, disait :

> Tous les esclaves qui seront dans nos îles seront baptisés et instruits dans la religion catholique, apostolique et romaine. Enjoignons aux habitants qui achèteront des nègres nouvellement arrivés d'en avertir les gouverneurs et intendants... pour les faire instruire et baptiser dans les temps nécessaires [4].

L'article 12 précisait que « les enfants qui naîtront du mariage entre esclaves seront esclaves ». (Au VIIe siècle, un concile décida, en vue de renforcer la loi du célibat, que les enfants de prêtres resteraient en état permanent d'esclavage à cause de la turpitude dans laquelle ils étaient nés.) L'article 44, lui, jurait curieusement avec l'idée qu'on peut se faire de l'âme chrétienne : « Déclarons les esclaves être [biens] meubles », donc ravalés au rang d'objets pouvant être librement achetés et vendus. La condamnation de la traite des Noirs ne sera formulée qu'en 1839 par Grégoire XVI, le principe même de l'esclavage ne se trouvant vraiment condamné qu'en 1888 par Léon XIII.

Plus large et plus durable encore a été l'appel constant lancé par les Églises à la résignation des pauvres, des victimes de pouvoirs sociaux, politiques, économiques, au nom de la récompense que leur état présent leur vaudrait dans l'au-delà. Dans la Première épître de Pierre, il est dit que le serviteur doit être soumis à ses maîtres, « non seulement aux bons et bienveillants, mais aussi aux difficiles. Car c'est une grâce de supporter, par égard pour Dieu, des peines que l'on souffre injustement ». Il est malaisé de ne pas interpréter bien des textes évangéliques dans le sens d'un « opium du peuple ». Le fait que la formule de Marx se soit encore bien mieux appliquée, en notre XXe siècle, à l'idéologie marxiste elle-même ne change pas la nature d'une morale religieuse faisant l'éloge de la résignation. « Heureux vous qui avez faim maintenant, car vous serez rassasiés... Malheur à vous, qui êtes repus maintenant, car vous aurez faim » : les Béatitudes chez Luc vont dans le même sens que la parabole du Mauvais Riche et du Pauvre Lazare. Certes, le riche laisse Lazare croupir devant sa porte. Mais Lazare n'est pas affublé d'un mérite particulier. Une fois le riche mort et souffrant en enfer, Abraham lui dit : « Mon enfant, souviens-toi que tu as reçu tes biens pendant ta vie et Lazare parallèlement ses maux ; maintenant, il est consolé et toi, tu es tourmenté. » Au XIXe siècle, on dira, allant au-delà, que c'est l'ordre providentiel qui a voulu qu'il y ait des riches et des pauvres, sinon les riches ne pourraient plus se livrer à l'action charitable, donc méritoire, de l'aumône. De telles idées n'annoncent évidemment pas les révoltes chrétiennes contre les injustices au sein des sociétés nationales ou entre les continents, telles qu'elles s'exprimeront dans les encycliques sociales, de Léon XIII à Jean-Paul II.

Encore au milieu du XXe siècle, le sens de l'égal respect pour tous n'est pas pleinement développé. Heureusement, les actes horribles se sont fait rares, comme la décision de l'Église du Québec, en 1954, de déclarer fous près de trois mille orphelins dont elle avait la charge. Les instituts médico-pédagogiques furent transformés en hôpitaux psychiatriques : l'État payait soixante-dix cents par orphelin, mais plus de deux dollars par aliéné ! Une enquête effectuée en 1960 montra que les enfants, devenus adolescents ou adultes, avaient une intelligence normale – mais étaient pour la plupart restés illettrés. Et l'Église argentine ne s'est pas opposée à la présence de prêtres donneurs d'absolution à bord des avions d'où les opposants au régime étaient jetés. Moins tragique dans les conséquences immédiates, mais lourd de discriminations coloniales passées est la formulation de Pierre Claverie, évêque d'Oran :

> Je me suis demandé pourquoi, durant toute mon enfance [en Algérie], étant chrétien – pas plus que les autres –, fréquentant les églises, comme d'autres, entendant des discours sur l'amour du prochain, jamais je n'ai entendu dire que l'Arabe était mon prochain [5].

Il faudra attendre Léon-Étienne Duval, archevêque d'Alger et évêque de La Nouvelle-Orléans, pour que soit fermement affirmé que la place de l'Église était aux côtés des persécutés, fussent-ils non-catholiques et les persécuteurs fussent-ils catholiques…

Lorsque Jean XXIII écrit dans *Pacem in terris* que « tout être humain a droit à la liberté dans la recherche de la vérité », il rompt avec un comportement qui n'a pas été seulement celui de l'Église catholique. En Angleterre, il fallut attendre l'acte d'émancipation de 1829 pour que les catholiques cessent d'être traités en mineurs juridiquement incapables, privés du droit de vote et de l'éligibilité. En Norvège, l'égalité entre les cultes n'existe que depuis 1842, au Danemark depuis 1849, en Suède depuis 1866. En Espagne, en revanche, ce sont les protestants qui n'accèdent à la pleine liberté de culte qu'après la mort de Franco, intervenue en 1975. Et c'est seulement la France catholique de Louis XIV qui a envoyé aux galères les pasteurs d'une autre religion chrétienne s'ils s'obstinaient à pratiquer leur culte dans la clandestinité [6].

La Révolution française, elle, a fait périr bien des prêtres, trahissant, elle aussi, les idéaux dont elle se réclamait initialement. Les idéaux de Liberté, d'Égalité et de Fraternité que Jean-Paul II a salués, dès son premier voyage pontifical en France, en 1980, comme représentant aussi des valeurs chrétiennes : je croyais entendre, à l'époque, le bruit que faisaient les ossements de Pie IX se retournant furieusement dans sa tombe devant ce pape louant 1789 !

Il n'empêche qu'un solide obstacle continue à rendre difficiles les actions communes entre héritiers des Lumières et chrétiens vivant de et dans la morale de l'égale dignité de tous les hommes. Dans la seconde lettre sur la théologie de la libération, datée du 5 avril 1986, le cardinal Ratzinger, s'exprimant au nom de la Congrégation pour la doctrine de la foi, condamnait les situations d'injustice presque aussi vigoureusement que les prêtres que son texte critiquait. Mais il affirmait aussi que « le péché de l'homme, c'est-à-dire sa rupture avec Dieu, est la raison radicale des tragédies marquant l'histoire de la liberté ». Non seulement le prélat montrait une vaste ignorance historique, mais il semblait dire que la précondition pour l'établissement de la liberté et de la justice était la conversion des incroyants. La tonalité est tout de même autre dans les encycliques sociales de Jean-Paul II. J'ai en particulier relevé le renvoi 65 de *Sollicitudo rei socialis* :

> L'Église sait et proclame que ces cas de péché social sont le fruit, l'accumulation et la concentration de nombreux péchés personnels [...] de la part de ceux qui suscitent ou favorisent l'iniquité, voire l'exploitent [...] ; de la part de ceux qui cherchent refuge dans la prétendue impossibilité de changer le monde et aussi de ceux qui veulent s'épargner l'effort ou le sacrifice...

Le « péché social » n'est donc pas nécessairement celui de la « rupture avec Dieu ». Mais l'affirmation de

Joseph Ratzinger se réfère bien à un problème sans doute fondamental pour les chrétiens, avec des retombées inévitables pour les organisations qui se réclament d'une Église chrétienne : comment concilier l'engagement social avec la mission d'évangélisation et, pour les catholiques, avec le mandat qu'on aura peut-être reçu de la hiérarchie ?

Le retour à une définition plus ouverte du prochain, la prise en compte d'une morale plus soucieuse de justice et de liberté ne suffisent pas pour écarter ou pour surmonter une difficulté sans doute consubstantielle au christianisme. Quelle est la mission des Églises, quelle est la mission du chrétien ? Lorsque, en 1943, les abbés Henri Godin et Yvan Daniel publient leur livre *La France, pays de mission ?* le retentissement durable provient d'un constat amer dont on peut estimer qu'il venait tard : la France était largement déchristianisée et arrivait être traitée, du point de vue de l'Église et des fidèles, moins comme un pays catholique à problèmes que comme une région dans laquelle le christianisme était à réimplanter. Par quels moyens ? Par une évangélisation visant à obtenir des conversions ? Par un témoignage revalorisant le christianisme grâce à la valeur de ses témoins ? Où se situaient les priorités ?

Le concile Vatican II a voulu donner des réponses dans deux longs textes, l'un du 18 novembre 1965, l'autre du 7 décembre. *Apostolicam actuositatem*, sur l'apostolat des laïcs, donnait la préférence au témoignage. « Le propre de l'état des laïcs étant de mener leur vie au milieu du monde et des affaires profanes, ils sont appelés par Dieu à exercer leur apostolat dans le monde à la manière d'un ferment, grâce à la vigueur de leur esprit chrétien », dans la mesure même où « la mission de l'Église n'est pas seulement d'apporter aux hommes le message du Christ et sa grâce, mais aussi de pénétrer et de parfaire par l'esprit évangélique l'ordre temporel ».

Ad gentes, sur l'activité missionnaire de l'Église, présentait les choses assez différemment, en partie parce que le texte évoquait l'action des prêtres et des religieux et religieuses plus que celle des laïcs. « L'activité missionnaire découle profondément de la nature même de l'Église ; elle en propage la foi qui sauve. » Il n'empêche que le chapitre « L'œuvre missionnaire elle-même » s'ouvrait sur le « témoignage chrétien », la prédication et la conversion au christianisme ne venant qu'ensuite. Jean-Paul II, dans l'encyclique *Redemptoris missio* de décembre 1990, au chapitre « Les voies de la mission », dit bien que la première forme de l'évangélisation est le témoignage, parce que « l'homme contemporain croit plus les témoins que les maîtres, l'expérience que la doctrine, la vie et les faits que les théories ». Mais il affirme aussi que « l'annonce a la permanence, la priorité dans la mission ».

Peut-être peut-on découvrir la solution dans la réponse que Pierre Claverie, évêque d'Oran, a faite à la question : « Vous ne cherchez donc ni à convertir, ni à évangéliser[7] ? » :

> À convertir, certainement pas. L'histoire entre chrétiens et musulmans est suffisamment conflictuelle depuis les origines ; notre objectif est de durer, dans la solidarité, pour que la découverte puisse se faire dans un climat serein. À évangéliser ? Oui, au sens où nous proposons la révélation d'un Dieu amour. Je sais que cette proposition peut être refusée, mal interprétée, que je risque d'être persécuté à cause de cela *[il sera assassiné quelques mois plus tard…]*, mais je sais aussi que cette proposition fait partie de l'existence chrétienne.

L'annonce ne nuit-elle pas au témoignage ? Il existe une nette différence entre la participation dont on laisse apparaître ou transparaître la source et la proclamation d'un contenu de foi faisant fonction d'appel à la conversion. Il est évidemment possible de laisser côte à côte des propositions sinon incompatibles, du moins fort différentes, comme l'a fait, en 1994, le « rapport Dagens [8] », dont le texte a été accepté par l'ensemble de l'épiscopat français. L'appel à la « conscience sacramentelle d'une mission commune qui est inséparable de l'appel du Christ à "baptiser toutes les nations" » précède l'affirmation : « La vie chrétienne vécue à la suite du Christ, quelles que soient ses limites et ses faiblesses, est aussi une parole adressée à notre société… »

Encore faut-il qu'il y ait témoignage. J'ai aussi connu la période où l'Église, sûre d'elle-même et dominatrice, misait sur l'extension du catholicisme par la conversion des incroyants ou de membres d'autres confessions, par la seule vertu du raisonnement. Puis ce fut, surtout au lendemain de la guerre, la période du témoignage dans l'action. La crise de 1968 m'a semblé mettre en cause le témoignage lui-même et multiplier les chrétiens au christianisme invisible, revendiquant partout la participation, mais refusant la leur à l'œuvre de Dieu. Le témoignage par la présence active est revenu. Cette présence prend des formes diverses. En 1945, la distinction entre « en chrétien » et « en tant que chrétien » s'est imposée en France, entraînant la non-apparition du C dans le nom d'un parti, puis sa disparition dans le nom d'un syndicat.

En 1949, j'ai eu l'occasion de parler à une réunion de jésuites allemands et de jésuites français. Mon affirmation que toute revendication d'être détenteur de Vérité absolue entraînait un risque d'intolérance a été approuvée par les Français, mais a provoqué la protestation d'un jeune jésuite allemand. Je lui ai alors demandé :

« Supposez qu'en notre période de pénurie de papier, vous soyez nommé répartiteur de cette précieuse matière. En attribueriez-vous pour l'impression des œuvres de Jean-Paul Sartre ? — Bien sûr que non ! — Alors vous êtes intolérant. — Une mère qui voit son enfant jouer sur le rebord de la fenêtre et le laisse continuer, est-elle tolérante ou imprudente ? » J'ai répliqué (même s'il n'y avait pas encore d'encyclique intitulée *Mater et magistra*) que, selon lui, le chrétien ne devenait jamais adulte et devait être surveillé, materné par son Église. Pour les Français, le problème n'existait pas et ma question était plutôt sotte : comme répartiteur de papier dans un État laïc, le chrétien aurait trahi les devoirs de sa charge s'il l'avait remplie en tant que chrétien. Il pouvait tout juste se comporter en chrétien par son souci de décider avec esprit de justice.

Si le chrétien estime que sa mission réside dans le témoignage, doit-il, pour pouvoir porter celui-ci, faire d'abord abstraction de sa croyance dans sa relation aux personnes et aux autorités de son nouveau milieu d'insertion ? Cette question, les chrétiens devraient déjà la poser à saint Paul. « Malheur à moi si je n'annonçais pas l'Évangile ! » s'exclame-t-il dans la Première épître aux Corinthiens. Puis, tout de suite après : « Je me suis fait tout à tous, afin d'en sauver à tout prix quelques-uns. » Se faire « faible avec les faibles », cela ne suppose-t-il pas mettre d'abord son drapeau dans la poche pour être accepté, pour entrer dans un groupe humain, pour faire en quelque sorte de l'« entrisme », comme on dirait de nos jours pour les trotskistes ? La mission n'oblige-t-elle pas ensuite à se faire connaître ultérieurement, à se déclarer ?

Les prêtres-ouvriers ont plus ou moins bien vécu le problème. Ne pas se faire connaître en tant que prêtres était en général nécessaire pour être embauchés, sinon ils auraient été récusés comme fauteurs potentiels de désordre. Et être acceptés par les ouvriers supposait souvent, dans un premier temps, de ne pas se faire connaître comme religieux, dans un second d'apparaître comme ayant, bien que prêtres, accepté définitivement la condition ouvrière, faute de quoi on passait pour un visiteur dont la solidarité ne serait qu'épisodique. C'est ce dernier point que Rome n'a absolument pas compris en les rappelant, pas plus que les gouvernants de la République n'allaient comprendre la trahison qu'ils demandaient aux officiers ayant promis la présence protectrice permanente de l'armée aux catholiques d'Indochine, puis aux pieds-noirs et aux harkis en Algérie.

Dans *Le Figaro* du 5 juin 1953, François Mauriac, lui, montrait une émouvante compréhension pour la situation des prêtres-ouvriers en cherchant à prévenir leur retrait imposé qui serait « un accident du travail d'ordre spirituel dont les chefs de l'Église se savent responsables devant Dieu ».

> Le temps n'est plus où nous ne jugions des progrès ou du recul de la vie chrétienne qu'en faisant le compte des hosties distribuées à Pâques… Ce prêtre docker, mort il y a deux ans, écrasé sur les quais de Bordeaux, n'avait sans doute converti qu'un nombre réduit de ses camarades. Et pourtant, le jour de ses obsèques, la présence autour de son humble dépouille de tous les dockers bordelais (j'entends encore l'archevêque de Bordeaux m'en faire un récit bouleversant) manifesta la connaissance obscure qu'avaient ces pauvres du don qu'un seul homme, parce qu'il était devenu semblable à eux, leur avait fait… Cette réalité : le désir qu'une grâce indéfiniment renouvelée suscite chez un petit nombre d'hommes d'épouser la pauvreté ouvrière, non avec l'idée de prêcher sans préparation à leurs camarades une vérité que ceux-ci, pour la

plupart, ne sont pas encore disposés à recevoir, mais afin de se mettre d'abord à leur école et d'apprendre d'eux un secret de souffrance partagée qu'ils détiennent [9]...

Le rappel des prêtres-ouvriers a constitué le drame le plus visible né de définitions, de vécus différents de la « mission [10] ». Il est vrai qu'il était difficile pour Rome de comprendre que la première mission des prêtres-ouvriers était de faire pardonner à l'Église d'avoir été si terriblement absente du monde des usines et des ateliers.

Deux autres conflits, moins apparents, n'en ont pas moins connu des développements parfois dramatiques. Autour de la notion d'« apostolat social », la Compagnie de Jésus n'a pas toujours bien vécu, dans la seconde moitié du XXe siècle, son obéissance à l'égard du pape. En 1975, la XXXIIe congrégation générale, voulant donner une réponse précise à la question « Qu'est-ce qu'être, aujourd'hui, compagnon de Jésus ? », avait formulé ainsi la réponse : « C'est s'engager, sous l'étendard de la Croix, dans la lutte décisive de notre époque, le service de la foi, dont la promotion de la justice constitue une exigence absolue, puisqu'elle ressortit à la réconciliation humaine exigée par la réconciliation des hommes avec Dieu. » Rome n'a pas toujours estimé suffisante la dimension évangélisatrice de la formule. En 1998, les *Caractéristiques de l'« apostolat social de la Compagnie de Jésus »* précisaient que la visée était d'être à la fois socialement et culturellement efficaces et évangéliquement expressifs de la Bonne Nouvelle.

La tension entre évangélisation et témoignage, entre participation et volonté distanciée d'évangéliser, a contribué à la mort, en 1956, de l'Association catholique de la jeunesse française (ACJF). Contribué seulement, parce que le débat sur la mission a été étroitement lié au problème du mandat. Le texte conciliaire dira que « l'autorité ecclésiastique peut choisir et promouvoir d'une façon spéciale certaines associations et institutions apostoliques, visant directement un but spirituel, et assumer à leur égard une responsabilité particulière [...] sans enlever aux laïcs la nécessaire faculté d'agir de leur propre initiative. Cet acte de la hiérarchie a reçu le nom de "mandat" ».

Or, en 1955, l'ACJF, mouvement en Église, ne se sentait guère mouvement d'Église. Née en 1886, l'ACJF avait connu une sorte de refondation en 1949, largement sur la base du rapport d'orientation présenté par René Rémond en 1947 [11]. Regroupant Jeunesses étudiantes, Jeunesses ouvrières, Jeunesses agricoles, Jeunesses indépendantes, auparavant regroupement de mouvements à peu près indépendants, elle devenait organisation à branches socialement différenciées. Assez curieusement, c'est la JOC qui, dans les années cinquante, tout en se définissant sur la base d'un « classe contre classe » peu intégrateur, se voulait la plus missionnaire au service de l'Église. Dans la présentation que le pasteur Finet m'avait demandé de faire pour *Réforme*, après l'autodissolution de l'ACJF, due essentiellement à l'incompréhension et à la pression de l'épiscopat, j'avais conclu, comme je le ferais encore aujourd'hui [12] :

> Si l'action catholique est uniquement évangélisation, c'est-à-dire effort pour amener à l'Église catholique des chrétiens non catholiques ou des incroyants, où est le problème ? Mais si on distingue le témoignage de l'évangélisation, si ce témoignage consiste essentiellement à prendre position sur des problèmes politiques, sociaux, économiques en tant que catholiques, à la fois par besoin intérieur et pour faire comprendre les exigences du

catholicisme aux non-catholiques, la difficulté apparaît clairement… L'issue du débat sur la nature de l'Action catholique intéresse peut-être en premier lieu les autres chrétiens et les incroyants… Si la tendance purement « évangélisatrice » l'emporte, on risque de revenir aux conflits stériles du passé… Si l'orientation du témoignage par la présence aux problèmes de ce monde se maintient dans le catholicisme français, celui-ci continuera à […] permettre une étroite coopération entre ceux qui baignent dans un même climat moral…

Politiques

Le mot « politique » n'a pas toujours eu, n'a toujours pas encore partout bonne réputation chez les chrétiens. Le « rendez à César ce qui est à César et à Dieu ce qui est à Dieu » a été interprété comme demande de séparation entre les deux domaines. Du côté protestant – mais pas uniquement là –, on s'est appuyé sur deux textes bibliques pour empêcher les sujets de devenir des citoyens. Le chapitre XIII de l'Épître aux Romains est apparemment décisif dans ses deux premiers versets :

> Que chacun se soumette aux autorités en charge. Car il n'y a point d'autorité qui ne vienne de Dieu et celles qui existent sont constituées par Dieu. Si bien que celui qui résiste à l'autorité se rebelle contre l'ordre établi par Dieu.

La suite est rarement citée. Or l'autorité en question y est supposée bienveillante et juste, prête simplement à châtier ceux qui font mal – et à faire rentrer un impôt parfaitement légitime. Quant au passage sur les différents charismes, au chapitre XII de la Première épître aux Corinthiens, si « à chacun la manifestation de l'esprit est donnée en vue du bien commun », il n'est pas dit qu'un charisme de gouvernement ou de pouvoir mettrait au-dessus de toute critique les gouvernants et contraindrait les sujets à renoncer à toute coresponsabilité pour la collectivité.

Pendant longtemps, les affrontements ont été nombreux et vigoureux en France à propos de la présence des chrétiens en politique et sur la définition même de celle-ci [13]. Aujourd'hui, il semble que la politique, vilipendée dans sa quotidienneté, ait retrouvé ses droits. N'est-elle pas faite de l'ensemble des fins et des moyens que se donne une collectivité humaine pour tenter de maîtriser son présent, plus encore son avenir ? La Commission sociale de l'épiscopat a donné une définition remarquable [14] : « La politique est en quelque sorte l'"englobant majeur" des différents secteurs de la vie en société [...] elle est en tout, mais n'est pas tout. » Cette dernière formule reprenait ce qu'avait dit Emmanuel Mounier. L'« englobant » n'empêche nullement d'appliquer la doctrine de la subsidiarité, mais devrait être constamment lié à deux interrogations : celle sur la notion de compétence et celle sur la relation entre structures et conduites.

Dans un vif affrontement, en juin 1973, entre Mgr Riobé, évêque d'Orléans, et l'amiral de Joybert à propos de l'armement atomique, le double sens du mot « compétence » se trouvait mis en lumière. De même que tel tribunal est compétent pour juger tel type de délit, tout citoyen, fût-il évêque, a le droit d'exercer sa compétence générale sur les affaires publiques en prenant position sur tous les sujets et en cherchant à influencer les autres citoyens. C'est cela que l'amiral ne voulait pas admettre. Mais ces citoyens ont la tentation d'intervenir au nom d'une compétence-savoir qu'ils ne possèdent pas nécessairement. L'amiral avait raison de reprocher à l'évêque des lacunes dans son savoir en matière de stratégie nucléaire. Il oubliait cependant que les détenteurs du pouvoir, y compris l'Administration, font tout pour que l'information du citoyen demeure incomplète, ce qui leur permettra de lui dénier la compétence-autorité. Le citoyen, lui, devrait se vouloir modeste dans l'appréciation de sa propre compétence-savoir et chercher à l'étendre. Et ne pas dire sa propre position « prophétique » pour justifier son ignorance des données concrètes. Du côté de l'Église protestante allemande, comme chez nombre de catholiques français, évêques compris, le passage a été assez soudain et brutal entre la crainte de prononcer des paroles « politiques » et le désir de s'exprimer avec engagement sur des questions méritant une plus large information préalable.

Dans le film de Maurice Cloche *Monsieur Vincent*, Richelieu fait venir Vincent, aumônier auprès de galériens, dont il cherche à diminuer la souffrance. Il lui propose de devenir aumônier général des galères. Vincent refuse pour ne pas être éloigné des hommes dans la misère et l'abaissement. Le cardinal-ministre lui réplique en substance que ce refus implique que le futur saint renonce à changer globalement le sort des galériens, ce qu'il aurait pu tenter de faire en exerçant une responsabilité administrative. Passer par l'ENA en visant une action sur les structures au sein du ministère des Affaires sociales, n'est-ce pas aussi chrétien que de s'engager dans un mouvement de solidarité avec les sous-privilégiés ? Le risque de « trahir », de dévier de la visée originelle est évidemment plus grand dans le premier cas, mais est-on efficace dans le second en ne se souciant que de la réalité humaine quotidienne ? Des deux côtés, on devrait avoir constamment présent à l'esprit la *Règle de vie des Compagnons d'Emmaüs*, telle qu'elle avait été formulée par l'abbé Pierre, ancien député, et telle qu'elle s'est trouvée inscrite en page 2 de chaque numéro de la revue *Faims et soifs* : « Devant toute humaine souffrance, selon que tu le peux, emploie-toi non seulement à la soulager sans retard, mais encore à détruire ses causes. Emploie-toi non seulement à détruire ses causes, mais à la soulager sans retard. »

On agit sur les causes en cherchant, du dehors ou du dedans, à transformer les structures. Bien des « charitables » n'ont pas songé aux structures. Bien des « révolutionnaires » n'ont pas voulu soulager les souffrances pour pouvoir mieux stimuler l'envie non pas de modifier les structures, mais de les bouleverser – sinon les abolir par l'action violente.

Pendant des siècles, le problème ne s'est pas posé en ces termes. La participation des sujets au pouvoir n'était pas légitimée. La vraie révolution accomplie par les États-Unis naissants et par la Révolution française a bien été le transfert de la source de la légitimité. Marie-Antoinette était-elle coupable ? À ses propres yeux, elle ne pouvait pas l'être, puisque l'onction du sacre donnait la légitimité au roi. Si la légitimité était dans la Nation incarnée dans le peuple, l'appel aux troupes étrangères constituait bel et bien une trahison. Tout ce qu'on pouvait espérer, avant 1789, puis chez ceux qui restaient partisans de la légitimité princière, c'était que le monarque fût « éclairé », qu'il reconnût, comme le voulait Montesquieu, qu'il y avait un pouvoir supérieur à tous, y compris au roi, à savoir la Loi, au nom de laquelle le roi devait régner. Les amateurs de musique qui applaudissent *La Flûte enchantée* se réjouissent apparemment de voir Sarastro acclamé à son entrée comme « idole » (*Abgott*) dotée d'un pouvoir absolu dont il se sert toujours avec sagesse. Dans *Torquato Tasso*, Goethe fait dire à son héros que « l'homme n'est pas né pour être libre. Quand on a le cœur noble, il n'y a pas de plus grand bonheur que de servir le prince que l'on révère ».

Les Églises chrétiennes ont longtemps accepté cette idée, d'autant plus que, en France, le sacre à Reims montrait bien que la légitimité du souverain était d'origine, sinon d'essence, divine. La démocratie correspond sans doute à la notion évangélique d'égalité entre tous les hommes, mais il a fallu attendre très longtemps après 1789 pour que le christianisme pût apparaître comme lié à l'idée démocratique. En octobre 1997, le Conseil de l'EKD aurait dû choquer les protestants épris de vérité historique en déclarant qu'il existait « un lien historique et objectif entre le christianisme et l'État de droit démocratique ». Du côté catholique, l'idéal démocratique a eu encore plus de mal à s'imposer, et l'on ne saurait dire qu'il a beaucoup progressé au sein de l'Église elle-même, puisque le premier grand texte conciliaire, *Lumen gentium*, proclame au chapitre XXII : « Le Pape romain a sur l'Église, en vertu de sa charge de vicaire du Christ, un pouvoir plénier, suprême et universel qu'il peut toujours exercer librement » !

La souveraineté n'a nullement été d'emblée identifiée à l'égalité politique entre les citoyens. Déjà les femmes se sont trouvées empêchées de participer aux scrutins – en France jusqu'en 1945 –, mais l'argent a aussi joué un rôle discriminatoire dans la plupart des pays, surtout s'il se fixait dans la propriété. « Un homme de bien est un homme qui a du bien » : la démocratie censitaire n'a guère été ressentie comme un défi à l'évangélisme, sauf par des hommes comme Lamennais ou Mgr Ketteler. En revanche, les relations des Églises avec les États ont été et demeurent en nombre de pays une préoccupation majeure.

Le XXe siècle – qui a vu en principe le triomphe du pluralisme démocratique – a connu bien des régimes sans liberté face auxquels les attitudes des Églises ont été hétérogènes. On ne peut guère parler d'une attitude globale de l'Église catholique puisque, au même moment et dans une même région, elle a pu avoir des attitudes différentes. Ainsi, l'épiscopat chilien a été plus courageux vis-à-vis du général Pinochet que l'épiscopat argentin face à une répression particulièrement meurtrière. Pourtant, l'attitude du Vatican à l'égard de Mussolini, de Hitler et de Franco semble à première vue avoir été constante, avec la signature de trois concordats tendant à préserver les intérêts des institutions ecclésiales. Mais, s'il est vrai qu'à deux reprises le parti catholique a été sacrifié, il n'y a pas trop de points communs entre l'Allemagne, où la hiérarchie avait initialement interdit aux catholiques d'adhérer au Parti national-socialiste, pas encore au pouvoir, et celui de l'Espagne, où l'Église s'est trouvée, pendant la guerre civile, à la fois victime d'un anticléricalisme sanglant et complice empressée des bourreaux, complicité dénoncée avec véhémence par le catholique Georges Bernanos dans *Les Grands Cimetières sous la lune*.

L'Église catholique allemande avait condamné le national-socialisme, en août 1932, parce que, s'il arrivait seul au pouvoir, les perspectives les plus sombres s'ouvriraient pour les intérêts ecclésiaux catholiques. Le 26 mars 1933, trois jours après le vote des pleins pouvoirs par le Reichstag, les évêques appelaient les catholiques à la fidélité à l'« autorité légitime » (*rechtsmässige Obrigkeit*) et à l'« accomplissement consciencieux de leur devoir civique ». Un paragraphe leur demandait de demeurer vigilants et prêts au sacrifice « pour la protection de la religion chrétienne, la protection de l'école confessionnelle et des organisations de jeunesse catholiques ». L'idée que l'autorité hitlérienne était légitime et dotée d'une normalité indépendante de l'abolition des libertés et de persécutions multiples de non-catholiques n'a pas seulement entraîné la loyauté des diplomates et des militaires. Lorsque, en 1998, on a, à juste titre, commémoré à Chartres le souvenir de l'abbé Franz Stock, mort en 1948, son « apolitisme » d'acceptation a été l'une des réserves que j'ai exprimées, alors que j'admirais son engagement à l'égard des résistants français condamnés [15].

Le bolchevisme a été considéré par Rome comme l'ennemi principal, à cause à la fois de son athéisme et des terribles persécutions infligées aux Églises et aux croyants. Il en a découlé des complaisances pour l'autre totalitarisme du XXe siècle. Après la disparition de celui-ci, le communisme soviétique, avec son empire établi sur une partie du continent européen, est demeuré une menace constamment dénoncée, alors que l'alliance avec le Parti communiste avait été jugée acceptable en France et en Italie. Dans les années quatre-vingt et quatre-vingt-dix, l'action du pape polonais a fortement contribué à ébranler des régimes de toute façon en perte de puissance. L'Église polonaise a incarné la lutte pour la liberté, même si, une fois le régime tombé, bien des jeunes catholiques se sont mis à vouloir conquérir des espaces de liberté au sein de l'Église et empêcher celle-ci de peser directement sur la politique du pays.

Les Églises protestantes ont été bien davantage tentées par la coopération avec les régimes des pays de l'Est. La différence de comportement était d'autant plus sensible dans la partie soviétisée de l'Allemagne que les déclarations critiques ne mettaient en danger qu'un petit nombre de catholiques au sein d'une région à très forte majorité protestante [16]. La position de l'Église protestante a été beaucoup plus ambiguë. Elle a été à la fois un ensemble de « niches de liberté » au sein d'une société mise au pas et étroitement surveillée, et la principale instance de légitimation de ce régime. Parler de « chrétiens en socialisme » ou même d'une « Église en socialisme », c'était accepter de considérer la RDA comme effectivement et positivement socialiste. Mais sans les pasteurs protestataires, les soulèvements pacifiques de 1989 n'auraient pas eu lieu. Il en résulte bien des controverses et aussi des timidités dans l'évaluation rétrospective. En 1998, l'université Charles de Prague a fêté son 650e anniversaire. Dans la plaquette commémorative, on trouvait la liste de ses grandes figures du passé. Parmi elles, Jan Palach, l'étudiant qui s'était immolé par le feu pour protester contre l'invasion soviétique mettant fin au Printemps de Prague. En 1996, l'Église protestante allemande n'a guère évoqué la mémoire du pasteur Oskar Brüsewitz, qui s'était suicidé de la même façon vingt années auparavant. À l'époque, son Église avait accepté de garder le silence sur son acte, sauf à convenir qu'il devait être fou.

Dans les États démocratiques d'aujourd'hui, la situation des Églises chrétiennes est d'une grande variété [17]. En Grèce, l'Église orthodoxe s'insurge contre la décision gouvernementale de supprimer la mention de l'appartenance confessionnelle sur les cartes d'identité. En juin 2000, devant cent mille fidèles, l'archevêque d'Athènes a identifié nation et religion et récusé toute séparation entre Église et État. À l'autre extrême, on trouve la France, sans doute seule à vivre, au nom d'une laïcité acceptée par tous, une séparation à peu près complète. L'Allemagne est dans une situation intermédiaire, avec les Églises comme corporations de droit public jouissant de nombreux avantages. L'un des défenseurs les plus rigoureux de leur statut actuel est assez curieusement l'un des meilleurs connaisseurs de la situation française, à laquelle il avait consacré sa thèse [18].

Les deux Églises et une bonne partie des médias ont du mal à accepter l'expression de l'incroyance dans la vie publique. En principe, le chef de l'État, le chancelier et les ministres sont parfaitement libres d'invoquer Dieu ou de ne pas l'invoquer dans leur prestation de serment. Il se trouve que Johannes Rau, élu président de la République en juillet 2000, est un socialiste très engagé dans l'Église protestante et parle volontiers dans ses discours de la « responsabilité de la politique devant Dieu ». Mais le chancelier Schröder et cinq de ses ministres ont été carrément accusés d'immoralité pour avoir omis Dieu dans leur prestation de serment. La Constitution allemande ne commence-t-elle pas par la formule : « Dans leur responsabilité devant Dieu et les hommes... » ? Depuis 1997, je cite constamment en Allemagne le préambule de la nouvelle Constitution polonaise de 1997. Il y est dit que « le peuple polonais se compose de tous les citoyens, aussi bien ceux qui croient en Dieu comme source de la Vérité, de la Justice, du Bien et du Beau que tous ceux qui ne partagent pas cette foi et tirent ces valeurs universelles d'autres sources ».

Pour la France, les observateurs étrangers ne cessent de s'étonner du paradoxe que constitue la situation de l'ancienne Alsace-Lorraine au sein de l'État jacobin. La République ne reconnaît aucun culte, sauf dans le Bas-Rhin, le Haut-Rhin et la Moselle. Elle s'oblige à assurer partout un enseignement public laïque – sauf dans ces trois départements. Leurs habitants n'en sont pas moins considérés – et à juste titre ! – comme de bons républicains. Pour ma part, je suis tout autant frappé, au niveau des symboles, par la violation de la laïcité que constituent les obsèques des présidents de la République.

Celles-ci n'ont-elles vraiment pas d'autre lieu de célébration que la cathédrale Notre-Dame de Paris ? François Mitterrand a eu des funérailles religieuses privées à Jarnac. La cérémonie parisienne était-elle inévitable ? Et si le président défunt avait été Michel Rocard ou Robert Badinter, qu'aurait fait la République laïque [19] ?

Statut juridique et symboles ne déterminent plus la présence de chrétiens affirmés dans la vie politique. Il existe cependant parfois des moyens marginaux ou souterrains pour peser sur les orientations de la vie publique. Je regrette que Jean-Paul II ait cru devoir en faire l'éloge implicite en béatifiant Mgr Josémaria Escriva de Balaguer en 1992, dix-sept ans seulement après la mort du fondateur de l'Opus Dei. Ce mouvement d'Église, ayant statut de « prélature personnelle » depuis 1982, exerce son influence moins par l'action politique que par le vaste réseau des centaines d'universités privées, de journaux, de chaînes de radiotélévision qui sont à sa disposition. Mon expérience personnelle de l'Opus est contrastée. À Madrid, j'ai eu des exemples précis d'architectes ne recevant plus de commandes pour avoir critiqué la « prélature ». Mais à deux reprises, comme invité, sous Franco, de l'Institut de l'entreprise de Barcelone, appartenant à l'Opus Dei, j'ai été incité à faire l'éloge de la démocratie pluraliste.

« L'attitude pluraliste ne peut que marier la conviction la plus engagée avec l'humilité la plus profonde, exorcisant par là même la neutralité et l'intolérance, également néfastes à la vie sociale [20]. » Cette belle définition figure dans le texte de 1972 des évêques français. Il s'agit en même temps d'une pluralité limitée par des choix éthiques évangéliques. Non pas que l'engagement politique soit sanctifié. La formule de Willy Brandt est acceptée par tous aujourd'hui : *Wir sind Gewählte, nicht Erwählte* (« Nous sommes des élus – par les électeurs, non par grâce divine »). Mais le texte de 1972, adopté par cent dix évêques sur cent douze votants, disait qu'il était impossible « d'entériner et de prôner purement et simplement, sans restriction aucune, n'importe quelle option politique ».

> La Bible manifeste un certain nombre d'exigences éthiques [...] le respect des pauvres, la défense des faibles, la protection des étrangers, la suspicion de la richesse, la condamnation de la domination exercée par l'argent [...] le renversement des pouvoirs totalitaires...

Le texte de la Commission sociale dit à son tour, en 1999 :

> Notre foi chrétienne nous donne des repères qui éclairent notre réflexion et inspirent notre action : le primat de la dignité de la personne humaine [...] ; l'attention particulière donnée au pauvre, au faible, à l'opprimé [...] ; le pouvoir conçu comme un service, non comme une domination [...] ; le respect de l'adversaire [...] ; l'ouverture à l'universalisme [...] ; le partage et la destination universelle des biens...

L'un et l'autre texte était dans la ligne de *Gaudium et spes.* Ils n'avaient pas tout à fait la même tonalité. Les années soixante-dix ont connu une tentation du « tout à gauche » et le mot « socialisme » était de mise, si bien qu'en 1974 les « Réflexions proposées par le Conseil permanent de l'épiscopat [21] » disaient : « Nous nous refusons de lier la foi chrétienne à une option socialiste » et notaient que « certains catholiques aujourd'hui ne sont pas assez conscients de la tentation de refaire à gauche les blocages politico-religieux qu'on a justement reproché à l'Église d'avoir fait naguère à droite ou au centre ». Un quart de siècle plus tard, la tentation n'est plus la même, après la chute des régimes se disant socialistes et après le triomphe du libéralisme économique.

L'accentuation socialiste des années soixante-dix en France était une sorte de reprise d'un tournant pris en 1945 qui avait profondément marqué la politique des pays européens [22]. La démocratie chrétienne s'était ancrée à gauche, y compris en Allemagne, où la CDU naissante s'était donné, en 1947, un programme d'inspiration proprement socialiste. Mais dès 1949, lors de la naissance de la République fédérale, la vie politique a reposé sur l'affrontement entre deux grandes formations, sociaux-démocrates d'un côté, chrétiens-démocrates de l'autre. L'Église catholique n'a cessé de soutenir vigoureusement le parti se réclamant du christianisme, tandis que l'Église protestante était plus divisée. Les protestants étaient minoritaires au sein des instances dirigeantes du parti, l'appartenance confessionnelle jouant un rôle variable selon les périodes. Les deux Églises constituaient un refuge moral pour les Allemands désemparés de 1945, mais dès 1954, le président du Bundestag, membre dirigeant de l'EKD, constatait : « Naguère nous collaborions parce que nous avions la même foi, aujourd'hui, nous collaborons bien que nous soyons de confessions différentes. » Puis la distinction s'est progressivement effacée– jusqu'à la réunification, où le poids comparé du protestantisme dans l'ancienne RDA a eu un impact nouveau.

En France, le Mouvement républicain populaire (MRP) s'est voulu *mouvement* parce que le mot « parti » était discrédité à la Libération, *républicain* pour se situer dans la continuité de la Jeune République de Marc Sangnier et pour confirmer définitivement le

Ralliement, *populaire* parce que le terme, adopté aussi en Autriche et en Italie, signifiait que l'on n'était ni bourgeois, ni une formation de classe. Initialement en alliance avec communistes et socialistes, le parti s'est situé, comme la CDU, à la droite des radicaux (libéraux) en matière scolaire, à leur gauche en matière économique et sociale. En France, cette situation a surpris bien des notables établis. L'agriculture traditionnelle s'est trouvée transformée, dans l'Ouest et le Sud-Ouest, non par le radicalisme établi, mais par la JAC, qui parlait de structures plutôt que de prix et cherchait à donner aux agriculteurs et aussi aux agricultrices une compétence économique et sociale nouvelle, notamment par la création réussie de l'Institut de formation des cadres paysans (IFOCAP). Qu'ultérieurement les dirigeants aient évolué, que nombre d'entre eux soient devenus à leur tour des notables installés, que le CNJA ait été de moins en moins un stimulant novateur pour la FNSEA importent peut-être moins que la remarquable impulsion initiale donnée par l'un des mouvements de l'ACJF.

Cette impulsion s'est faite de plus en plus en dehors du MRP, puis de plus en plus contre lui, à mesure qu'il paraissait plus éloigné de sa visée initiale, surtout sur le sujet qui dominait de façon croissante la vie politique, à savoir la décolonisation. L'homme politique avec qui les animateurs des mouvements catholiques se sont sentis le plus « en phase » a été Pierre Mendès France. Je me souviens d'une réunion, en 1954, chez Brigitte Gros, sœur de Jean-Jacques Servan-Schreiber, au cours de laquelle Gaston Defferre découvrit, en présence de François Mauriac, combien le mendésisme était réel chez de jeunes dirigeants catholiques. Chez certains de leurs aumôniers aussi : François Varillon ne celait nullement son admiration pour l'homme et le politique.

Le moment le plus intense de l'affrontement politique entre catholiques français a sans doute été le temps de la guerre d'Algérie. Alors que, comme Georges Bidault, ministre MRP des Affaires étrangères, l'avait fait à propos du Maroc, on évoquait d'un côté le combat de la Croix contre le Croissant, l'engagement de catholiques contre la guerre, plus encore contre la façon dont elle était menée, a été particulièrement intense. Les historiens de la guerre d'Algérie oublient en général de se référer au livre de Jacques Duquesne, journaliste à *La Croix*, ancien secrétaire général de la JEC, *L'Algérie ou la Guerre des mythes*, paru dès 1958 chez Desclée de Brouwer. L'ouvrage dénonçait déjà les méthodes de la répression. *La Croix* elle-même dut faire preuve de plus de courage pour dénoncer la torture que *Témoignage chrétien* et même que *Le Monde* puisqu'elle prenait une grande partie de ses lecteurs à rebrousse-poil et connaissait une grosse vague de désabonnements. La direction ne m'a jamais fait la moindre critique pour les chroniques traitant ce sujet.

Mais l'homme qui a le plus vite et le plus vivement protesté auprès des autorités, ce fut Léon-Étienne Duval, archevêque d'Alger. Le 3 février 1955, à l'Assemblée nationale, au cours du débat qui aboutit à la chute du gouvernement Mendès France, un député musulman s'exclama :

> La plus haute expression de la chrétienté en Algérie, l'évêque d'Alger, Mgr Duval, que je salue respectueusement parce qu'il est un grand et bon chrétien, s'est élevé dans un mandement contre la répression policière et a attiré l'attention des fidèles en criant son indignation [23].

Dans les lettres adressées aux autorités civiles et militaires par l'archevêque, les mêmes faits sont constamment relevés[24] :

> [...] traitements odieux infligés à des suspects ; exécutions sommaires de prisonniers ; usage de la torture, répressions collectives (15.9.56) ; des musulmans sont cruellement frappés sans autre motif que celui d'être musulmans [...] ; la torture sévit par les moyens que tout le monde connaît et dont tout le monde parle [...] ; je me suis permis, Monsieur le Ministre, d'être auprès de vous le porte-parole de souffrances qui deviennent intolérables (15.2.57) ; malgré la déclaration solennelle d'un membre du gouvernement [André Malraux], la torture continue à être pratiquée ; des villages sont détruits, des exécutions sommaires ont lieu (25.11.58) ; exécutions faites sans jugement, emploi de la torture, destruction de villages (10.8.59).

Et c'est le prêtre qui voyait politiquement juste contre les politiques : « Une seule injustice grave dont est victime un innocent peut pousser au désespoir et à la violence toute la population d'un douar ou d'un quartier urbain. »

Les Églises ont, d'une façon générale, tenu une place importante dans le processus de décolonisation, une fois admis que, dans le passé, mission et colonisation avaient été étroitement mêlées, une fois admis surtout qu'en Afrique du Sud l'*apartheid* n'avait été condamné et dénoncé que par une toute petite minorité de pasteurs et de fidèles protestants. L'engagement en faveur des déshérités du tiers-monde n'a pas cessé depuis lors d'être profond et constant, que ce soit de la part des papes (que de passages significatifs dans *Pacem in terris, Mater et magistra, Populorum progressio* !), du Conseil œcuménique des Églises, d'associations chrétiennes ou de chrétiens présents dans des organisations non gouvernementales ne se réclamant pas du christianisme !

Personne ne pouvait pour autant trouver une solution pleinement satisfaisante à un inévitable dilemme. Fallait-il aider les personnes ou agir sur les régimes politiques qui permettaient ou aggravaient leur misère ? Si l'on se contente de l'action caritative, on aide indirectement les régimes. Si l'on dénonce et combat les régimes, leur réaction peut mettre fin à l'aide. Médecins sans frontières affronte constamment ce problème. Le CCFD (Comité catholique contre la faim et pour le développement) a vu la difficulté et a dû subir des campagnes diffamatoires pour avoir dit que l'action caritative seule ne suffisait pas. Les organismes caritatifs chrétiens allemands, eux, ont pratiqué l'abstention politique complète pour que ne se tarisse pas le flux des importantes ressources qu'ils avaient à distribuer.

Le refus de s'en prendre aux régimes et de dénoncer la « violence structurelle » que représente l'organisation du pouvoir économique a existé à gauche comme à droite, les régimes en question pouvant être aussi ceux de Cuba ou de la Chine. Ce refus-là, plus que l'autre, est souvent né ou a été accompagné d'une certaine naïveté admirative. Ainsi, en 1975, un jésuite de retour de Chine a exprimé, dans *Études*, son admiration pour le système éducatif observé. Dans mon indignation, je lui ai envoyé une lettre fort véhémente :

> Vous qui luttez pour la libération des hommes – pas seulement matérielle, mais spirituelle –, vous qui considérez que l'Église a gravement péché en endoctrinant, en

catéchisant, excommunication à l'appui, comment pouvez-vous écrire tranquillement, sans une réserve, qu'on peut apprécier un élève et le suivre dans l'ensemble de son comportement à partir du « comportement idéologique et politique » ? Vous qui êtes choqué par la sélection à base de fidélité à l'orthodoxie idéologique s'il s'agit de l'Église ou de l'université françaises, vous dites, comme s'il s'agissait de la chose la plus naturelle du monde, que le salaire d'un enseignant dépend de trois critères, « l'ancienneté, la capacité professionnelle, le niveau de conscience idéologique et politique », et que l'entrée dans les universités dépend de la formation idéologique contrôlée par le Comité révolutionnaire ?... Puis on reçoit de plein fouet l'énormité : « liberté de critique – les étudiants exigent que les enseignants se réforment dans la ligne révolutionnaire du président Mao » !! Transposons à Fourvière vers 1953 : liberté de critique des apprentis jésuites – ils exigent que leurs professeurs se réforment dans la ligne du pape.

La naïveté n'a pas non plus été absente quand le mot « paix » était prononcé. Ce fut le cas pour les prêtres, les pasteurs et les laïcs chrétiens participant au Mouvement de la paix entièrement manipulé par l'Union soviétique et les partis communistes à son service. Il est plus difficile de juger de la marge d'action qu'avaient les Églises, surtout les protestantes, dans les années soixante-dix et quatre-vingt face aux régimes communistes en très lente évolution. Mais le Conseil œcuménique des Églises a vraiment trop cru qu'il faisait progresser la cause de la liberté en cessant de parler de liberté.

Il en a été tout autrement pour l'action menée entre pays ayant à surmonter des antagonismes nationaux. Dès 1965, l'action des épiscopats allemand et polonais et de l'Église évangélique allemande a favorisé une compréhension réciproque qui s'est pleinement développée après 1990. À l'Ouest, la situation était autre :

l'Europe dont il était question était à bâtir entre gouvernements et peuples vivant dans des régimes de liberté politique. C'était le lien entre les deux attitudes – celle vers l'Est et celle à l'Ouest – qui posait problème à l'origine. Bien des organisations catholiques voyaient dans la communauté européenne en devenir l'arme privilégiée d'un combat contre le communisme, d'une reconquête spirituelle à effectuer de l'autre côté du Rideau de fer. Pour cette raison, l'appui donné par Rome à la cause de l'Europe a conduit au slogan de « l'Europe vaticane ». Or la volonté d'établir des liens profonds et durables entre anciens ennemis était au moins aussi forte.

Quand la « preuve » donnée était l'appartenance prononcée au catholicisme d'Alcide de Gasperi, Robert Schuman et Konrad Adenauer, on passait sous silence que le plus remarquable point commun entre les trois hommes était leur origine « frontalière » – Adige, Lorraine, Rhénanie. Et aussi que le socialiste belge Paul-Henri Spaak pouvait difficilement compter comme catholique, alors qu'il était au même titre que les trois catholiques « père de l'Europe ». Et le dernier traité franco-allemand réglant des différends bilatéraux a été conclu en 1956 entre Adenauer et Guy Mollet, socialiste fort anticlérical. De plus, si la foi a vraiment été un déterminant politique pour Robert Schuman, qui appartenait au tiers ordre franciscain, le chancelier, en fort mauvais termes avec la hiérarchie allemande, utilisait l'unification européenne surtout comme voie allemande vers la *Gleichberechtigung*, l'égalité des droits pour un État privé à l'origine de toute souveraineté extérieure. Et pour le MRP, parti de Robert Schuman, son choix pour la politique européenne de celui-ci, très différente de celle de Georges Bidault, représentait une fuite en avant : après les échecs en politique sociale et économique, le choix de l'Europe constituait le seul projet novateur accessible.

Pendant un demi-siècle, les affrontements et les coopérations en matière d'unification européenne ont été largement indépendants des clivages religieux. Tout au plus peut-on dire que les réticences protestantes ont souvent été plus fortes que les catholiques. La question fondamentale a cependant été laissée dans l'ombre. Il suffit, me semble-t-il, de comparer deux textes récents pour en sentir la portée. L'un est le très long *Instrumentum laboris* soumis à la deuxième assemblée spéciale pour l'Europe du synode des évêques, rendu public le 5 août 1999 et publié dans *La Documentation catholique* le 5 septembre. L'autre est le *Manifeste pour une conscience européenne*, signé en commun, en mai 2000, par Jean Boissonnat (comme Jacques Duquesne ancien dirigeant de la JEC), en tant que président des Semaines sociales de France, et par Hans-Joachim Meyer (par ailleurs ministre de la Science du *Land* de Saxe), en tant que président du Zentralkomitee der Deutschen Katholiken (à vrai dire beaucoup plus ancien et plus représentatif que l'organisme français). Le texte romain dit notamment :

> [Après 1990, il fallait] s'interroger sur le sens de la liberté retrouvée... La réponse spécifique de l'Église doit être celle d'une nouvelle évangélisation...Le moment historique que vit actuellement l'Europe montre que celle-ci se trouve encore à un croisement, dans lequel la construction, l'union et l'évangélisation du continent se présentent comme des défis tout aussi fondamentaux... Le Synode entend proclamer que l'espérance de l'Europe est dans la croix du Christ [...] le renouveau social de l'Europe ne pourra reposer solidement que sur le Christ ressuscité...

L'autre texte dit dès l'introduction :

> Oui, nous en appelons à l'esprit des Lumières avec tout ce qu'il signifie : le sens de l'altérité fraternelle, le choix d'une vision du temps comme possibilité d'un progrès collectif dont chacun doit avoir sa part, une vocation à l'universel vécue non dans l'arrogance mais dans l'humilité, une relation entre le spirituel et le temporel qui préserve la liberté de conscience de chacun.

Le manifeste « ouvert à l'ensemble des mouvements de laïcs chrétiens qui se veulent participer à la formation d'une conscience européenne » ne parle nullement du Christ et Dieu ne figure que furtivement dans une banale citation finale de Robert Schuman : « Dieu fasse qu'elle [l'Europe] ne laisse pas passer l'heure de son destin » ! J'avoue que ma compréhension pour l'un et l'autre document rencontre des limites.

L'engagement pour la justice sociale

Le rapport pour le synode parle évidemment de justice et de paix, comme le manifeste des deux organisations laïques. L'évolution positive des religions, je crois l'avoir vécue un soir de 1993, à Plaisir, près de Versailles. À l'occasion d'une « Expobible », un débat réunissait un évêque, un dirigeant de l'Église réformée, un grand rabbin et l'incroyant amateur de Bible que j'étais. Un bref et cordial entretien préliminaire nous permit de constater que l'évêque, le rabbin et moi, nous avions chacun apporté le même texte du prophète Isaïe pour le lire au millier de personnes rassemblées. Il s'agissait du « jeûne agréable à Dieu » :

> Est-ce le jeûne qui me plaît, le jour où l'homme se mortifie ?... Se faire une couche de sac et de cendre, est-ce là ce que tu appelles un jeûne, un jour agréable à Yahvé ? N'est-ce pas plutôt ceci, le jeûne que je préfère : défaire les chaînes injustes, délier les liens du joug, renvoyer libres les opprimés [...] partager le pain avec l'affamé, héberger chez toi les pauvres sans abri ?

Nous avons estimé que c'était le rabbin, comme représentant la religion la plus ritualiste, qui devrait proclamer cette incitation à préférer l'action pour la justice au rituel de la mortification. Ainsi fut fait.

Agir pour la justice dans la société, ce n'est pas se fonder sur un égalitarisme bête, tel qu'il est trop souvent conçu en France et tel qu'il s'exprimait dans une strophe de *La Carmagnole* :

Il faut raccourcir les géants
Et rendre les petits plus grands.
Tous à la même hauteur,
Voilà le vrai bonheur !

La pratique de la justice commence par le respect de l'égale dignité de tous. La suppression du « banc d'œuvre » dans les églises, ces places réservées aux notables, a constitué un progrès symbolique. L'appel au don, conçu en esprit de partage et non comme léger sacrifice d'une petite partie du superflu, est vieux comme le christianisme. Il est pratiqué, presque comme habitude sociale, par de riches américains créateurs de fondations de toutes sortes, selon la formule « Ce n'est pas une honte de devenir riche, c'est une honte de mourir riche » (honte assez facilement supportée par la plupart). Il a été magnifié par Victor Hugo dans « Les pauvres gens », poème qu'il a inséré dans *La Légende des siècles* : un couple de pêcheurs démuni, déjà chargé d'enfants, prend chez lui les deux bambins d'une voisine morte, au risque de connaître la faim. La générosité est ici éclatante.

Quand il n'y a pas don, saint Thomas admettait que le vol devenait licite. *Gaudium et spes* rappelle sa formule : « Quant à celui qui se trouve dans l'extrême nécessité, il a le droit de se procurer l'indispensable à partir des richesses d'autrui. » Toute révolte des déshérités n'est donc pas blâmée, mais les textes conciliaires et pontificaux parlent surtout des bénéficiaires des situations d'injustice qui oublient que, comme il est dit dans *Centesimus annus*, « il y a un certain dû à l'homme parce qu'il est homme ». L'analyse que fait l'encyclique de Jean-Paul II est rude et passerait facilement, dans la France actuelle, comme provenant au moins de la gauche du Parti socialiste :

> De nombreux hommes, et sans doute la grande majorité, ne disposent pas aujourd'hui des moyens d'entrer, de façon efficace, à l'intérieur d'un système d'entreprise dans lequel le travail occupe une place réellement centrale. Ils n'ont pas la possibilité ni d'acquérir les connaissances de base qui permettent d'exprimer leur créativité et de développer leurs capacités, ni d'entrer dans le réseau de connaissances et d'intercommunications qui leur permettraient de voir apprécier et utiliser leurs qualités…
>
> Certains aspects caractéristiques du tiers monde apparaissent aussi dans les pays développés où la transformation incessante des modes de production et des types de consommation dévalorise les connaissances acquises… Ceux qui ne réussissent pas à suivre le rythme peuvent facilement être marginalisés, comme le sont, en même temps qu'eux, les personnes âgées, les jeunes incapables de bien s'insérer dans la vie sociale, ainsi que, d'une façon

générale, les sujets les plus faibles et ce qu'on appelle le quart monde...

Les Églises chrétiennes instituées, directement ou par l'intermédiaire d'organismes qui relèvent d'elles, agissent non seulement par le don, mais par des efforts d'insertion, de formation, de créations multiples. Quand elles sont riches, grâce à des contributions obligatoires de leurs membres, comme c'est le cas en Allemagne avec la *Kirchensteuer*, l'impôt d'Église (supplément d'environ 8 % à l'impôt sur le revenu), elles consacrent une partie importante de leurs abondantes ressources à leur action sociale. Le bilan 2001 de la Caritas catholique est impressionnant[25]. Chaque année, en commun avec la Diakonie protestante, elle attribue des prix à des groupes ou des équipes particulièrement innovants en matière de formation, d'intégration, d'autonomisation.

La (ré)insertion passe aussi par la connaissance préalable de la société environnante et la communication de cette connaissance aux plus favorisés. La situation réelle des immigrés illégaux peut par exemple être connue en Allemagne grâce à une étude, sur le terrain et statistique, particulièrement serrée publiée sous l'égide du *Jesuit Refugee Service* (Europe) et avec l'aide de la Caritas[26]. Il n'est pas sûr pour autant que la connaissance provoque l'action. La pression sur ceux qui sont en position de décideurs est souvent plus efficace. Plus que dans le passé, les Églises exercent leur influence sur les politiques non seulement pour la défense et la promotion d'intérêts ecclésiaux, mais aussi pour atténuer des injustices.

Ainsi, en mars 1998, une lettre conjointe du cardinal-archevêque et de l'évêque protestant de Berlin, adressée à tous les députés, a abouti à bloquer, puis à annuler un texte législatif qui aurait aggravé la situation faite aux demandeurs d'asile. Les deux prélats affirment en conclusion que la modification envisagée « ne correspondrait pas à l'image chrétienne de l'homme qui exige le respect de tout homme comme créature et image de Dieu ». En France, la loi de 1998 contre l'exclusion, utile malgré ses imperfections de rédaction et d'application, n'aurait jamais vu le jour sans l'intervention renouvelée d'ATD (Aide à toute détresse)-Quart Monde, association créée par le père Joseph Wrezinski et dont la présidente respectée, Geneviève de Gaulle-Anthonioz, put plaider pour la loi devant une Assemblée nationale exceptionnellement attentive.

Dans les deux cas, la cible de l'intervention était le Parlement. Beaucoup d'hommes et de femmes animés par la générosité et le sens de la justice (ou de l'injustice) ignorent ou oublient que les progrès les plus importants passent par les politiques publiques. Celles-ci, de leur côté, sont liées au développement économique et technique. Pratiquer en même temps une politique d'encouragement à la famille et promouvoir la libération des femmes – la contradiction apparente a été largement surmontée grâce à la machine à laver, puis au four à micro-ondes. Si, progressivement, une agricultrice de trente ans n'a plus l'apparence d'une citadine de cinquante, c'est que les machines lui ont permis d'échapper à de terribles servitudes corporelles. Ces machines seraient cependant demeurées à des prix inaccessibles et leur usage réservé aux familles à ressources élevées si la publicité n'avait pas permis d'accroître la consommation, donc de produire moins cher. Que ce soit l'anti-industrialisme des Verts allemands ou la simplicité évangélique réclamée par des mouvements chrétiens, le refus de prendre en compte les réalités de l'économie est le même, qu'il soit à base « laïque » ou confessionnelle !

Les politiques publiques, elles, effectuent des transferts de ressources visant à une répartition plus juste des richesses. L'ampleur de ces transferts est le plus souvent ignorée des associations caritatives. Or, en 1995, un quart des ressources des ménages français provenait de prestations sociales. Les familles nombreuses restent défavorisées si l'on prend en compte le revenu par tête. Mais que d'avantages justement accordés aux futures mères ! Le congé de maternité rétribué dépasse largement en France le niveau fixé par la Convention internationale de 1952, mais reste inférieur à ce qu'il est au Danemark, en Norvège et en Suède – pays protestants, donc en principe moins préoccupés de vie familiale et de natalité sans entraves que les pays de tradition catholique.

Le raccourcissement du temps de travail n'a pas été dû au sens chrétien de la justice. Il a été obtenu, sur la base du développement économique, par l'action du mouvement ouvrier. Le temps devenu libre a pu être consacré aux loisirs. Tourné d'abord en dérision, notamment par les élus et les journaux exprimant l'opinion de la majorité des citoyens catholiques, le mot a figuré en 1936 dans la dénomination d'un secrétariat d'État du gouvernement Blum. En 1946, lorsqu'il s'est agi de rédiger le préambule de la nouvelle Constitution – ce texte qui sert aujourd'hui de charte de référence au Conseil constitutionnel –, il a paru normal de dire que « la nation garantit à tous [...] la protection de la santé, la sécurité matérielle, le repos et les loisirs ». D'une façon plus générale, les trois alinéas qui se fondent, sans prononcer le mot, sur l'idée de société juste entraînent inévitablement, même si leur application demeure fort incomplète, des dépenses publiques, donc des impôts et des contributions sociales.

Les résultats ne sont assurément pas à la hauteur des intentions proclamées dans ce genre de texte, mais les associations les plus engagées savent bien qu'une partie importante de leur action doit viser la création de lois nouvelles, ou, à défaut, de décrets ou de règlements administratifs. La naissance, en 1998, de la Couverture maladie universelle en a été une éclatante démonstration. On ne saurait dire que la « gauche plurielle » se soit réclamée du christianisme pour faire passer la loi qui doit permettre une nouvelle répartition des ressources au profit des plus défavorisés.

Il n'empêche que l'engagement social utile passe par la vie associative, dont l'ampleur et le sens ont été bien mis en lumière, pour la France, par deux ouvrages récents [27]. La Révolution française a voulu libérer l'individu de tout système de corporations et de castes. Mais la loi Le Chapelier, adoptée en 1791, en interdisant « toute espèce de corporation de citoyens de même état », a retardé jusqu'en 1884 la normalisation d'une vie syndicale et aussi l'épanouissement de la vie associative avant la loi de 1901. L'action individuelle demeure possible. Elle s'appuie le plus souvent sur des organisations existantes. Lorsque, en juin 2000, l'avocat Henri Burin des Roziers a obtenu, au Brésil, la première condamnation d'un grand propriétaire terrien, commanditaire d'assassinats de syndicalistes, il était déjà soutenu par le simple fait de son appartenance à l'ordre des dominicains. Il l'était aussi par l'action de mouvements des droits de l'homme intervenant depuis longtemps pour la même cause. Son succès confirmait le slogan du BDKJ, l'Union de la jeunesse catholique allemande : « Rien entre ciel et terre ne va sans structures. »

Le chrétien peut apporter à des structures non chrétiennes des tonalités ou des types de comportement appris en tant que chrétien. Ce fut le cas d'une bonne partie des syndicalistes qui ont « déconfessionnalisé » la CFTC, devenue CFDT en 1964. Ce ne fut pas le cas, sans doute, des prêtres-ouvriers s'engageant dans la CGT. L'élection, en 1982, de Bernard Lacombe, prêtre de la Mission de France, au bureau confédéral d'une organisation à l'époque totalement soumise au Parti communiste n'a contribué à faire évoluer ni l'une ni l'autre. En revanche, lorsqu'en mai 2000 Yves Barsalou quitte, à soixante-huit ans, la présidence du Crédit agricole, *Libération*, quotidien peu suspect de cléricalisme, dans le long portrait qu'il lui consacre, écrit : « Il est paysan, mais productiviste, exportateur, modernisateur...Son engagement dans les années cinquante à la JAC le prédestinait à adhérer à cette philosophie. » Quand, en 1970, René Rémond devient doyen, puis président de l'université de Nanterre à la dérive, il ne la remet pas en ordre de marche en tant qu'ancien dirigeant de la JEC, mais c'est bien à la JEC et à l'ACJF qu'il a appris le travail d'équipe, sur la base du « voir, juger, agir », alors que l'université développe l'individualisme et un voir sans action.

L'engagement associatif au nom du christianisme n'est pas rare et n'est plus objet d'agressivité anticléricale. Faut-il ranger *a posteriori* dans cette catégorie les innombrables « patronages » qui ont offert aux jeunes des loisirs inexistants en dehors d'eux, avec possible action évangélisatrice du prêtre ? Sans doute ont-ils donné naissance à plus de basketteurs et de footballeurs que de prêtres, mais ils ont rempli une fonction sociale importante à une époque où les engagements publics en faveur des activités de jeunesse étaient faibles. Aujourd'hui, parmi les organismes les plus efficaces dans le soutien aux plus déshérités, on trouve des associations de dénomination chrétienne (Secours catholique, CASP-Centre d'action sociale protestante).

D'autres sont nées de l'action d'un prêtre. Emmaüs n'est pas un groupement confessionnel, mais il est né de la révolte contre la misère du député Pierre Grouès, rapidement mieux connu comme abbé Pierre. Pendant bien des années, il s'est trouvé au sommet de l'échelle de popularité établie par un institut de sondage. Il ne le devait assurément pas à l'attrait sexuel exercé sur les dames et les demoiselles, ni à une quelconque démagogie.

L'abbé Pierre s'était révolté contre ce qu'il avait vu. Joseph Wresinski s'est révolté contre ce qu'il avait vécu enfant [28]. Il a retrouvé l'extrême pauvreté en 1956, à Noisy-le-Grand, près de Paris où il s'est installé avec les premiers volontaires d'Aide à toute détresse. Ils ne vivaient pas seulement parmi les plus déshérités, ils pratiquaient aussi l'ouverture sur la recherche sociologique et sur la réflexion à transformer en action vers le dehors, en commun avec des « alliés », universitaires ou hauts fonctionnaires. À la mort du père Joseph, en 1988, à soixante et onze ans, la loi contre l'exclusion qu'il préconisait n'était pas encore au point. Elle allait se fonder sur le rapport qu'il avait présenté au Conseil économique et social, dont il avait été nommé membre. Il avait des idées solidement ancrées sur les voies d'accès à la dignité humaine des plus démunis, notamment sur la défense acharnée de la cellule familiale. Son caractère entier n'empêchait nullement la tolérance et le libre débat avec qui ne partageait pas pleinement sa pensée. Il m'a appris en particulier que la pauvreté héritée excluait du travail, que les victimes de cette pauvreté n'étaient pas appréciés par les maires communistes, émanation du « parti des travailleurs », encore moins par les hommes politiques parce qu'ils n'étaient pas inscrits sur les listes électorales, ni par les publicitaires, donc les médias, puisqu'ils n'étaient pas consommateurs.

Mon admiration va aussi à des personnes que je n'ai pas connues et dont l'action, effectuée à partir de leur foi, a été d'une grande fécondité, sans qu'ils aient agi à partir d'une structure, encore que le père Émile Shoufani, « Arabe israélien, homme de parole en Galilée[29] » soit homme d'Église. Et l'une des grandes joies que j'aie connues dans la dernière décennie du siècle, c'est d'avoir été invité à l'assemblée générale des Amis de Madeleine Delbrêl pour y parler de « Morale avec Dieu, morale sans Dieu ». J'aurais évidemment préféré la béatification du père Joseph ou de l'athée convertie vivant, en milieu athée, une vie de contemplation et d'action[30] à celle de Mgr Balaguer !

Les deux domaines où la présence de chrétiens agissant sur la base de leur christianisme est particulièrement forte, sans que pour autant ils soient nécessairement perçus en tant que chrétiens, c'est le monde carcéral et celui de l'immigration, clandestine ou non. On parle parfois avec une ironique commisération des visiteurs de prison, des aumôniers aussi, qui, évidemment, « se font avoir » par les truands endurcis. Une telle attitude montre toujours une prodigieuse ignorance qui disparaîtrait déjà par la simple lecture de *Jéricho*, bulletin de l'Association nationale des visiteurs de prison. Le numéro de juillet 1999 était consacré à un congrès-bilan. « Nous allons en prison rencontrer une personne et non un délit, dans un tête-à-tête, à l'écoute d'une histoire à accompagner », dit le président dans son introduction. Il ne s'agit pas de naïveté, mais de la conviction que tout être humain peut se modifier, peut être modifié. Dans les deux directions : la prison, le plus souvent, dégrade parce qu'elle infantilise, parce qu'elle contraint à une promiscuité avilissante ; mais le délinquant, le criminel qui a réfléchi, qui a changé dans le sens en principe voulu par la justice visant sa réinsertion, dans quelle mesure est-il encore pleinement le même homme que celui qui a commis le délit, le crime ? Ses victimes ont tendance à croire à sa permanence, à son immuabilité. Mais cette croyance, surtout si elle est partagée par l'administration pénitentiaire, ne le rend-elle pas victime à son tour ?

Les aumôniers de prison ne tiennent pas un autre langage que l'ANVP, association composée de chrétiens et de non-chrétiens. Le Centre national de l'aumônerie catholique des prisons a montré, à travers une enquête menée à l'occasion de l'année jubilaire, ce qu'est l'abandon, le double isolement du détenu par rapport à sa famille – et de sa famille dans la société environnante. Si, le 9 juillet 2000, les évêques ont fait le geste de se rendre dans les prisons pour y célébrer la messe, c'est qu'ils ont été sensibles à ce que leur avaient dit aumôniers et visiteurs chrétiens. Ils avaient pu lire ce qu'avait écrit le théologien de l'équipe nationale :

> Il faut qu'ils [les détenus] découvrent en prison que la devise de notre République n'est pas seulement des mots sur des documents officiels ou des lettres sur les palais nationaux ; que la liberté, l'égalité et la fraternité, c'est, au quotidien de nos existences, mille et une façons de contribuer ensemble à accueillir l'avenir. Qu'ils prennent conscience qu'ils peuvent être utiles au monde où ils vivent et que notre société ne veut pas renoncer à leur apport [31].

Il s'agit moins d'évangélisation par la recherche de la conversion que de la réintroduction des humiliés dans une situation de dignité. Cette action inclut la nécessité de se faire porte-parole des détenus auprès des élus, des responsables pénitentiaires et judiciaires. Et aussi de donner un avenir au détenu remis en liberté, ne serait-ce qu'en lui permettant un nouveau départ, interdit par la perpétuation du passeport jaune de Jean Valjean, à savoir le casier judiciaire accessible au potentiel employeur. Il y a un risque de trop oublier le crime et ses victimes. Telle vieille demoiselle visiteuse de prison parlait avec un peu trop de chaleur du jeune parricide dont elle s'occupait. Mais, au nom de l'humanité et de la disponibilité que lui imposait sa foi vécue, elle ouvrait toujours sa porte la nuit au premier coup de sonnette pour héberger un détenu fraîchement libéré et dépourvu de ressources. L'un d'eux aurait pu agresser, maltraiter, tuer cette très vieille dame. Elle en assumait calmement le risque.

Le GISTI (Groupement d'information et de soutien des travailleurs immigrés), dont l'action dépasse de beaucoup la dénomination initiale, n'est pas du tout une association chrétienne. Parmi les défenseurs des demandeurs d'asile, y compris parmi les avocats qui empêchent des expulsions parce que les tribunaux administratifs acceptent de faire jouer la Convention européenne des droits de l'homme, les croyants sont probablement minoritaires. Mais leur présence est tout de même forte dans tout le secteur de l'immigration et des demandes d'asile, ne serait-ce que par la pratique du *Kirchenasyl*, de l'asile accordé par des curés ou des pasteurs, plus souvent en Allemagne qu'en France. La déclaration « J'ai vu la misère de mon peuple », faite en avril 1998 par le Comité épiscopal (français) des migrants, rappelait que « rien de ce qui touche à la dignité de l'homme n'est étranger à l'Église ». Le texte n'affirmait ni que tout le monde pouvait être accueilli, ni que les sans-papiers avaient le droit de détruire la vie paroissiale. Mais elle approuvait ceux qui « avaient pris le risque de l'hospitalité [32] ».

En Allemagne encore plus qu'en France, un vrai clivage était et demeure perceptible entre croyants. En Bavière notamment, j'ai affirmé que, lors de deux manifestations successives, l'une en faveur de l'asile, l'autre pour le maintien obligatoire du crucifix dans les écoles, les participants n'avaient vraiment pas dû être les mêmes ! Pourtant, il ne s'agit pas d'angélisme, mais d'un appel « qui nous vient des Grecs et de la Bible » et d'une difficile nécessité de concilier « *la* loi de l'hospitalité (entre, étranger, qui que tu sois, d'où que tu viennes !) et *les* lois de l'hospitalité (je décide des conditions de l'accueil des étrangers, car je suis chez moi) [33] ».

Une éducation à la liberté ?

Être citoyen en politique, se sentir concerné par les situations sociales d'injustice, se vouloir agissant pour autrui – voilà qui n'est pas donné d'emblée. Les attitudes ne sont pas innées. Elles présupposent une formation, une éducation. La visée centrale d'une telle éducation est assez simple à définir, beaucoup plus difficile à atteindre. Il s'agit d'amener à une liberté insérée. Pour ce faire, il y a deux libertés à respecter. La liberté présente de l'enfant, de l'adolescent, de l'étudiant. Le professeur de l'école publique qui raille la croyance de l'élève, le professeur de l'école religieuse qui veut faire honte à un élève incroyant ne respectent ni la liberté de l'élève, ni sans doute celle de sa famille. Mais la liberté présente est sans cesse à élargir, à rendre plus consciente. Renoncer à cet élargissement au nom de la liberté présente, c'est abdiquer en tant qu'éducateur.

J'ai quelques certitudes. L'ignorance est mauvaise en soi. La connaissance est bonne. En 1850, Victor Hugo faisait encore scandale en disant à l'Assemblée nationale : « L'enseignement primaire obligatoire, c'est le droit de l'enfant. » Aujourd'hui, on en est à la scolarité obligatoire jusqu'à seize ans, dont il n'est pas certain qu'elle soit pleinement positive. Elle tient en partie à une conception française qui veut que toute l'éducation soit centrée sur l'école : on parlera d'activités préscolaires, périscolaires, postscolaires. Les mouvements de jeunesse ont montré qu'il existait des façons de former indépendantes de l'école. La JOC a produit de remarquables exemples d'hommes et de femmes issus de cette autre voie. Que l'instruction puisse être mal donnée ou détournée de son but, qui le contestera ? Mais elle est non moins clairement l'élément de base de libérations permettant des insertions réfléchies.

Je sais aussi clairement ce que je rejettc. La laïcité agressive et intolérante d'un côté, l'auto-enfermement identitaire de l'autre. Ce dernier a été pratiqué en France par l'enseignement catholique, y compris dans ses manuels d'histoire. Il est aujourd'hui le fait de bien des écoles islamiques et hébraïques. J'avoue que l'inauguration d'une grande école loubavitch, dans le XIXe arrondissement de Paris, en novembre 2000, m'inspire de vives inquiétudes, d'autant plus que je savais les vains efforts du curé de la paroisse catholique pour établir des contacts et des coopérations avec la communauté juive orthodoxe du quartier. À quelles insertions autres qu'étroitement communautaires prépare-t-on les jeunes filles amenées chaque matin par le car de ramassage scolaire ? Et quand l'enseignement public renvoie des jeunes filles parce qu'elles portent le « voile islamique », ne les rejette-t-il pas vers un enseignement privilégiant une unique appartenance ?

En Allemagne, les deux Églises combattent énergiquement la loi scolaire adoptée dans le *Land* de Brandebourg, autour de Berlin. Elle a été intitulée LER (*Lebensgestaltung, Ethik, Religionskunde* : formation de vie, éthique, connaissance des religions). La Constitution de la République fédérale dit que l'enseignement religieux est matière obligatoire dans les écoles. Or là, il s'agit de présentation des religions, non de l'enseignement d'une religion à effectuer sous le contrôle d'une Église. En fait, l'enseignement LER se veut « philosophiquement, mais pas moralement neutre ». Sa finalité correspondrait dans une certaine mesure à celle de nos classes de philosophie, qui n'existent pas en Allemagne. Les Églises – mais pas seulement elles, puisqu'une partie de la presse sérieuse d'Allemagne de l'Ouest les soutient – ne conçoivent pas que la morale puisse être transmise autrement que par la formation religieuse. La religion n'est pas nécessairement chrétienne. Le président de la République a plaidé vigoureusement pour la présence de l'enseignement religieux islamique dans les écoles allemandes, à condition qu'il soit donné en allemand par des professeurs formés en Allemagne par des instances islamiques.

Je préfère le système français nouveau de laïcité ouverte. Nouveau parce que la loi Debré de 1959 a permis de mettre fin à bien des conflits. Par le système des contrats, elle intégrait la plupart des écoles catholiques à l'enseignement public, tout en permettant, dans une mesure trop restreinte aux yeux de nombre d'éducateurs, le maintien du « caractère propre » des établissements. Et aussi la préservation d'un certain nombre d'avantages pédagogiques du privé : rôle incitatif du chef d'établissement, possibilité d'avoir des équipes enseignantes stables ayant une visée pédagogique commune.

Quelle visée pédagogique ? L'ouverture aux autres en fait incontestablement partie. Il n'est plus question, en principe, d'imposer un credo. Il y a « proposition de foi », même s'il existe un certain retour à la messe obligatoire. L'ouverture se fait en particulier à l'égard de l'islam. En novembre 2000, l'hebdomadaire « intello » *Die Zeit* consacrait un long article aux spécificités culturelles françaises. À propos du « foulard islamique », la journaliste notait : « Lorsque les jeunes filles ne cèdent pas à l'issue du dialogue et ne veulent pas enlever le voile au cours de chimie ou de gymnastique, l'école publique leur cherche une place dans l'école catholique privée la plus proche. » Il est vrai que de plus en plus d'écoles catholiques, surtout dans les régions et quartiers défavorisés, accueillent largement de jeunes musulmans. Cela ne veut pas dire que l'école publique soit d'esprit étroit. Tel lycée de Roubaix, avec 70 % d'élèves issus du monde arabe, n'accepte ni le prosélytisme ni l'islamisme agressif, mais le foulard est autorisé, même si, sur quatre cents filles, cinq ou six seulement portent le voile, dont les deux meilleures réussites du baccalauréat professionnel de 1999.

L'école catholique a un problème particulier. Bien des professeurs sont si ouverts qu'ils ne participent même plus à la proposition de foi. D'autres demeurent dans la ligne ancienne, religieusement justifiée, d'une finalité évangélisatrice. Où est ici la limite s'il s'agit de respecter la liberté actuelle de l'enfant, tel qu'il a été formé par sa famille ? Formé ou déformé ? Les Églises et tout particulièrement la catholique insistent beaucoup sur le respect à accorder à la famille. La France laïque a différé jusqu'en 1981 la ratification de la Convention européenne des droits de l'homme signée en 1951 parce que la liberté des parents dans le choix de l'éducation des enfants y était inscrit. Mais peut-il y avoir éducation à la liberté sans prise de distance à l'égard des parents et de leur façon de voir la religion et la société ? Les associations de parents ont du mal à l'admettre, tout particulièrement l'UNAPEL (Union nationale des associations de parents de l'enseignement libre), en situation de monopole dans l'enseignement catholique.

Deux éléments sont en jeu, le premier étant la pédagogie pratiquée. Elle peut varier d'un établissement à l'autre, mais lorsque, en mai 1997, une circulaire du ministère de l'Éducation nationale parlait de « communauté éducative » et demandait aux enseignants d'aider les élèves à devenir autonomes et à « élaborer un projet personnalisé », l'enseignement catholique pouvait être content, puisque c'était son vocabulaire qui était utilisé. Du moins celui employé dans les écoles appliquant les méthodes du père Pierre Faure. Le développement de la personnalité de l'enfant par sa responsabilisation sur son projet de travail : cette pédagogie n'est pas fondamentalement différente de celle d'une Maria Montessori ou d'un Célestin Freinet, longtemps mal vus par l'enseignement public. Mais responsabiliser l'enfant et l'adolescent à l'école, c'est aussi inciter la famille à abandonner l'autoritarisme parental du milieu rigide dans son catholicisme de tradition.

Cet aspect-là fait cependant moins problème que celui qu'abordait Pierre Daniel, secrétaire général de l'enseignement catholique, en disant en 1996, face aux dérapages verbaux du président de l'UNAPEL préconisant une « stratégie de reconquête » :

> L'enseignement catholique est une composante du service public d'éducation… Les parents qui s'adressent à l'école catholique doivent savoir de la manière la plus claire qu'ils s'adressent à une école ouverte… Elle n'est pas une école de tri social.

Il reprenait l'un des thèmes du remarquable discours que le cardinal Lustiger avait prononcé le 4 mars 1984, à la gigantesque manifestation pour l'enseignement privé qui avait rassemblé des tendances très diverses du catholicisme français :

> Vous n'êtes pas toute la France, mais ce soir toute la France peut se reconnaître en vous quand vous tenez le respectueux langage de la tolérance et du pluralisme [...]. Je m'adresse aux enseignants. Ceux de l'enseignement public comme ceux de l'enseignement privé [...]. Je pense à ceux d'entre vous qui assument la mission d'être les éducateurs des plus démunis. Souvent ces jeunes sont dans leur famille la première génération à être scolarisée dans notre langue. Quelle reconnaissance notre pays ne doit-il pas à ces enseignants ! [...] Parents, enseignants, vous demandez la liberté et des moyens pour l'école catholique. Devenez vous-mêmes plus chrétiens [...]. Vous n'avez à chercher ni un meilleur succès ni un pouvoir culturel.

Les éducateurs des plus démunis : si l'on prend pour exemple la région marseillaise, les écoles catholiques sont au cœur de cette tâche-là. « Elle n'est pas une école de tri social » : si l'on prend la région parisienne, cette visée-là n'est décidément pas atteinte ! Que de parents strictement irréligieux cherchant à mettre leurs enfants à l'abri dans une école confessionnelle, considérée comme moyen de protection sociale permettant de contourner la carte scolaire !

Encore faut-il y regarder de plus près, ne serait-ce qu'en distinguant entre le souci de faire mener à l'enfant une vie scolaire non marquée par la violence et le désir de ne pas le mettre en classe avec des fils et des filles de Nord-Africains déshérités. Mais même ce dernier souci ne devrait pas être condamné moralement, surtout par des intellectuels habitant eux-mêmes les beaux quartiers. Sont-ils certains, eux, qu'ils laisseraient leur fils ou leur fille dans l'école assignée par la carte scolaire ? Moi, je ne sais pas ce que ma femme et moi aurions fait si nous n'habitions pas un quartier moyennement bourgeois de Paris, à faible population immigrée. Enlever nos fils de l'école « normale » ? N'eût-ce pas été les priver de contacts avec des cultures autres ? Et surtout diminuer les chances d'intégration des jeunes Maghrébins ? Les y laisser en sachant qu'une classe où la majorité des enfants doit d'abord apprendre la langue avance plus lentement, ne serait-ce pas accepter que nos fils prennent une ou plusieurs années de retard dans leur parcours scolaire ? Par chance, nous n'avons pas eu à effectuer ce choix.

Chez les plus grands, le lycée peut être un lieu de dialogue tel qu'il a été défini par un directeur diocésain : « Quand on est respectueux de l'opinion du jeune et prêt au débat, on peut annoncer ses convictions, cela passe bien. » Dans les classes de philosophie de l'enseignement public, il reste encore des professeurs intolérants qui ne donnent de bonnes notes qu'aux copies reproduisant leurs idées. D'autres, en revanche, sont tellement soucieux de neutralité que leur pensée reste cachée aux élèves. Plus tard, en faculté, la très grande majorité des professeurs considère que leur seule obligation est la transmission de connaissances, la formation humaine n'étant pas de leur compétence. J'ai toujours pensé et cherché à pratiquer l'inverse.

D'où ma sympathie pour les institutions religieuses qui ne veulent pas se limiter aux sacro-saints programmes. Ce n'est assurément pas le cas de toutes. J'ai été pendant quelques années en conflit avec « Ginette », l'école Sainte-Geneviève de Versailles, joyau de l'enseignement créé par les jésuites, parce que j'avais l'impression que la seule préoccupation était le nombre de réussites aux « grands concours ». J'ai aussi été surpris, après avoir passé un après-midi enrichissant à parler avec les élèves de première et de terminale d'un établissement catholique pour jeunes filles, de voir un petit groupe s'approcher de moi après la discussion pour me dire : « Merci de nous avoir parlé de morale ; ici, on ne nous parle que de réussite au bac. »

La morale est évidemment au cœur des insertions « horizontales » évoquées dans ce chapitre. Elle est encore moins absente de la réflexion à laquelle je n'ai cessé de pousser mes publics, qu'ils fussent ou non en situation d'étudiants : celle sur la souffrance et la mort, surtout la souffrance des autres et la perspective de sa propre mort.

Chapitre VI

SOUFFRANCES ET MORTS

« Heureux les pacifiques ! », le christianisme, religion de l'amour de Dieu pour les hommes et des hommes entre eux : c'est ce que répètent, ce que croient les chrétiens. Le respect pour la dignité de tout être humain, croyants et incroyants s'en réclament. La compréhension vaut mieux que la haine, la liberté mieux que l'aliénation – qui en disconvient en principe ? Mais comment vivre alors dans un monde où la violence semble sans cesse l'emporter, où les souffrances de toutes sortes sont innombrables ? Dans un monde aussi où font question, dans leur réalité et dans leur signification, les deux données fondamentales de l'existence humaine : naître et mourir ? Le croyant ouvert à la libre réflexion a du mal à introduire de la cohérence dans ses jugements moraux. L'effort de cohérence d'une pensée athée n'est pas pour autant couronné d'un succès certain.

Violences et souffrances

Ne revenons pas sur la théodicée. Faisons seulement un constat : la violence sanglante, la violence mutilante, la violence meurtrière sont présentes un peu partout. Il y a celles que les médias montrent et celles qui ne les intéressent guère. En Angola, forces gouvernementales et rebelles rivalisent d'abominations depuis bientôt vingt ans. Viols, mutilations, massacres : les témoignages rapportés, notamment par Médecins sans frontières, ne servent pas à une prise de conscience dans les opinions, moins encore à des actions des gouvernements. Et sans cesse des violences commises par les dirigeants de pays supposés depuis longtemps respectueux des droits de l'homme surgissent du passé récent. En Suède, les stérilisations au nom de l'« hygiène sociale et raciale », sur la base de lois votées en 1934 et 1941, ont frappé plus de soixante mille personnes, dont une très grande majorité de femmes. La loi a enfin changé en 1975. Jusqu'en 1967, des milliers d'orphelins britanniques ont été déportés en Australie et en Nouvelle-Zélande pour « injecter du sang blanc » dans les lointaines contrées de la Couronne. Il a fallu attendre 1993 pour que la cruauté passée soit révélée.

La violence « structurelle », elle, n'est pas seulement présente en Amérique latine. Les recherches récentes sur l'inné et l'acquis ont abouti à des conclusions fort nettes. L'environnement socio-économique exerce, dès l'âge de quatre ans, une influence énorme sur l'augmentation du QI. Quel que soit le milieu d'origine, les enfants adoptés à la naissance et élevés dans un milieu favorisé bénéficient, en moyenne, d'un QI de douze points supérieur à celui des enfants également adoptés à leur naissance, mais élevés dans un milieu défavorisé.

La notion de « violence symbolique », fort prisée par nombre de sociologues, m'embarrasse. Exercer une contrainte sur quelqu'un parce qu'il se soumet à l'autorité légitime qu'il voit en vous – je conçois bien où se situe l'entrave à la liberté. Je vois aussi qu'à ce titre toute influence exercée ouvertement et librement acceptée pourrait être qualifiée de violence. La plus forte violence symbolique serait alors l'amour. Devenir (légèrement ?) autre pour répondre à l'attente de l'aimé(e), n'est-ce pas très exactement la condition essentielle de la réussite d'un couple ? Que d'échecs, que de ruptures, de séparations, surtout chez les jeunes, parce qu'on n'a pas voulu admettre que la durée suppose l'adaptation mutuelle, donc l'acceptation délibérée de la « violence symbolique » exercée par l'autre ! À force de condamner la cohabitation juvénile et le divorce, l'Église catholique oublie de parler des conséquences identitaires de l'amour partagé.

La notion d'amour partagé elle-même a mis des siècles à émerger vraiment. Le mariage « arrangé », imposé, a constitué une violence dont les femmes ont été les victimes, leurs sentiments comptant peu par rapport aux intérêts de la lignée, des héritages, des bénéfices que le père comptait retirer de l'union imposée à sa fille. Il s'est toujours trouvé des prêtres pour bénir des mariages effectués sous la contrainte de l'autorité paternelle – quand ils ne les avaient pas arrangés eux-mêmes. Aujourd'hui, il est de bon ton de s'en prendre aux mariages musulmans qui unissent de toutes jeunes filles à des hommes mûrs qu'elles n'avaient jamais rencontrés auparavant. Mais l'égalité entre époux, à commencer par la liberté du choix, est récente, notamment en milieu privilégié. Le prêtre témoin du consentement, les époux qui se donnent mutuellement le sacrement – la transformation de la cérémonie n'est vraiment pas très ancienne. On peut désormais supposer que même les lecteurs de *Paris-Match* auront sursauté en lisant les déclarations de la comtesse de Paris, rapportées avec une joyeuse ironie dans *Réforme*, en novembre 2000. Évoquant les mariages arrangés de ses enfants, elle s'exclame : « Nous avons fait notre possible pour qu'ils rencontrent des personnes épousables, de leur milieu, et avons au moins évité les protestants. »

Les Églises ne se sont guère souciées de la violence sexuelle qu'entraîne le mariage sans amour. Je n'en ai vraiment pris conscience qu'en 1977, à la vue de la scène finale du grand film d'Ettore Scola *Une journée particulière.* Résignée, la femme, servante du mari et des fils, reçoit dans le lit conjugal l'époux qui vient prendre son plaisir, avec la perspective d'une naissance supplémentaire. Encore n'y voit-on pas le viol, contrairement à l'horrible scène de *Kadosh*, le film d'Amos Gitai sorti en 1999, tableau féroce du machisme du milieu juif ultra-orthodoxe de Jérusalem. On assiste à la très brève « nuit conjugale » imposée par le rabbin et la famille à la jeune fille, arrachée à l'amour partagé qu'elle vivait avec un garçon « non épousable » parce que extérieur au milieu.

L'amour initialement partagé ne garantit pas la réussite du mariage. Avant d'être l'expression d'une liberté, le divorce est l'aveu d'un échec. Faut-il pour autant que l'Église catholique impose aux divorcés-remariés la violence de l'interdiction de communier ? À cause même de la place que tient l'eucharistie dans la vie catholique croyante d'aujourd'hui, il s'agit bien d'une violence à l'égard de « pécheurs publics » persévérant dans leur péché. Même si le cas est celui d'une femme croyante séparée de son premier mari à cause de son anticléricalisme intolérant et ayant épousé ensuite un homme partageant sa foi. Que de fidèles choqués par le langage d'une Église se réclamant de la charité et de la miséricorde ! Je sais bien que les funérailles chrétiennes ne sont plus interdites aux divorcés-remariés – mais depuis 1973 seulement ! Et en janvier 1977, Jean-Paul II a simplement dit, devant le Conseil pontifical pour la famille : « Que ces hommes et ces femmes sachent que l'Église les aime, qu'elle est proche d'eux et qu'elle souffre de leur situation. » Mais l'interdit de la communion aux divorcés-remariés a encore été renouvelé en l'an 2000.

De l'extérieur, ce qui me choque le plus, c'est la constatation que, sous l'Occupation, aucun membre de la Milice, torturant et tuant, n'a été empêché de communier, que le général Franco communiait en bon catholique, indépendamment du nombre d'opposants qu'il venait d'envoyer à la mort. À ma connaissance, aucune interdiction d'approcher de la Sainte Table n'a jamais été prononcée contre les SS et les membres de la Gestapo.

L'Église est également indulgente envers ceux de ses prêtres qui imposent la violence pédophile à des enfants et des adolescents. À l'automne de l'an 2000, l'Église de France a connu des scandales – moins dramatiques que tel scandale autrichien, parce que aucun prélat français ne s'est rendu coupable d'une telle violence. Il a fallu que quelques évêques fassent preuve d'énergie pour que la Conférence des évêques réunie à Lourdes en novembre se saisisse enfin du problème du point de vue des victimes, après trois affaires particulièrement graves : un prêtre du diocèse de Bayeux-Lisieux condamné à dix-huit ans de réclusion criminelle, un prêtre de Bordeaux, déjà condamné pour faits similaires en 1991, mis en examen pour agressions sexuelles sur mineurs, et un prêtre du diocèse de Belfort condamné aux assises à huit ans de prison pour de semblables agressions commises de 1992 à 1997. L'Église avait donné l'impression que sa compassion était réservée aux coupables. Et, surtout, je n'ai lu nulle part que, quand leur évêque avait été au courant de leurs graves défaillances, il leur ait interdit non pas de communier, mais de célébrer l'eucharistie. Je sais bien qu'un prêtre indigne n'est pas pour autant déchu du sacerdoce, mais tout de même…

Dès le moment où l'on place la dignité de la personne humaine au sommet des valeurs, toute atteinte à cette dignité constitue une violence. Surtout si l'on croit qu'il existe des états humains supérieurs en dignité à d'autres. Dans notre livre d'entretiens, Noël Copin me demandait si j'étais contre la pornographie et si oui, pourquoi. J'ai répondu qu'il s'agissait prioritairement d'un avilissement de la femme – et d'un auto-avilissement de l'homme. Il existe aussi, me semble-t-il, une conception de la pratique sexuelle qui, par l'absence de tout sentiment, dégrade les partenaires, même placés sur un pied d'égalité. Je pense à un dessin de Wolinski, paru en octobre 1990 dans *Le Nouvel Observateur.* On y voit une jolie fille nue accroupie sur un lit. Un beau garçon la pénètre par-derrière en lui disant : « Je rêve de me promener avec toi à la campagne, la main dans la main. » Elle tourne la tête vers lui pour lui répondre : « Je ne t'aime pas assez pour cela » !

Le dessin allait à contre-courant du contenu habituel de l'hebdomadaire dans lequel il paraissait. Moins que d'autres, il montre cependant un goût permanent pour les films qui, plus encore que la violence, montrent la dégradation, l'avilissement des héros. Et plus ils s'avilissent, plus il est question de pureté. Il est vrai que, pendant longtemps, les collaborateurs de publications supposées chrétiennes désiraient démontrer dans leurs critiques qu'ils n'avaient pas l'esprit chargé de pudibonderie de sacristie. Je garde un faible pour la critique dans *Télérama* d'un film qui recevait dans l'enthousiasme la cotation maximale : « Il y a une brèche où vont s'engouffrer tous les tabous : désirs incestueux, meurtre, viol, prostitution, infanticide. » La phrase finale disait : « Définitivement égaré en lui-même, Gabriel arrive au sommet de sa déchéance. » Une telle notation admirative n'est-elle pas en contradiction avec les idéaux humanistes affichés par la même publication dans d'autres parties de chaque numéro ? D'une façon plus générale, je n'ai jamais compris comment on pouvait à la fois faire l'éloge du marquis de Sade et s'offusquer de la torture pratiquée avec plaisir par des miliciens ou des gardiens de camps de concentration.

Don Juan, lui, ne se plaît pas à torturer ses conquêtes. C'est la conquête qui lui plaît, mais l'abandon ne constitue-t-il pas une violence ? Le pauvre Ottavio passe pour ridicule dans sa fidélité amoureuse. Pour moi, la réponse à Don Juan a été donnée dans *Ornifle*. Jean Anouilh fait dialoguer son don Juan à lui, écrivain et parolier, avec le curé qui vient quémander un chant de Noël pour ses paroissiens :

> LE PÈRE DUBATON : Je sais bien que je n'y connais rien. Mais quand je vais voir mon frère, sur les bords du Rhône, aux vacances, nous allons manger dans un petit bistrot dont j'aime bien le vin. C'est toujours le même que je redemande, d'année en année. Quand on aime bien quelque chose, il me semble qu'on n'a qu'une idée : c'est d'en reprendre. Et quand on a trouvé le petit vin rouge qu'on a trouvé, on le garde.
>
> ORNIFLE : La comparaison n'est pas tout à fait juste, mon père. Le goût du vin se bonifie en prenant un peu de bouteille ; le goût de l'amour s'aigrit.
>
> LE PÈRE DUBATON : Ce qui vous amusait en somme, c'était de déboucher les flacons et de goûter. Je vais vous dire une chose, tant pis si vous me prenez pour un ivrogne : vous n'aimez pas vraiment le vin !

Quel bel éloge implicite du couple dans sa durée, son attention à l'autre, sa tendresse qui peut survivre à la dégradation des corps. Celle-ci n'a rien d'avilissant dès lors qu'elle n'a pas été délibérément voulue et produite.

Or, l'avilissement est voulu et produit dans le bizutage. J'ai été en conflit à ce sujet avec le directeur de l'école Sainte-Geneviève au printemps de 1992, au moment où, par ailleurs, la Commission nationale consultative des droits de l'homme émettait un avis affirmant que « ces pratiques aboutissent trop souvent à des excès qui constituent des traitements dégradants au sens de la Convention européenne de sauvegarde des droits de l'homme ». Elle constatait que « ces pratiques impliquent une conception dangereuse de la société dans laquelle des jeunes gens, qu'on entraîne à subir ainsi des violences et à se plier à des traitements dégradants, risquent plus tard d'être tentés de les infliger à autrui, dans d'autres circonstances ». Un élève allemand avait quitté « Ginette » et *Esprit* avait publié sa description du bizutage. Le proviseur du lycée franco-allemand de Fribourg, d'où il venait, a écrit au directeur pour lui faire part de l'émotion du corps enseignant, particulièrement sensible, en tant qu'allemand, aux traitements dégradants. Le père jésuite lui a vertement répondu que l'élève n'avait « décrit ces cinq jours de bizutage que sous un angle négatif ». J'avoue avoir joué les dénonciateurs. Le cardinal Decourtray m'a écrit : « Je partage votre stupeur et votre indignation et le fais savoir aux responsables. » Et le cardinal Lustiger : « Par démagogie – ou fausse tolérance –, peu d'autorités académiques ont tenté de réagir. Il s'agit de la sauvagerie "permise" des élites françaises. Voilà un demi-siècle que je m'en indigne – en vain… » L'aumônier de Sciences-Po – qui venait, comme directeur des études de Sainte-Geneviève, d'avoir la responsabilité de veiller à ce qu'il n'y ait pas trop de débordements – m'a rendu visite. « Le bizutage forme l'esprit de corps. — Comment justifiez-vous l'esprit de corps en termes chrétiens ? Et comment s'est passé le bizutage au noviciat de la Compagnie de Jésus ? — Mais vous n'y pensez pas ! — Mais alors, pourquoi à Ginette ? »

Depuis lors, le gouvernement et le Parlement sont intervenus, des écoles comme Sainte-Geneviève ont compris qu'il existait d'autres moyens pour créer un lien entre anciens et nouveaux, et le bizutage dégradant est en forte régression. Au second semestre de 2000, les appels au numéro de « Jeunes violences écoute » ont porté sur plus de quatre mille cas de violences physiques, dont trente-quatre seulement concernaient le bizutage.

Il est des violences directes, appliquées à des personnes individualisées qui sont mises ou laissées dans la souffrance par la faute de gens nullement anonymes ou lointains. Paul Claudel a cherché vigoureusement à convertir d'autres écrivains à la foi à laquelle lui-même s'était converti. Mais il a laissé sa sœur Camille mourir de faim et de misère dans l'asile d'aliénés où il l'avait fait enfermer trente ans auparavant, malgré les lettres lucides qu'elle lui envoyait. « J'attends la visite que tu me promets pour l'été prochain, mais je ne l'espère pas : c'est loin Paris... Je pense toujours à notre chère maman. Je ne l'ai pas revue depuis le jour où vous avez pris la funeste résolution de m'envoyer dans les asiles d'aliénés... », écrit-elle encore en 1939, alors qu'elle est enfermée et coupée de tout depuis 1913. « Amer, amer regret de l'avoir ainsi longtemps abandonnée », note le grand croyant dans son journal, après la mort de la sculptrice en 1943 [1].

Le torturé souffre de ce que le tortionnaire lui fait subir. Sa capacité de résister à la souffrance ne constitue nullement l'essence de sa personne, comme l'affirmait sans savoir Jean-Paul Sartre dans *Morts sans sépulture*. Personne ne peut dire s'il aurait livré des informations pour faire cesser la souffrance. Pour ma part, j'ai eu la chance d'échapper à la torture, mais je suis à peu près certain que je n'aurais pas résisté et qu'on aurait pu finalement me faire dire n'importe quoi. J'admire ceux qui n'ont pas parlé, ceux aussi qui se sont suicidés pour ne plus risquer de parler, mais je me sens plein de compassion pour ceux qui ont cédé. Les coupables, c'étaient les tortionnaires.

Qu'en est-il quand les bourreaux sont légion et que les souffrances qu'ils infligent se multiplient à l'infini comme conséquences de leurs actes ? Je relis l'émouvante « Lettre ouverte aux chrétiens et à leur Église, trop absente » que Noël Copin adressait d'un camp de réfugiés au Zaïre. Dans *La Croix* du 2 août 1994, sous le titre « Dieu est-il absent de Goma ? », il décrivait l'horreur de la déshumanisation, de la mort, des cadavres ensevelis au bulldozer et à la pelleteuse. Il s'y posait la question habituelle de la théodicée, celle aussi de la faible présence de l'Église au milieu de la souffrance extrême et multiple. Pourtant, « les réfugiés du camp de Mugunga ont applaudi quand ils ont appris que le médecin était aussi prêtre ». Quelques jours plus tard, dans le même journal, Georges Gilson, évêque du Mans, répondit avec une grande sévérité à Noël Copin. Il ne m'a pas convaincu.

Pas plus que ne m'a convaincu, cette fois dans l'ordre de la théodicée, le texte du père Philippe Deschamps, aumônier des hôpitaux psychiatriques, prenant à bon droit position contre la formule « l'épreuve que Dieu m'a envoyée[2] » :

Non, la souffrance est un mal
La maladie mentale est un mal
Dieu ne peut pas « envoyer le mal » !
Dieu est amour et bonté
Il est tendresse et miséricorde
Dieu n'« éprouve » pas.
Il ne « punit » pas non plus. Dieu aime.

Mais, par-delà la théodicée, il faut comprendre que la formule finale est un appel aux chrétiens de faire comme Dieu, c'est-à-dire d'aimer, sans juger, sans condamner. Il me semble que bien des chrétiens sont particulièrement présents à la souffrance d'autrui. Sans doute ne guérissent-ils pas les corps quand ils ne sont pas médecins. Les immenses progrès de la médecine, l'instauration des politiques de prévention et de soins se sont faits en dehors de préoccupations religieuses[3]. En revanche, la souffrance susceptible d'être allégée par une présence, par une écoute n'est pas toujours reconnue en tant que telle. Je ne l'ai pas vécue moi-même et ne puis donc qu'accepter ce que disent les souffrants ou ceux qui ont été les accompagnateurs de leur souffrance.

Peu importe ici de savoir ce qui relève directement de la maladie ou de la mutilation du corps, ce qui est d'ordre psychologique ou encore quels mécanismes psychosomatiques ont produit la souffrance. Je sais que, parmi les causes de souffrances vraies, il faut placer la solitude. L'INSEE dénombre plus de sept millions de personnes, en France, qui vivent seules. Toutes ne souffrent pas de la solitude, et parmi le demi-million de femmes et d'hommes très âgés vivant dans des institutions spécialisées, la plupart en souffrent, alors qu'en principe elles ne sont pas supposées être solitaires. Et la souffrance de la solitude peut également frapper ceux qui sont insérés dans la société. Deux tableaux d'Edvard

Munch montrent comment ce qui pourrait être joie est transformable en souffrance. La jeune fille d'*Adolescence* pourrait sentir un avenir joyeux s'épanouir dans sa puberté. Or elle est accablée. Le couple de *Cendres*, qui vient manifestement de vivre un moment d'union sexuelle, n'est ici que juxtaposition de deux solitudes souffrantes. Dans une émission de télévision consacrée à la dépression, un avocat de quarante-huit ans, père de quatre enfants, avait vu sa vie basculer lorsque sa fille aînée s'était suicidée. Il témoigne : « La solitude et la souffrance sont des choses qui ne se partagent pas. » Il a cependant appelé SOS Dépression, dont les animateurs disent simplement : « La seule réponse que l'on apporte ici, c'est l'écoute. »

L'exorciste d'aujourd'hui ne dit pas tellement autre chose. Il existe certainement encore des exorcistes à l'ancienne, chasseurs de démons qu'ils croient eux-mêmes cornus et aux pieds fourchus. Mais quand on lit tel texte de Maurice Bellot, prêtre exorciste pour les diocèses d'Île-de-France, on voit de quels démons il s'agit actuellement[4]. Il ne « cherche pas d'abord à faire des choses. On cherche à faire être… On laisse parler. L'acte de dire fait partie de la guérison ». Il s'agit de contribuer à une libération. « Les possédés de la haine sont légion. On les croit venus pour s'en faire pardonner – le plus souvent, hélas, ils sont là pour s'en repaître, s'en faire plaindre dans une oreille poubelle. »

La haine est souvent une fuite, comme la drogue ou l'alcool. La sortie– difficile – ne se fait qu'à travers une écoute qui aide le souffrant à nommer son mal, à se savoir, à se dire dépendant. « L'alcoolique arrête de boire le jour où il admet qu'il ne peut s'arrêter de boire[5]. » Et il ne l'admettra que s'il ne se sent plus objet de mépris, donc s'il est convaincu que le médecin, le psychologue, le prêtre pratiquent une écoute égalitaire, libre de toute condamnation.

Surmonter la haine née d'une souffrance physique n'est pas donné à tout un chacun. Parmi les « témoins » parlant aux deux mille cheftaines de Guides rassemblées à Rocamadour en avril 1995, Lorène Russell reçut l'écoute la plus attentive, la plus recueillie. Elle était revenue de la haine au moment où elle avait eu en main le couteau destiné à frapper le beau-père dont elle avait subi la violence. Sa conversion au pardon fut si complète qu'elle a créé et fait vivre une Association pour l'enfance maltraitée, destinée à sauver à la fois de la maltraitance et de la haine qu'elle engendre, source à son tour de souffrance. L'histoire de Tim Guénard, devenu un asocial brutal à la suite des coups reçus de son père, est encore plus édifiante et même, dans la croyance du héros dans les interventions de la Vierge, un peu trop « bondieusarde » pour moi[6]. Il a trouvé l'apaisement, c'est-à-dire la paix avec lui-même, d'une part auprès de prêtres sachant pratiquer l'écoute dans la pleine acceptation de l'écouté, d'autre part en se mettant au service de handicapés – physiques et mentaux –, dont la qualité humaine le transforme. Sans doute aurait-il pu avoir la chance d'être écouté et régénéré par des incroyants et des valides. C'est cependant dans ces deux histoires que je trouve, si je puis dire, le christianisme à son mieux !

De même, des deux infirmes rayonnants que j'ai connus, l'un était athée, l'autre profondément croyant. Le premier, devenu aveugle au début de l'adolescence, arrêté dans sa croissance par la maladie, paralysé au point de ne pouvoir ni s'asseoir ni se tenir debout, était cependant, sur son lit de souffrance, plein d'intelligence et de vitalité, avide de connaissances, jouant aux échecs et gagnant des concours culturels à la radio. Le rayonnement spirituel exercé, à partir de son poumon d'acier, par le polytechnicien scout était, lui, si fort et sa confiance si apparemment inébranlable que ses amis visiteurs ne venaient pas pour lui « remonter le moral », mais pour se faire revigorer par ce grand malade destiné à mourir jeune. Parmi ces visiteurs, l'aumônier des Scouts, le père dominicain André Liégé.

Je n'attends évidemment pas de tous les souffrants qu'ils atteignent un tel niveau de sérénité, une telle qualité humaine. Mais s'il est un domaine où j'accepte le mot « mystère », si galvaudé dans le christianisme, c'est dans la formulation d'un aumônier d'hôpital psychiatrique. Partant de l'humilité nécessaire à qui essaie de comprendre et de communiquer, il évoque « le mystère de ce que vit une personne engloutie dans la souffrance ».

Voici un quart de siècle, François Varillon publiait coup sur coup deux livres intitulés *L'Humilité de Dieu* et *La Souffrance de Dieu*[7]. Je ne pense pas que ce jésuite eût obtenu le *nihil obstat* et l'*imprimatur* un siècle auparavant. Sa pensée, sa démarche allaient dans le sens de ce qui, pour moi, constitue la transformation centrale du christianisme en notre temps. Il ne s'agit plus de se réclamer d'un Dieu en majesté terrible et menaçant. Au cœur de la foi, il y a la conviction que Dieu par l'incarnation s'est fait homme souffrant. Dans le puzzle de textes bibliques qu'est *Le Messie*, la citation la plus significative que Haendel a mise en musique n'est plus le « Hallelujah », mais le chant saisissant de la contralto « He was despised… » (Il a été méprisé), c'est-à-dire le Quatrième chant du Serviteur dans Isaïe. Mais si l'homme souffrant est au cœur de la foi, l'entente, la jonction n'est-elle pas réalisée avec l'athée dont l'humanisme se soucie lui aussi prioritairement de cet homme-là ?

Une telle convergence ne rend pas pour autant négligeables les différences profondes dans la façon même de concevoir la vie et la mort.

Donner la vie, donner la mort

Dans *L'Équipe* du 17 juillet 2000 figurait une interview du capitaine de l'équipe de rugby du Stade français :

> — Finale de la Coupe du monde ou finale du Championnat de France. Qu'est-ce qui restera votre souvenir le plus fort cette année ?
> — Franchement ?
> — Si possible.
> — Ni l'un ni l'autre ; ce qui m'est arrivé de plus beau, cette année, c'est la naissance de mon fils... L'accouchement de ma femme est un événement qui m'a bouleversé : le plus fort, le plus intense de ma vie. Qu'est-ce que ça a l'air dur pour ta femme ! À côté de ça, défendre sur ta ligne n'est pas grand-chose...

Ce texte m'a touché parce qu'il me rappelait ce que j'avais ressenti au cours des naissances de nos quatre fils. Avec la méthode, belle à l'époque, assez dépassée par la péridurale, de l'accouchement sans douleur. L'encouragement à la pratiquer venait à la fois des communistes et de Pie XII, mais ce n'est pas ce qui nous a déterminés ! Chaque fois, je pensais à Freud, qui avait tendance à expliquer la femme par son triste manque de pénis. Mon envie constante d'écrire des livres vient plus probablement de ma triste incapacité d'enfanter.

Le désir d'avoir des enfants n'a rien de factice. Le sentiment fabriqué, c'est Simone de Beauvoir qui l'exprimait en écrivant, à propos du couple qu'elle formait avec Jean-Paul Sartre : « Il se suffisait ; il me suffisait. Et je me suffisais ; je ne rêvais pas du tout de me retrouver dans une chair issue de moi. » J'ai été heureux de lire, dans le compte rendu signé d'une femme, dans *Le Nouvel Observateur*, l'éloge du film de Solveig Anspach *Haut les cœurs !*

> Lorsqu'on annonce à Emma qu'elle a un cancer, elle reste désemparée. Pour autant elle ne baisse pas les bras, car il faut sauver l'enfant qu'elle porte en elle... Le film est aussi une belle histoire d'amour entre un homme et une femme liés par des sentiments supérieurs... Ce personnage tanguant entre la vie et la mort, la détresse et la révolte [...], hébétée et entière, héroïne moderne d'une œuvre intense qui nous poursuit.

Ces sentiments supérieurs et cette intensité que le même hebdomadaire tourne si souvent en dérision... Le refus du premier enfant se fait souvent dans l'ignorance des joies que sa présence pourra procurer. Et sans doute bien des couples ont été conduits à penser ensuite comme tel député qui, lors du débat sur la loi Veil en 1974, disait :

> Un enfant désiré, qu'est-ce que cela veut dire ? Désiré quand, à quel moment ?... Nous avons eu, ma femme et moi, plusieurs enfants. Si nous ne les avons pas tous désirés, nous les avons tous accueillis. Aujourd'hui, la simple pensée que l'un d'entre eux pourrait ne pas être nous donnerait l'impression d'une mutilation.

Le désir d'enfant chez les couples en principe stériles, le progrès scientifique peut maintenant le satisfaire. Je pense au choc qu'a été pour l'équipe de l'Institut catholique de Lille l'interdiction romaine de pratiquer la fécondation *in vitro* même entre époux. Elle permet pourtant d'écarter telle ou telle cause de stérilité, donc de répondre aux encouragements aux familles sans cesse prodigués par des prélats sans enfant. Le « cherche enfant désespérément » entraîne aussi le recours à des méthodes qui mériteraient au moins débat, comme le passage par une « mère porteuse ».

Le désir de ne pas avoir d'enfant n'en est pas illégitime pour autant. Je m'étonne simplement de l'assurance de ceux qui ont la certitude que ce désir ne leur viendra jamais et se font stériliser. Ce fut le cas de dizaines de milliers d'hommes allemands dans les années soixante-dix. En France, la loi Guigou, votée en première lecture par l'Assemblée nationale, autorise expressément la stérilisation demandée, réversible chez la femme par la ligature des trompes, irréversible chez l'homme par la vasectomie. Pas tout à fait cependant : le sperme congelé pourra servir ultérieurement à une fécondation !

Être libre de ne pas vouloir un enfant : quel progrès prodigieux, surtout pour les femmes, a représenté le développement des méthodes contraceptives ! Rétrospectivement, je me demande pourquoi, en France, il a fallu attendre la loi Neuwirth de 1967 pour que la diffusion de ces méthodes ne soit plus délictueuse. Ou plutôt si, je le sais : en 1920, au lendemain de la grande saignée, il fallait imposer une politique nataliste. Lors du débat de 1974, Joseph Comiti, professeur de médecine et député gaulliste, dira fort justement à ce sujet : « Permettez-moi de vous dire crûment, comme pourrait le faire le général Bigeard, que la femme n'est pas une génisse qui doit, par contrainte, reconstituer le cheptel. »

La dénonciation de l'avortement ne fait sens que dans l'acceptation de la contraception. Paul VI a failli se prononcer dans ce sens en suivant l'avis d'un groupe d'experts qu'il avait réunis. Il a fini par s'incliner face à la pression de la curie. Jean-Paul II n'a cessé de s'enfermer dans la contradiction. Dès avant la parution d'un livre fort agressif sur mère Teresa [8], je ne pouvais comprendre qu'on ne fasse pas grief à celle-ci de sa constante campagne contre toute contraception. J'ai visité Calcutta en 1958. La situation a dû beaucoup empirer depuis. Comment accepter l'encouragement donné aux femmes dans la détresse totale de mettre au monde un maximum de bébés destinés à mourir de faim dans les rues de la ville ?

Dès avant l'apparition du sida, les maladies sexuellement transmissibles avaient justifié le recours au préservatif masculin. Mais les ravages du sida ont dramatisé les conflits avec Rome. En juin 2000, le cardinal-archevêque de São Paulo a condamné, « en communion avec le pape et l'Église, les thèses inacceptables » des prêtres qui trouvent que distribuer des préservatifs ou faire connaître leur existence « n'est pas un moindre mal, mais un bien majeur parce qu'ils protègent la vie ». La Coordination nationale du sida, dépendant du ministère de la Santé, a invité l'Église « à réfléchir sur sa position contraire à l'usage du préservatif pour ne pas avoir à porter la responsabilité, à l'avenir, des conséquences de la dissémination de l'épidémie parmi les catholiques du Brésil ». Heureusement, l'Église de France est plus nuancée. Le père Michel di Falco, alors porte-parole de l'épiscopat, interrogé à la télévision sur la seule question qui, manifestement, intéressât la journaliste, a donné une réponse qui m'a semblé excellente. Il a dit en substance que l'Église n'était favorable ni au suicide ni à l'assassinat. Il existait cependant des états humains supérieurs à d'autres. La fidélité vaut plus que le multipartenariat. Mais pour ceux qui n'accédaient pas à cet état plus digne, il fallait répéter que l'Église réprouvait et le suicide et le meurtre.

Qu'il faille intensifier la diffusion de la connaissance de la contraception pour lutter à la fois contre la maladie et contre l'avortement tombe sous le sens. Lors du débat de novembre 2000, il n'y a pas eu de voix discordante sur ce point. Mais cela dispense-t-il d'une autre connaissance, d'une autre approche du sexe ? Le *Journal officiel* signale un « oh ! » offusqué sur les bancs socialistes lorsqu'une députée centriste dit, avec beaucoup de pertinence, selon moi :

> L'éducation sexuelle devrait être une éducation à l'amour. Il est étonnant que, dans le très long texte de M. Lang, lors de sa conférence de presse sur l'éducation sexuelle dans les établissements scolaires, qui est un document de quarante-sept pages, pas une seule fois le mot « amour » ne soit mentionné.

Interdire à la fois l'avortement et la contraception est contradictoire. Moins cependant que le refus de l'avortement et l'acceptation de la peine de mort. Cette contradiction-là n'est pas seulement le fait de l'Église catholique. À l'époque du double débat, *Le Figaro* et *Le Monde* avaient pris des positions opposées, l'une et l'autre contradictoires. Pour le premier, l'avortement devait être condamné au nom de la morale, même si les sondages lui étaient favorables, tandis que la peine de mort devait être maintenue, puisque les sondages lui étaient favorables. Pour l'autre, l'avortement devait être permis puisqu'il était légitimé par les sondages, tandis que l'immoralité de la peine de mort faisait qu'elle devait être supprimée, quoique pussent dire les sondés.

Malgré les apparences, il n'est pas facile d'être cohérent en matière de peine de mort. À ma connaissance,

Robert Badinter n'a jamais clairement condamné les pendaisons des dirigeants criminels allemands à Nuremberg. Les manuels scolaires n'expriment guère de réprobation pour l'exécution de Louis XVI, aucun lien n'étant fait avec la réprobation exprimée par ailleurs pour la peine de mort. Mais la contradiction de Jean-Paul II me paraît, elle, éclatante. Dans l'encyclique *Evangelium vitae*, donnée en 1995, l'avortement est traité de « crime abominable » et cette condamnation est longuement développée. En revanche, le paragraphe 56 dit, avec un embarras perceptible : « [...] la question de la peine de mort, à propos de laquelle on enregistre, dans l'Église comme dans la société civile, une tendance croissante à [...] ». Jean-Paul II ne sait-il donc pas qu'à la date de l'encyclique les États européens se sont depuis longtemps engagés par traité dûment ratifié à ne jamais rétablir la peine de mort ? J'aurais aimé qu'en 2000 un appel du pape aux électeurs américains les exhorte à réfléchir avant de donner leur voix à un candidat à la présidence venant, comme gouverneur du Texas, de battre tous les records en matière de mises à mort de condamnés le plus souvent mal défendus par des avocats minables. C'est parce que l'avortement « tue un être innocent » qu'il serait criminel. Combien d'exécutés américains étaient-ils innocents du crime pour lequel on les tuait ? Et même pour les coupables, l'Église ne prêche-t-elle pas la compréhension, la miséricorde, le pardon ? La personne humaine définitivement identifiée par son crime, est-ce bien là la pensée chrétienne ?

Il est au moins deux raisons pour aborder avec circonspection le problème de l'avortement. La première, c'est que les positions peuvent changer. Si le texte constitutionnel proposé par le Parti communiste et le Parti socialiste et rejeté par le premier référendum de 1946 avait été adopté, l'avortement serait devenu anticonstitutionnel, puisque, dans la très longue Déclaration des droits de l'homme qui figurait en tête, se trouvait, à l'article 23, « la protection de la santé dès la conception ». À l'époque, le Parti communiste, notamment par la voix de Jeannette Thorez-Vermeersch, s'en prenait vigoureusement à l'avortement, considéré comme moyen utilisé par les capitalistes pour contenir la croissance du peuple, tout particulièrement dans les départements d'outre-mer.

L'autre raison a été exprimée avec beaucoup de sagesse et de retenue par la Cour constitutionnelle des États-Unis en exergue de sa célèbre décision du 22 janvier 1973 :

> Reconnaissons d'emblée combien nous sommes conscients de la nature passionnée et délicate de la controverse sur l'avortement. Les opinions, même parmi les médecins, s'affrontent violemment. Le sujet inspire des convictions profondes et, semble-t-il, absolues. La philosophie, l'expérience, le contact avec la souffrance humaine, la formation religieuse, les attitudes devant la vie, la famille et ses valeurs, ainsi que les impératifs d'ordre moral et qu'on se donne et qu'on s'efforce de respecter, tous ces facteurs vont probablement orienter, conditionner et la réflexion que l'on mène et les conclusions auxquelles on aboutit... Nous n'avons pas à résoudre la question difficile de savoir à quel moment commence la vie. Puisque les spécialistes de la médecine, de la philosophie, de la théologie sont incapables de parvenir à un consensus, la magistrature, au point où en est la science humaine, n'est pas en mesure d'émettre des hypothèses sur ce que doit être la bonne réponse [9].

(Depuis lors, la Cour suprême a été fort loin dans le sens de l'acceptation puisque, en juin 2000, elle a, au nom de la liberté des femmes d'avorter, annulé une loi du Nebraska interdisant l'aspiration des cerveaux de fœtus de cinq mois.)

Ma réponse à moi, qui me place en contradiction d'une part avec la majorité des catholiques et surtout avec leur Église, d'autre part avec la majorité parlementaire qui a voté la loi Guigou, c'est qu'il existe une différence fondamentale entre l'ovule après la nidification et le fœtus pleinement formé en être humain, avant de devenir pleinement une personne humaine. J'ai pris connaissance avec des sentiments mitigés des définitions et des seuils donnés par des représentants d'autres confessions [10] :

- Jean-Arnold de Clermont-Tonnerre, président de la Fédération protestante de France : « Nous ne prétendons pas que, avant le seuil de quarante jours, l'embryon soit un être humain. »
- Dalil Boubakeur, recteur de la Grande Mosquée de France : « Passé un délai que certains établissent à quarante ou cent vingt jours, l'embryon est considéré pleinement comme une personne. »
- Michel Gugenheim, grand rabbin, membre du Comité national d'éthique : « Dans le judaïsme, ces embryons surnuméraires sont considérés comme ayant un âge inférieur à quarante jours et n'ont donc pas statut d'êtres vivants. »

Sans doute est-ce faute d'avoir accepté la moindre différenciation entre états successifs après la procréation que les adversaires de l'IVG n'ont jamais proposé la plus efficace des méthodes pédagogiques. Il existe de merveilleux documentaires montrant le développement du futur nouveau-né pendant les neuf mois qui précèdent la naissance. Il faudrait en projeter un dans tous les lycées – et bien des filles et des garçons changeraient leur point de vue sur la détermination du moment où la juste exigence féminine « mon corps est à moi » rencontre la réalité d'un être humain situé dans le sein de la mère, mais distinct de son corps à elle. Leur constat ne les obligerait nullement à ne pas trouver choquante la formulation utilisée par un député en 1974 : « La mère est simplement l'hôtesse de son enfant et non la propriétaire. » C'est cependant au nom de cette idée-là que le Tribunal constitutionnel allemand a défini, à deux reprises, « l'obligation juridique [pour la mère] de porter jusqu'au bout (*austragen*) », formulation que je trouve humiliante pour les femmes. En revanche, la formulation d'Élisabeth Guigou, dans sa présentation du projet de loi à l'Assemblée nationale, le 29 novembre 2000, m'a paru trop absolue : « Faire respecter partout les droits de la femme, le premier de ces droits étant la maîtrise de son corps. » Je vois une forte contradiction chez ceux qui théorisent la liberté absolue de l'enfant dès sa naissance parce qu'il n'est pas la propriété de ses parents, alors qu'il n'aurait pas été une personne distincte de la mère peu avant cette naissance.

Pour avoir suivi d'aussi près que possible le débat public en France et en Allemagne, je suis frappé par la grande différence de contenu et de tonalité d'un pays à l'autre. En 1975, lorsque, à quelques jours d'intervalle, le Tribunal constitutionnel à Karlsruhe et le Conseil constitutionnel à Paris ont tranché de façon différente [11], le jugement allemand se référait à une spécificité de l'Allemagne, celle d'avoir Hitler dans son passé. « La Loi fondamentale [Constitution] est établie sur des principes qui ne peuvent être expliqués qu'à partir de l'expérience historique et de l'opposition au national-socialisme. » La comparaison – par exemple avec la permissivité américaine établie en 1973 – serait sans grande portée parce que la loi allemande doit se faire plus protectrice de toute vie commencée.

Deux décennies plus tard, l'argument n'est plus guère utilisé. Si une certaine libéralisation de l'IVG est intervenue en 1975 et a été confirmée en 1993, les très difficiles discussions autour de l'article 218 du Code pénal n'ont jamais cessé. D'abord, parce qu'il a fallu expliquer aux femmes de l'ancienne RDA que l'unification apportait de nettes restrictions au droit antérieur, en même temps qu'elle aboutissait à la fermeture de la plupart des crèches publiques. Puis est intervenue la dure querelle purement catholique à propos de l'entretien préalable, avec Rome d'un côté, les laïcs de l'autre et les évêques (eux-mêmes désunis) pris en tenaille entre les deux. Non sur l'avortement – que tous réprouvent – mais sur la meilleure façon de le prévenir. Les médias suivent l'affrontement avec prudence quand ils sont favorables à l'IVG, avec engagement quand ils se placent du côté du Vatican. Ainsi la *Frankfurter Allgemeine*, en principe nullement engagée religieusement, s'exprime en éditoriaux et articles parfois véhéments contre tout avortement et enjoint aux laïcs catholiques de se soumettre à leur devoir de stricte obéissance au pape. Ce qui est en cause depuis 1997, c'est l'entretien préalable obligatoire prévu par la loi. Peut-on l'appeler consultation, puisque le « consultant » qui recommanderait l'IVG se rendrait coupable d'un délit ? Sa tâche est d'écouter, puis de chercher à empêcher, tout en laissant finalement la femme libre de son choix. Pour que l'IVG puisse être effectuée, il faut présenter une attestation prouvant que l'entretien a eu lieu. Rome a décidé à plusieurs reprises que cette situation revenait, pour l'Église dont relèvent nombre de lieux de consultation, à accepter ainsi le principe de l'avortement. Jean-Paul II a exigé de l'Église allemande qu'elle sorte du système. À leur congrès de Tilburg, aux Pays-Bas, les théologiens moralistes de langue allemande ont envoyé un message au Vatican.

Selon une estimation généralement acceptée, six mille femmes par an renoncent à leur IVG à la suite de l'entretien préalable. Donc le Vatican, en interdisant l'entretien, devient moralement responsable de six mille avortements. La seule réponse a été la condamnation de Donum vitae, une association de laïcs catholiques créant des centres de consultation hors Église. Parmi ses fondateurs, des catholiques de grand renom et chargés de hautes responsabilités politiques ou sociales. L'épiscopat s'est finalement soumis à Rome, non sans avoir esquissé une solution fort hypocrite, mais acceptée par les gouvernements régionaux qui financent fort généreusement les centres de consultation. Les « consultants » auraient été autorisés à écrire sur leur attestation que celle-ci ne devait à aucun prix justifier l'IVG – ce qui aurait constitué une bizarre dénégation de l'objet même du *Schein*, de la feuille requise. Jean-Paul II, par la plume du cardinal Ratzinger, a rejeté ce compromis et l'épiscopat allemand s'en est vertement pris à Donum vitae.

Le grand parti politique qui se dit chrétien est fort hésitant et ses dirigeants sont divisés. En fait, le principal reproche qu'encourt la CDU, c'est de n'avoir jamais promu, ni au niveau fédéral, ni à celui des *Länder*, une législation conforme au souhait exprimé en 1975 par la seule juge du Tribunal constitutionnel, dans son opinion minoritaire : le combat contre l'avortement devrait comporter un ensemble de gestes de la société qui montre à la jeune fille ou à la femme que, si elle choisissait de garder l'enfant, elle serait acceptée, accueillie, entourée, aidée. Pendant des décennies, j'ai donné en Allemagne l'exemple de notre vieille amie normande, qui ne s'occupait pas seulement de détenus. Elle avait créé une sorte d'œuvre contre l'avortement qui proposait des aides familiales gratuites de longue durée, des emplois, des soutiens fort divers.

Après le débat de novembre 2000 à notre Assemblée nationale, je n'ai plus aucune envie de me référer à elle. En effet, la majorité a délibérément supprimé, dans les dossiers-guides remis aux femmes cherchant une IVG, toute la partie énumérant les aides dont sont en droit de bénéficier celles qui désirent finalement garder leur enfant. Ne figure plus non plus la liste des organismes et associations pouvant leur apporter un soutien. De plus, le caractère obligatoire de l'entretien préalable a été supprimé. Au nom de la liberté – comme si un entretien mené dans l'écoute et la confiance n'avait jamais de pouvoir libérateur par rapport aux contraintes de toutes sortes que peuvent exercer la famille ou le compagnon. Celui-ci a d'ailleurs disparu du débat. Ou plutôt, la simple évocation du père a été considérée comme une provocation. Une députée centriste ayant dit « Une dernière lacune importante de ce texte est l'absence totale de référence à l'autre responsable de la grossesse : l'homme », Mme Yvette Roudy répliqua : « On ne s'intéresse pas au père ici ! » Pourtant, en 1974, l'Assemblée avait bien reçu le constat d'un député médecin :

> J'ai fait au cours de ma carrière beaucoup d'obstétrique... J'ai très souvent vu le père assister à l'accouchement en tenant la main de la future mère... En revanche, pas une seule fois – j'y insiste – je n'ai le souvenir d'un homme, mari ou amant, qui ait sollicité l'autorisation d'assister au curetage d'une fausse couche. Au départ, il y avait un couple, mais à l'arrivée, il n'y avait plus que la femme, seule, en face de son échec.

Parfois, peut-être, si l'homme participait à l'entretien préalable, il accepterait de voir que la liberté de choix chez la possible mère est anéantie par son refus d'accueillir l'enfant. Mais dire cela, c'est s'exposer à la réplique de Mme Danièle Bousquet, qui intervenait au nom de la Délégation aux droits de la femme : « La loi Veil est une loi sur l'avortement, pas sur l'accueil à la vie ! »

Or ce n'est pas du tout l'impression qu'on a en relisant les débats de 1974. À comparer les trois discussions, celle de 1974, celle de 1979 sur la loi Pelletier et celle de novembre 2000, on est frappé par le changement de tonalité, de climat entre la deuxième et la troisième. Je n'ai jamais compris pourquoi aucun éditeur n'a eu l'idée de publier l'ensemble des interventions de 1974. La Ve République n'est pas si riche en grandes heures parlementaires pour qu'on n'offre pas à ses citoyens de connaître celle-là. Les intervenants étaient écoutés. Il y avait des formules brutales, parfois terriblement blessantes, surtout de la part des adversaires de la loi. Ils se livraient cependant parfois à des prophéties qui appellent aujourd'hui à la réflexion :

- « Demain, ce sera la suppression d'un enfant victime d'un handicap ; après-demain l'euthanasie, pourquoi pas ? »
- « Vous serez fatalement entraîné à la libéralisation de l'euthanasie, qu'on appellera alors, pour ne choquer personne, interruption volontaire de vieillesse. »
- « Je parle de la culpabilisation que ce texte peut entraîner chez les handicapés. Certains m'ont écrit pour me dire : "Mais alors, peut-être que si cette loi avait existé, je ne serais pas là ; j'ai le sentiment que la loi m'exclut du monde." »
- « Dans la mesure où la loi, c'est ce qui est permis, ce qui donne un droit, elle a un effet d'entraînement, de banalisation du phénomène… La loi moralise l'avortement en même temps qu'elle le banalise. »

Mais tous les parlementaires médecins, quelle que fût leur option politique, sont intervenus en faveur de la loi, rappelant que « chacune de nos villes, chacun de nos cantons ruraux connaissait autrefois une matrone experte dans le maniement des aiguilles à tricoter, mais à qui il arrivait de tuer la mère en même temps que l'embryon ». Ou encore, comme il est dit en 1979 par un autre médecin :

> Avant la loi de 1975, seules les familles aisées pouvaient trouver une solution à peu près correcte : payer pour se faire avorter, cher évidemment... Et les autres ? À quoi avaient-elles droit ? [...] Ce recours se terminait par un transport d'urgence à l'hôpital où un médecin essayait de rétablir une situation catastrophique. Ces femmes avaient droit à la mort, aux mutilations, à la honte, au désespoir, parfois à la prison. Avons-nous déjà oublié tout cela ?

La conséquence la plus assurée de la loi Veil a été conforme à l'espoir que ses partisans mettaient en elle : l'officialisation de l'IVG a effectivement sauvé la vie d'un grand nombre de femmes. Et, alors qu'en 2000 les références religieuses sont absentes du débat, l'assemblée de 1974, tous groupes confondus, s'est montrée sensible à l'intervention finale de l'homme unanimement respecté qu'était Eugène Claudis-Petit :

> C'est parce que je n'ai pas laissé au vestiaire mes convictions spirituelles que je ne peux me défaire de la solidarité avec la société dans laquelle je vis. Pour obéir à mes exigences, je suis avec ceux qui souffrent le plus, avec celles qui sont condamnées le plus, avec celles qui sont méprisées le plus. Et je serai près d'elles parce que, dans le regard de la plus désemparée des femmes se reflète le visage de Celui qui est la vie. À cause de cela, à cause de Lui, je prendrai ma part du fardeau. Je lutterai contre tout ce qui conduit à l'avortement, mais je voterai la loi.

Et il y eut aussi la très catholique Hélène Missoffe qui, en quelque sorte du haut de ses huit enfants voulus, expliquait qu'elle ne se sentait pas en droit de juger les autres femmes, moins favorisées, et qu'elle acceptait donc la loi Veil. En 1979, Monique Pelletier, ministre menant le débat sur la loi Veil confirmée et amendée, parla dans le même sens : « Mère de famille, j'ai eu la chance, je dis bien la chance, de pouvoir mettre au monde sept enfants. Pas un instant je n'oublierai que cette chance me donne le devoir de comprendre celles qui connaissent la détresse. »

En 2000, l'intolérance a régné dans l'hémicycle lorsqu'il s'est agi de la prolongation de la période d'intervention légale à douze semaines. La personnalité et le style de Philippe de Villiers n'incitent pas à l'écoute patiente, mais fallait-il l'interrompre sans cesse, parler d'« insulte aux femmes » quand il évoquait le risque d'« euthanasie prénatale » ? Ou quand il disait : « Ce qui devait être, selon les attentes de la loi Veil, un dernier recours, une douloureuse exception, devient un acte de convenance acceptable en toutes circonstances et soigneusement détaché de toute conséquence. Dans la pensée dominante, le moindre mal, l'avortement, devient ainsi un droit absolu » ? « À douze semaines, dit-il encore, il ne s'agit plus d'aspirer un embryon, mais de fragmenter un fœtus en voie d'ossification ! Ce n'est pas le même acte. »

Le *Journal officiel* note alors : « Exclamations sur les bancs du groupe socialiste et du groupe communiste. » On lit ensuite :

> MME CATHERINE PICARD : Nous y voilà : les petits membres, les petits bras.
>
> M. PHILIPPE DE VILLIERS : C'est un acte lourd, lourd pour le médecin.

M. JACQUES HEUCLIN : Lourd, c'est vous qui l'êtes !…

Élisabeth Guigou, ministre de l'Emploi et de la Solidarité, dira, dans sa réponse aux intervenants : « Les propos de M. de Villiers étaient insultants, pour les femmes d'abord, pour les médecins ensuite. Ils ne méritent que le mépris. Aussi n'y répondrai-je pas. » Cette attitude me choque, d'autant plus qu'il avait dit avec agressivité ce que le professeur Jean-François Mattei allait dire avec calme :

> Il y a encore quelques jours, dans un service proche, j'ai vu des sages-femmes quitter le bloc en cours d'intervention, à la suite d'un accès de colère peut-être dû à la fatigue, en disant qu'elles n'avaient pas choisi ce métier pour faire ça…
>
> Certains médecins, même parmi ceux qui acceptent de pratiquer les aspirations, refusent de franchir la limite indiscutable qu'est le morcellement d'un fœtus…
>
> Obnubilé par la détresse des femmes, on finissait par oublier l'enfant. Nous voilà rappelés à la réalité par les images échographiques qu'il nous livre. Oui, il est là ! Il est bien là, terminé, dans sa morphologie, après dix semaines.

La réponse sera, d'une part, que son discours avait été « rusé », ce qui dispensait de vraiment répondre, d'autre part, dans la bouche de Nicole Péry, secrétaire d'État aux Droits de la femme, que l'intervention à douze semaines était de même nature qu'à dix : elle avait consulté des médecins entre les deux séances et ainsi appris que J.-F. Mattei avait dit faux. Selon moi, c'est pourtant lui qui a le mieux caractérisé les séances de l'Assemblée : « Je crains que, pour ce projet, le débat de sens ne fasse cruellement défaut ! »

Si seulement, face à la raison et à la compréhension, il n'y avait pas la hantise quasi obsessionnelle de l'Église catholique ! Déjà la comparaison faite par le cardinal Meisner, archevêque de Cologne, entre la « pilule du lendemain » et le gaz Zyklon B était profondément choquante. Mais voici qu'en avril 1999, lorsque le Vatican se préoccupe du sort effroyable de femmes africaines violées, parquées dans des camps de réfugiés où même le nécessaire fait défaut, c'est pour rappeler, par la bouche de Mgr Sgreccia, vice-président de l'Académie pontificale pour la vie, que, si elles sont catholiques, il leur est interdit de prendre ladite pilule ! La compassion chrétienne était cruellement absente. Peut-être est-elle réservée depuis quelques décennies aux seules religieuses violées dont les accouchements ultérieurs semblent avoir été fort peu nombreux.

Au cours du débat de novembre 2000, il a été question à plusieurs reprises du bec-de-lièvre, défaut physique aisément opérable, mais décelable sur les échographies. Que faire si une femme veut interrompre sa grossesse pour ne pas donner naissance à un enfant légèrement handicapé ? L'eugénisme est-il en route ? Ou bien, au contraire, ne va-t-on pas vers des possibilités sans cesse accrues de « réparer » avant la naissance bien des défauts, bien des malformations ? Avant la naissance ou même avant l'implantation. Thérapeutique cellulaire, utilisation d'embryons pour sauver d'autres embryons – comment légiférer, comment orienter la bioéthique, alors que l'utile et l'attentatoire se côtoient ? L'acte salvateur peut être destructeur – et l'acte destructeur salvateur. La difficulté grandit au moment où l'on passe de l'idée d'embryon personne humaine potentielle à celle d'embryon potentiel de cellules-souches susceptibles de sauver ou de transformer des vies humaines.

L'Église catholique se trouve plus dans l'embarras que les autres parce que sa définition de l'acte de tuer est plus large.

« Tu ne tueras pas » – sauf à la guerre ou par application de la peine de mort. Un autre interdit s'énonce : « Tu ne te tueras pas. » Dans l'énumération de ce qui est « proprement infâme », *Gaudium et spes* place le suicide à côté de l'avortement. Comme tout un chacun, je suis frappé par le chiffre élevé d'actes suicidaires de jeunes – tantôt appel à l'aide sans volonté véritable de mourir, tantôt vrai désir de mort, parfois mise en acte de ce désir pour découvrir qu'on ne voulait pas vraiment disparaître. Tel jeune chercheur que j'ai eu à diriger est un ancien suicidaire que sa défenestration volontaire a conduit à passer le reste de sa vie – devenue optimiste et créatrice – dans un fauteuil roulant. La fille d'amis très chers s'est aperçue, au cours de son saut par la fenêtre, qu'elle ne voulait pas mourir, a réussi à s'accrocher à la balustrade – et est morte des suites de sa chute survenue lorsque ses bras n'ont plus eu de force. Devant les actes de désespérance d'êtres jeunes et en bonne santé, je ressens à la fois de la compassion et de la colère. Je n'ai dû détourner personne du suicide (et il y a eu des suicides à Science-Po), mais j'ai tenté de prévenir en notant, à destination de mes étudiants, que les grands handicapés se suicidaient rarement et que les suicides avaient été encore plus rares dans les camps de concentration.

Il n'empêche que, face au suicide des souffrants et des gens âgés, je n'ai pas de position nette, face surtout à mon éventuel suicide. Dès l'adolescence, j'ai trouvé juste et bon que le docteur Antoine Thibault, dans l'épilogue du roman, se tue d'une injection pour échapper à une décomposition physique encore plus grande, à des souffrances multipliées, une fois acquise la certitude que l'ypérite inhalée pendant une offensive allemande le conduisait inexorablement à la mort. Beaucoup plus tard, j'ai trouvé digne d'estime Henry de Montherlant se tirant une balle dans la tête parce que l'accélération de sa déchéance physique lui faisait horreur. En revanche, j'avais estimé, en 1940, que le même type de suicide, commis à cause de l'entrée des Allemands dans Paris par le grand chirurgien Thierry de Martel, constituait une perte pour la collectivité humaine et ne se justifiait pas. À supposer que la maladie d'Alzheimer me frappe, j'aurai au moins la tentation d'arrêter ma vie avant de perdre conscience, avant de perdre toute utilité et d'être lourdement à la charge d'autrui, sans même être en mesure de témoigner reconnaissance et amour. En même temps, j'ai été très frappé par le cas de Claire Quilliot.

Le 17 juillet 1998, Roger Quilliot, ancien ministre, maire de Clermont-Ferrand de 1973 à 1997, a mis fin à ses jours à soixante-treize ans. Son épouse voulait l'accompagner dans la mort, mais a été sauvée de force par le SAMU. Roger et Claire Quilliot avaient envoyé au journal local une longue lettre qui m'a semblé sur le moment fort belle. Elle disait notamment :

> Nous comprendra-t-on si je dis que notre choix commun de la mort volontaire à deux est un acte à la fois de liberté et d'amour de la vie dans sa plénitude… Pour nous, agnostiques, tout se passe sur terre et revient à la terre : l'idée d'un sommeil définitif n'inspire pas d'inquiétude…
>
> Dans une époque ravagée par des séismes et des horreurs multiformes, nous avons fait partie des millions de privilégiés qui n'ont pas été broyés par le malheur ;

nous n'avons jamais, non plus, été portés à la morosité… Nous avons eu la chance de nous rencontrer ; nous avons exercé le métier d'enseignant, un des plus beaux du monde… La médecine a fait des prouesses. Pourtant, avec l'âge, la dégradation s'accélère. Non seulement nous ne pourrions plus servir ni nos proches, ni la société, mais nous risquerions de les encombrer toujours plus…

Seulement, Claire a survécu, d'abord dans la colère d'avoir été sauvée, puis en découvrant que sa vie n'était pas vide. Dans un entretien télévisé, en octobre 1999, elle a, en évoquant des lettres « éblouissantes » reçues d'amis, de proches et même d'inconnus qui lui intimaient l'ordre de vivre et de s'accrocher, prononcé la phrase : « J'étais plus aimée que je ne le croyais. » Elle a ajouté qu'elle « se sentait toujours avec Roger » et que « la mort elle-même ne sépare pas les êtres qui s'aiment ». La phrase n'évoquait pas une survie après résurrection, mais le lien indestructible unissant un couple aimant.

Dans *Les Thibault* encore, je n'avais pas été choqué par l'« euthanasie active » pratiquée par Antoine et Jacques sur leur père, grand notable physiquement et intellectuellement en déchéance à cause de son cancer de la prostate. Pendant une accalmie entre deux crises d'urémie, Antoine, médecin, administre à son père une piqûre semblable à celle qu'il utilisera pour lui-même plus tard. Devrais-je utiliser la notion d'« euthanasie passive » en me rappelant la conversation avec le médecin qui soignait ma mère, mourant peu à peu d'un cancer du poumon ? « Je me propose de lui assurer la survie confortable la plus longue possible. — Oui, docteur, j'accepte l'adjectif. » Où est la limite exacte entre l'euthanasie passive et l'acharnement thérapeutique que tout le monde s'accorde à condamner ? L'une passe pour criminelle, l'autre pour inutilement cruel. Le débat comporte une part non négligeable d'hypocrisie, y compris quand il s'agit de rejeter la nouvelle législation néerlandaise, ou lorsque le CCNE, Comité consultatif national d'éthique pour les sciences de la vie et de la santé, se prononce sur l'« exception d'euthanasie ». La discussion publique sereine est rare [12].

J'ai tout de même deux certitudes. Risquer délibérément de tuer par contamination est criminel. L'accompagnement compréhensif et apaisant des mourants peut être admirable. Deux films français, *Les Nuits fauves* et *Jeanne et le garçon formidable*, ont présenté comme louable ou considéré comme normal l'acte sexuel accompli sans précaution par un homme se sachant atteint du sida. Pour le second, les critiques n'ont même pas soumis à réflexion la scène si librement, si délicieusement juvénile dans laquelle l'héroïne tombe dans un wagon de métro sur les genoux d'un garçon qu'elle n'a jamais vu et qui la pénètre aussitôt, sans avoir évidemment le temps de mettre un préservatif. On apprend ensuite, en étant appelé à le plaindre, qu'il était contaminé et le savait. Il en meurt – sans avoir contaminé Jeanne, ce qui évitait au réalisateur de poser et de se poser des questions. Faut-il aussi trouver naturel qu'en 2000, « les mecs sont de moins en moins raisonnables. Je ne sais pas pourquoi j'accepte parfois le "non-capote". Je fréquente les backrooms et, quand je suis dans ce monde de cul, je vis le moment présent » ? Les « backrooms », m'apprend *Le Monde* [13], sont des lieux de rencontre sexuelle, situés à l'étage ou en sous-sol de certains établissements gays. « Parfois plongés dans le noir, ces pièces ou cabines sont le théâtre de rencontres furtives et de pratiques sexuellement totalement débridées. » Je me sais parfaitement rétrograde en ressentant de l'écœurement.

Je situe à l'autre bout de l'échelle de la dignité humaine l'accompagnement des mourants. J'hésite à parler plus précisément des soins palliatifs puisque, pour toute la France, il n'existe que 547 lits dans cinquante unités pour accueillir toutes les personnes souffrant de pathologies en phase terminale. La maison Jeanne-Garnier (ancien hospice des Dames du Calvaire) représente à elle seule 15 % des capacités d'accueil de l'Hexagone.

Il peut s'agir d'accompagner des enfants, souvent lucides sur leur propre cas médical, capables de parler sans hésitation ni lamentation de leur mort prochaine. Il s'agit le plus souvent d'adultes, par exemple les cancéreux de l'institut Gustave-Roussy – qui ont eu la chance d'avoir, en Léon Burdin, un aumônier d'exception dont le livre m'a paru d'une profondeur humaine impressionnante [14]. Il ne s'agit pas de pratiquer des « petits commerces narcissiques et ambigus », ni de se dire, comme tel livre à trop grand succès, que « la mort de ceux que nous avons accompagnés nous aidera le moment venu [15] ». Il s'agit de contribuer à « restaurer le droit de l'homme à vivre sa mort humaine ». Du coup, « des sources de vie et de bonheur, insoupçonnées jusqu'ici, se libèrent parfois ». Il peut s'agir de petits bonheurs – que pourra partager le proche. Dans une rencontre de mise en commun d'expériences, une accompagnatrice de mourants raconte :

> Je voudrais revenir sur la beauté de petits gestes et des détails de tous les jours. Ainsi, un papa me disait : « Vous savez, avec ce que je vis avec mon fils, je vois les choses tout autrement… J'arrive à apprécier des choses tout ordinaires et à les trouver extraordinaires. Manger un saladier de cerises avec lui en regardant le foot à la télé devient un souvenir extraordinaire. »

L'aiguillon de la mort

> La religion aurait-elle trop longtemps entretenu à son seul profit l'image d'une complicité gestionnaire de la mort ? Aurait-elle, à l'homme mourant, proposé rien d'autre qu'une consolation facile à laquelle aurait manqué sa charge humaine ?... Vivre sa mort, c'est entrer dans une autre manière d'être aux autres et au monde ; et, pour le croyant, d'être à Dieu... Les « belles morts » dont je me souviens sont celles où des paroles et des actes essentiels ont forcé le silence et fait naître le mourant et son entourage à la paix du cœur. Il n'y a pas d'âge pour préparer son départ et faire de sa mort l'accomplissement de sa vie...

Le père Burdin est profondément croyant, comme le montrent bien des passages de son livre. Mais je puis faire miens nombre de ses propos et propositions, surtout l'idée centrale que la mort devrait mettre toute la vie en perspective. Comme il s'occupait de mourants, c'est une sorte de récapitulation finale qui lui importait. Pour moi, c'est l'éclairage que la mort future donne au temps qui reste, fût-il long.

Plus brève est évidemment la durée qui sépare de la mort celui qui fait le sacrifice de sa vie. Le 10 mai 1986, le père Josimo Moraes Tavares était assassiné au Brésil, à trente-trois ans. Son testament spirituel ressemblait fort au texte final du père Gabriel, le jésuite héros du beau film *Mission*, ce qui établit un lien, à travers les siècles, entre deux cas de solidarité délibérée avec les opprimés dont le prêtre ne faisait pas partie à l'origine. Le père Josimo écrivait :

> Je dois assumer ma mission. Désormais, je suis engagé au service des pauvres paysans sans défense qui constituent un peuple opprimé, entre les griffes des latifundarios. [...] La peur ne me paralyse pas. Je meurs pour

une cause juste... Ma vie n'a aucune valeur en comparaison de la mort de tant de pères, paysans, assassinés, soumis à la violence, chassés de leur terre, laissant femmes et enfants abandonnés [16]...

Le 2 février 1980, dans son discours à l'université de Louvain pour la réception du titre de docteur *honoris causa*, Oscar Romero, archevêque de San Salvador, disait : « Pour donner vie aux pauvres, il faut donner *de* sa vie et même donner *sa* vie [17]. » Le 24 mars, il était assassiné dans sa cathédrale. Le 16 novembre 1989, six jésuites sont à leur tour tués à San Salvador. En mai 2000, une « feuille de quinzaine » de l'église Saint-Ignace, à Paris, reprenait une homélie de Pierre Claverie, prononcée dans sa cathédrale d'Oran un mois avant son assassinat le 1er août 1996 :

> Nous sommes là-bas à cause du Messie crucifié. À cause de rien d'autre et de personne d'autre. [...] À cause de Jésus parce que c'est lui qui souffre là, dans cette violence qui n'épargne personne, crucifié à nouveau dans la chair de milliers d'innocents... N'est-il pas essentiel pour le chrétien d'être présent dans les lieux de souffrance, dans les lieux de déréliction, d'abandon ? Où serait l'Église de Jésus-Christ, elle-même corps du Christ, si elle n'était pas là d'abord ? Je crois qu'elle meurt de n'être pas assez proche de la croix de son Seigneur...

Comment ne pas admirer ? Comment ne pas comparer avec d'autres religions qui n'envoient pas leurs prêtres s'immerger jusqu'au sacrifice de leur vie parmi des souffrants qui n'appartiennent pas à leur communauté nationale, ethnique ou religieuse ? J'éprouve cependant une admiration plus forte encore pour les hommes et les femmes qui acceptent de mettre leur vie en jeu, qui consentent directement à mourir tout en considérant que leur mort est leur fin ultime, entraîne leur disparition totale et définitive. Un militant communiste crie au peloton allemand qui va le fusiller : « Imbéciles, je meurs pour vous ! » Est-il parole plus noble ? Il est vrai qu'il croyait à une survie, celle de sa cause, mais il ne croyait pas à sa propre résurrection.

Je ne dis pas qu'Oscar Romero ou Pierre Claverie ont voulu acquérir des mérites en acceptant leur mort. Mais, au cours des siècles, l'appétit du martyre, avec la récompense céleste à la clef, n'a pas joué un rôle négligeable. Et même si, comme on me l'a objecté, la perspective du martyre était moins grande que je ne le pensais chez le père Maximilien Kolbe, mort de faim à la place d'autres détenus de son camp, je préfère l'absolu désintéressement des médecins athées qui, dans un autre camp, allaient partager la vie, donc probablement la mort, des codétenus atteints du typhus.

Les uns et les autres ont de toute façon donné un sens à leur mort. Je suis, en revanche, plein de réticences à l'égard des femmes et des hommes qui mettent leur vie en jeu par simple passion du risque, par volonté de se vaincre en parvenant au sommet d'une montagne ou au terme d'une traversée à la voile. Quand une cordée s'abîme, quand un bateau disparaît avec son navigateur, je crois comprendre l'intense satisfaction que la prise de risque a procurée, mais je trouve qu'il y a une sorte de sacrilège à sacrifier femme et enfants et plus encore sa propre vie dans la conquête de l'inutile.

J'ai aussi des difficultés pour être au clair avec les significations fort différentes que les chrétiens donnent à la mort, à leur mort. Je ne puis porter un jugement sur le cas, tout de même rare, de religieuses qui, comme telle sœur bénédictine du monastère de Jouarre, disent : « Pour nous religieuses, qui sommes les fiancées du Seigneur, la mort sera le jour des épousailles. On va enfin le rencontrer pour de bon. » Je comprends plus facilement le deuil joyeux : le survivant ou la survivante fait abstraction de la perte subie, du vide laissé, pour se réjouir de l'accession du mort à une vie supérieure – et en quelque sorte définitive. J'ai été profondément impressionné en assistant, à la télévision, aux funérailles du roi Baudoin. Son biographe décrit la cérémonie sans en saisir pleinement la portée [18]. Déjà la révélation de son humanité profonde, de son attitude fraternelle (et non médiatisée !) à l'égard de la prostituée et du sidéen était impressionnante. Moins cependant que la robe blanche de la reine Fabiola (qui les avait invités à témoigner) et que l'allégresse qu'elle cherchait à communiquer aux nobles personnages protocolairement rassemblés dans la cathédrale. Elle ne pensait sans doute pas que son époux se trouvait désormais dans le jardin des délices qui avait si longtemps alimenté l'imaginaire chrétien. En croyante d'aujourd'hui, elle était certaine qu'il se trouvait admis à l'éternelle contemplation de la gloire de Dieu, à la permanente intériorité à l'amour de Dieu.

Avec la vie que Baudoin et elle avaient eue, l'après-mort n'avait pas lieu d'apparaître comme une consolation, une compensation, alors que Jean Delumeau formule ainsi cette conception-là : « Le paradis sera l'actualisation de ces rêves fous sans la présence desquels la vie sur terre tourne à l'enfer [19]. » L'enfer ou plutôt la « vallée de larmes », si présente dans la musique religieuse, depuis les *Salve Regina* jusqu'aux textes mis en musique par Heinrich Schütz ou Jean-Sébastien Bach. *Ich freue mich auf meinen Tod* – « J'attends ma mort avec joie », ou *Komm, du süsse Todesstunde* – « Viens donc, ô heure si douce de ma mort » : qu'est-ce donc que cette douceur de la mort ? La réponse chrétienne me semble doublement ambiguë. À la fin de son *Requiem allemand*, Johannes Brahms fait chanter le verset de l'Apocalypse qui dit : « Heureux les morts qui meurent dans le Seigneur ; dès maintenant ils se reposent de leurs travaux, car leurs œuvres les suivent. » Les morts ont-ils accès à Dieu seulement s'ils sont morts dans le Seigneur, les autres se trouvant rejetés, damnés ? La distinction sauvés/damnés garde-t-elle vraiment une signification pour les croyants d'aujourd'hui ? Je constate bien des hésitations entre le « tous sauvés » au nom de l'infinie miséricorde divine et le « salut pour les uns, pas pour les autres », que la discrimination soit fondée sur la grâce ou sur les œuvres, sur l'arbitraire divin ou sur le péché.

Dona eis requiem, « Qu'ils se reposent de leurs travaux » : la mort comme repos après les tribulations de la vie, comment la concilier avec la résurrection promise ? Le repos serait provisoire, en attendant la parousie, la seconde venue du Christ, le jour où « la trompette sonnera et que tous, nous serons changés », comme le dit l'Épître aux Corinthiens, majestueusement mise en musique ici par Haendel et par Brahms. Que signifie alors, dans la messe des morts, le lancinant *Requiem aeternam dona eis Domine* ? Accèdent-ils à la *lux perpetua* dans le sein de la terre ?

Un chrétien qui ne croit pas à la résurrection du Christ ne devrait pas pouvoir se dire chrétien. Mais rien n'est plus flou que le contenu que les croyants de notre siècle donnent à leur croyance en leur propre résurrection. Ce n'est sûrement pas celle des corps qui se relèveraient intacts ou qui seraient de nouveau revêtus de leur propre chair, enveloppés de leur propre peau. L'Église catholique, en autorisant, contrairement au judaïsme et à l'islam, la crémation comme substitut à la mise au tombeau, approfondit encore le mystère de la résurrection des humains.

En revanche, deux autres aspects de la mort me semblent sans mystère, sinon sans difficultés. En premier lieu, le deuil des survivants. Une fois que ce deuil est assumé (psychiatres et psychanalystes insistent à bon droit sur la nécessité de « faire le deuil » pour se libérer du poids de la mort sur l'inconscient), il prend un double contenu. La douleur vient de la perte éprouvée et, surtout s'il s'agit de la disparition d'un être jeune, de ce que le mort ou la morte a perdu en n'étant plus en vie. Dans ce sens, le deuil comprend à la fois un certain apitoiement sur soi et une vigoureuse affirmation que la vie vaut d'être vécue, fût-ce dans le dénuement ou la souffrance.

Le second aspect, c'est l'affirmation, en principe commune au croyant et à l'athée que je suis, que la vie doit être placée dans la perspective de la mort. Il reste peu de temps à vivre. Il ne faut pas le gâcher avec de l'inutile, comme les petites vanités, les amertumes, les haines. La pensée de la mort est un merveilleux stimulant. Même – et j'ose dire surtout – si elle marque le terme définitif de mon existence, donc, selon moi, de mon être. Je fais volontiers mienne la formulation bien connue d'Épicure : « Quand nous sommes, la mort n'est pas là, et quand la mort est là, nous ne sommes plus. » Si ma femme venait à mourir avant moi, je pourrais utiliser une phrase de Simone de Beauvoir, après la mort de Sartre. Une phrase qui la choque beaucoup, croyante qu'elle est, mais que je trouve pertinente : « Sa mort nous sépare. Ma mort ne nous réunira pas. Il est déjà très beau que nos vies aient pu si longtemps s'accorder. » Cela n'empêche pas d'être furieusement attaché à la vie. Regretter d'avoir à disparaître marque l'appétit de vivre, non la peur de la mort.

Conclusion

LUMIÈRES ET LUMIÈRE

> C'est l'axe même de ma vocation que de faire travailler ensemble les uns et les autres : communiquer aux non-chrétiens quelque image moins grimaçante de la pratique chrétienne ; obliger les catholiques ou les chrétiens à ne plus vivre en vase clos… Voyez bien la grosse difficulté : amener des incroyants dans les parages chrétiens où ils ont toujours peur de voir venir derrière « les curés », amener des chrétiens dans les régions qu'ils estiment dangereuses, trop rudes de vent, armées contre eux [1].

Voilà ce qu'Emmanuel Mounier écrivait à vingt-neuf ans, en 1934. Lorsque j'ai eu la chance de le rencontrer en 1947 et de travailler avec lui dans le secteur franco-allemand jusqu'à sa mort en 1950, je me suis senti dans cette disposition d'esprit, mais, si je puis dire, sur l'autre versant. Dès cette époque, en effet, on aurait pu me définir comme l'a fait bien plus tard un commentateur allemand : *Ein geistig mit dem Christentum verbundener jüdisch geborener Atheist*, « un athée de naissance juive spirituellement lié au christianisme ».

Ce lien est solidement établi à partir d'une double fréquentation. Celle de textes et de pratiques, celle d'hommes et de femmes dont la qualité humaine et la profondeur spirituelle n'ont cessé de me remplir d'une admiration chaleureuse. Je dois redire ce que j'ai souligné d'emblée : j'aurais pu faire sans doute bien d'autres rencontres de qualité comparable du côté incroyant. Il se trouve que mes engagements, mes activités m'ont mis bien davantage en contact avec des chrétiens croyants. Parmi eux, une majorité, en France, de catholiques dont peu se sentaient, se sentent pleinement à l'aise dans leur Église.

J'ai l'impression d'avoir eu constamment, dans ce livre, à me défendre implicitement contre deux reproches opposés. Il me fallait justifier mon athéisme face au lecteur croyant même ouvert. Il me fallait expliquer mes sources chrétiennes face à l'incroyant même tolérant. Je ne crois pas avoir perdu trop de temps à pourfendre les outrances antireligieuses qui se manifestent encore dans la France d'aujourd'hui. Moins dans *Le Canard enchaîné*, dont l'anticléricalisme de combat s'est atténué, que dans une attitude officielle perpétuant le laïcisme d'antan. Il a conduit, en l'an 2000, au veto opposé par le gouvernement à un mot utilisé dans le projet de Charte européenne des droits fondamentaux. Le texte proposé disait dans son préambule :

> S'inspirant de son héritage culturel, humaniste et religieux, l'Union se fonde sur les principes indivisibles et universels de la dignité de la personne, de la liberté, de l'égalité et de la solidarité ; elle repose sur les principes de la démocratie et de l'État de droit.

Sous la pression de la France, le texte final évoque simplement le « patrimoine spirituel et moral ». Et pourtant elle tourne, pourrait-on dire. Et pourtant l'héritage chrétien est patent, pas seulement en matière proprement culturelle[2], mais dans la conception même de la nature humaine et de la pratique morale. Je sais bien que les relations entre socialistes français et sociaux-démocrates allemands ont rarement été bonnes, mais Lionel Jospin aurait dû prendre connaissance des textes programmatiques du parti frère. Ils placent, on l'a vu, christianisme et humanisme côte à côte comme sources de la pensée socialiste.

Du côté des Églises chrétiennes, surtout au sommet de la catholique et romaine, c'est la situation présente des chrétiens qui se trouve souvent méconnue. Dans la société française, en particulier, le croyant surprend par sa foi plus que l'incroyant par son incroyance. Les intolérances du cardinal Ratzinger ne tiennent guère compte des rejets et des indifférences de la société civile. Jean-Paul II se montre plus ouvert lorsque, dans son message du 19 août 2000 aux Journées mondiales de la jeunesse, il dit : « En l'an 2000, est-il difficile de croire ? Oui, c'est difficile ! On ne peut pas le nier. » Et il appelle les jeunes à « aller à contre-courant pour suivre le divin Maître ».

Nombre de chrétiens, prélats et théologiens en particulier, continuent à parler de l'orgueil que manifesterait l'humanisme athée accusé de diviniser l'homme. J'ai toujours envie de répondre, comme dans la cour de l'école : « C'est celui qui le dit qui l'est ! » Qu'il est grand, non le mystère de la foi, mais l'orgueil humain manifesté par le contenu même d'une foi qui considère l'homme comme fait à l'image du Dieu infini et tout-puissant, ce Dieu qui a choisi de se faire homme par une sorte de divinisation de l'espèce humaine ! Quelle insulte à Dieu que de voir son image dans l'homme de Neandertal !

En fait, bien des chrétiens ont acquis la compréhension, le goût de la proximité, de la communauté d'inspiration et d'aspiration. Ainsi, lorsque l'archevêque Oscar

Romero parle, en 1978, de l'« humanisme nouveau » que l'Église d'aujourd'hui enseigne et pratique, et cite Paul VI demandant « aux humanistes modernes qui renoncent à la transcendance des choses suprêmes de reconnaître le mérite de l'humanisme nouveau du Concile », « Nous aussi, a déclaré le pape, nous plus que quiconque, nous avons le culte de l'homme[3] ». Jean-Paul II ne tient nullement ce langage et n'adopte pas l'attitude plutôt défensive de Paul VI. Dans *Centesimus annus*, par exemple, il dit :

> L'athéisme dont on parle est, du reste, étroitement lié au rationalisme de la philosophie des Lumières, qui conçoit la réalité humaine et sociale d'une manière mécaniste. On nie ainsi l'intuition ultime de la vraie grandeur de l'homme, sa transcendance par rapport au monde des choses, la contradiction qu'il ressent en son cœur entre le désir d'une plénitude de bien et son impuissance à l'obtenir et, surtout, le besoin de salut qui en dérive.

Je comprends mieux les perplexités de François Varillon parlant de la rencontre avec l'incroyant. Son interlocuteur, dans le livre d'entretiens, lui propose la formule :

> Rencontrer l'incroyance, surtout l'incroyance paisible, réfléchie, valorisée, donc une différence profonde avec ce que je sens, veux et pense, me met dans l'insécurité, introduit le doute dans ma propre certitude.

Varillon répond :

> Je me dis : ils sont comme ça. Et j'ai beaucoup de peine à croire qu'on puisse être comme ça. Leur position n'est pas celle d'un sens ultime de la vie, à l'existence ; ils pensent qu'il n'y en a pas. Je ne suis pas comme eux, mais je

> ne peux guère leur dire autre chose, car s'ils ont cette position-là, c'est qu'ils sont allergiques à un discours qui les persuaderait que la question de l'homme est celle du sens ultime et englobant. Dans la mesure où ils le nient, que voulez-vous que j'y fasse[4] ?

Il est vrai qu'il dit peu après :

> La foi est une victoire de tous les instants sur un doute qui renaît sans cesse par-dessous. Elle est une certitude, oui, mais une certitude qui n'est jamais une évidence[5].

L'amitié avec lui a été facile parce qu'il ne parlait pas au nom de l'Église. Mais récemment j'ai eu joie à lire sous la plume d'Hippolyte Simon, évêque de Clermont-Ferrand, exerçant une influence certaine au sein de l'épiscopat français :

> Ce serait une erreur funeste que de vouloir constituer une croisade des croyants contre les incroyants ou même une sainte alliance des religions contre les agnostiques et les athées. Le critère de discernement n'est pas ici la croyance proclamée. C'est l'attitude envers tout homme blessé qui, si l'on peut dire en l'occurrence, fait foi[6].

La différence de base est une affaire de majuscules. Comme je comprends le Pilate de l'Évangile demandant : « Qu'est-ce que la vérité ? » Je ne sais pas ce que pourrait être la Vérité. Je sais simplement qu'il existe des idées et des choses plus vraies que d'autres et qu'on peut toujours se mettre à la recherche de plus de vérité. Je ne sais pas ce qu'est la Justice. Je sais seulement qu'il existe des situations plus injustes ou plus justes que d'autres – et qu'il vaut la peine de vouloir avancer vers plus de justice. Pour moi, le chrétien projette simplement dans le Dieu parfait les accomplissements dont il se sent incapable, dont il sait les hommes incapables. Dieu, dans sa perfection, est alors le détenteur exclusif des mots à majuscules. À partir de ce Dieu, l'incroyant sera accusé de relativisme. Raymond Aron a répondu pour nous tous :

> Quand il doit choisir dans le temps, l'homme n'échappe pas aux conflits de valeurs… L'homme sans Dieu risque sa vie pour des causes impures… Il sait que l'humanité ne peut se créer elle-même que dans le doute et l'erreur. Il s'exprime non dans la volonté d'être Dieu, mais dans la sagesse qui consent à ne pas atteindre l'absolu. L'humanisme athée ne peut se définir que par l'acceptation des limites de l'existence humaine [7].

La raison utile permet de mieux connaître, de mieux maîtriser notre monde. Pour moi, Diderot et d'Alembert, en publiant l'*Encyclopédie*, ont plus fait pour le progrès de l'humanité que Thomas d'Aquin utilisant sa prodigieuse capacité logique pour écrire sa *Somme théologique.* La raison permet aussi de mieux se connaître, de mieux se maîtriser soi-même, de conduire sa vie dans l'espace de temps qui sépare de la mort. Je comprends mal le désir d'éternité, surtout en considérant le petit moment d'existence de l'espèce humaine dans la durée que la science d'aujourd'hui attribue à l'univers. J'ai même du mal à penser l'éternité. Adolescent, on m'en a donné une représentation imagée. « Figure-toi un rocher un million de fois plus grand que la Terre. Tous les millions d'années un petit oiseau vient s'y frotter le bec. Lorsque son bec aura entièrement usé le rocher, il ne se sera pas écoulé une seconde d'éternité. » Et l'homme, « qui vit peu », aurait une place proéminente, prééminente, dans cette dimension temporelle-là ?

Vouloir conduire sa vie comporte le risque du narcissisme, de l'autocontemplation. Le croyant court le même risque. Mais comment s'appliquer à penser, à vouloir, à agir dans la cohérence logique et morale si l'on ne se tient pas en main ? Comment tendre vers l'authenticité, sinon par l'examen raisonné de soi qui permet de se débarrasser de l'imposé, du factice, de l'imaginé ? Le recours à la raison n'implique pas pour autant la froideur. Raison et chaleur ne sont point incompatibles ! Il en résulte que, face aux autres, je me sens en droit de dire comme Mounier en 1927 : « Je ne suis attiré par l'intelligence qu'en tant qu'elle aboutit à plus de lumière dans la vie intérieure [8]. » Les lumières de la raison n'oblitèrent nullement cette lumière-là.

Il existe des êtres lumineux, à la fois éclairés de l'intérieur et dispensateurs de joie pour les autres. Certains ont le mérite d'avoir eu constamment à surmonter l'adversité et d'y être parvenus en gardant intacte leur flamme. Je pense à Jean-Louis Barrault, vivant pendant de longues années sa vocation d'acteur dans le dénuement, puis réussissant à repartir chaque fois qu'on privait l'animateur créateur qu'il était de son lieu de travail pour trouver, pour construire un théâtre de création nouveau.

D'autres n'ont jamais connu le besoin ni l'échec. Ce fut le cas d'un des rares hommes que j'aie vénérés. Yehudi Menuhin n'a pas seulement été, pour utiliser le vocabulaire ronflant de la radiotélévision, un immense artiste. Il a eu, comme je l'ai déjà indiqué, l'humanité active et communicative. Le réconfort offert dans les camps de personnes déplacées dès 1945, le soutien apporté à sa sœur pour créer une école de musique pour les jeunes de la banlieue défavorisée de Londres, l'ouverture aux autres cultures permettant de ramener en Europe, après la communication de la musique européenne à d'autres continents, les découvertes faites en Inde ou au Japon – j'ai connu une grande satisfaction lorsque, en 1979, l'Union des libraires et éditeurs allemands lui a décerné, sur ma proposition, son prix de la Paix.

Le refus de la joie peut être preuve de stupidité. Sempé fait dire au personnage central de l'un de ses ironiques dessins :

> Quand je suis déprimé, les raisons pour lesquelles je suis déprimé sont profondes, essentielles, fondamentales. Il m'arrive d'être heureux, bien sûr. Mais les raisons pour lesquelles je suis heureux sont si fragiles, si ténues, que ça me déprime.

L'impossibilité de trouver la joie, surtout en fin de parcours, est parfois réelle et fondée. Deux images n'ont cessé de me hanter parce qu'elles me renvoient à ce que j'aurais pu être, à ce que j'aurais peut-être dû être. L'autoportrait de 1815 montre un Goya revenu de tout, marqué moins par ses propres souffrances que par le reflet des malheurs du monde. Visitant en 1955 au musée d'Art moderne à New York l'exposition *The Family of Men*, devenue bel album ensuite, j'avais été frappé par le visage d'un vieux juge. Sa face était ridée. Sa main ouvrait un livre de loi. Son regard montrait un mélange poignant de compréhension et d'amertume désabusée. Toutes les défaillances, toutes les misères qui avaient défilé devant lui avaient laissé leur trace, mais il continuerait à rechercher l'équité. Je n'en rejette pas moins la formule de Péguy selon laquelle tout homme heureux est coupable et dis avec François Varillon que « l'espérance de la joie est toujours possible ».

Comment ne pas être bloqué dans ses élans intérieurs par la simple considération des souffrances des hommes ? Les chrétiens ont une réponse, encore que la plupart d'entre eux ne semblent guère s'en apercevoir. À trois jours d'intervalle, ils sont appelés chaque année à partager la totale déréliction du Vendredi saint, puis la jubilation intense du dimanche de Pâques. Cette juxtaposition devrait conditionner leur vie, leurs attitudes devant et dans leur vie. Pour moi, tantôt je me fais grief de ne pas être assez pleinement, assez constamment conscient de mes énormes privilèges, de ne pas être plus présent aux souffrances de ceux qui n'ont pas eu mes constantes chances. Tantôt je me dis, peut-être hypocritement, que la joie est précisément créatrice de disponibilité à autrui. Je crois ainsi que l'éducateur heureux est plus capable d'insuffler une confiance créatrice que celui qui étale ses propres découragements comme preuve de sa compréhension pour la résignation agressive des jeunes qui lui sont confiés.

Que souffrance et joie ne sont pas nécessairement antagonistes, j'en ai été convaincu au moins depuis que j'ai lu, en 1963, un texte auquel je n'ai cessé de faire référence depuis lors. Il s'agit d'une lettre trouvée dans le « Courrier du cœur » de *Elle.* Une lectrice s'était plainte de sa vie, de la vie. Une réponse lui était donnée par une femme qui signait Sarah, le prénom que Hitler avait imposé à toutes les femmes juives. Elle disait :

> J'ai été abasourdie par les théories pessimistes de Germaine. Mon expérience personnelle leur donne un démenti flagrant. Je suis juive, j'ai quarante ans. J'ai perdu presque toute ma famille dans les camps de concentration. J'ai été déportée à l'âge où l'on ne songe qu'à s'amuser, à rire, et j'en suis revenue estropiée pour la vie. Mais même là-bas où j'ai été humiliée, battue, avilie, je n'ai jamais trouvé que la vie fût « avare, âpre, amère », comme dit Germaine, parce que je pouvais donner de la tendresse à

de pauvres êtres encore plus épouvantés que moi, à de pauvres gosses qui pleuraient de joie à la seule pensée de se blottir dans mes bras. Je trouvais un bonheur immense à voir une étincelle d'espérance s'allumer dans un regard grâce à une parole d'amour.

Je suis revenue infirme. Je n'aurai jamais d'enfants, mais ma sœur en a cinq que j'ai le bonheur d'aimer comme les miens. Dites à Germaine que le bonheur, on le trouve dans la joie qu'on donne aux autres et qu'ils vous rendent au centuple.

Sarah n'était pas chrétienne. Rien, dans sa lettre, ne montre qu'elle était croyante. Aussi suis-je choqué par l'accaparement, le détournement de réalités intérieures et extérieures que constituent pour moi les formulations de Jean-Paul II dans le message déjà cité aux JMJ :

En réalité, c'est Jésus que vous cherchez quand vous rêvez de bonheur, c'est lui qui vous attend quand rien de ce que vous trouvez ne vous satisfait, c'est lui la beauté qui vous attire tellement ; c'est lui qui vous provoque par la soif de radicalisme qui vous empêche de vous habituer aux compromis ; c'est lui qui vous pousse à faire tomber les masques qui faussent la vie ; c'est lui qui lit dans vos cœurs les décisions les plus profondes que d'autres voudraient étouffer.

En revanche, je suis ému quand j'entends chanter « Dieu est amour, Dieu est lumière, Dieu notre père ». Non à cause de ce recours à la paternité divine. Elle m'a toujours paru empêcher les humains d'être vraiment debout, adultes, libres. Mais à cause de l'identification de Dieu à la lumière. Dans son testament, Victor Hugo n'a pu s'empêcher de faire un dernier jeu de mots : « *Deus, dies.* » Je l'imiterai doublement. Les Lumières – au sens de l'*Aufklärung* du XVIIIe siècle, de l'éclaircissement par la raison – et la lumière intérieure peuvent, doivent aller de pair au nom de la paix, en soi et dans le monde. Et, en attendant sa fin, les fins qu'on s'est fixées ne peuvent être approchées que dans une constante faim.

La faim de faire, d'être content sans jamais se contenter, d'être satisfait sans jamais se satisfaire. La parabole des talents devrait être proposée sans cesse. Il y a faute à ne pas faire fructifier ce que l'on a en soi, quels qu'en soient le poids ou la dimension. Fructifier pour soi et fructifier à l'usage d'autrui.

En octobre 1941, peu de temps avant d'être arrêté, condamné, exécuté pour avoir, dans des tracts, condamné l'immoralité du régime hitlérien, l'étudiant Hans Scholl écrivait à un ami : « *Ich kann nicht abseits stehen, weil es abseits kein Glück gibt* », « Je ne peux pas rester à l'écart, parce que, à l'écart, il n'est point de bonheur ». La phrase sonne comme une réplique à ce que dit Hamm, le héros sinistré et sinistre de Samuel Beckett dans *Fin de partie* . « Absent, toujours absent. Tout s'est fait sans moi. » Rien de plus faux que le *vanitas vanitatum* que Ionesco reprend quand, à la fin de *Le roi se meurt*, il fait dire au mourant par sa femme : « C'était une agitation bien inutile. » Je préfère la permission, à la fois limitative et incitatrice, donnée par Paul aux Corinthiens : « Tout est permis, mais tout n'est pas utile. »

L'espoir, c'est de pouvoir se dire, au moment de disparaître, pour reprendre encore des formules de François Varillon, qu'on a « existé contagieusement », qu'on a passé et non perdu du temps pour que « l'autre soit et qu'il soit autre ». En attendant donc la fin, ma fin, je ne devrais pas me trouver en manque d'ouvertures et d'activités. Et je souhaite alors que les chrétiens fraternels, tout en demeurant autres, comprennent toute la signification d'une réplique, décisive pour moi, de *Fin de partie* : « Tu crois à la vie future ? — La mienne l'a toujours été. »

NOTES

INTRODUCTION

1. Roger MARTIN DU GARD, *Lettres de confiance à Jean Morand*, Saint-Lambert-des-Bois, éd. du Franc-Dire, 1991, p. XVIII.

2. Jean GUITTON, *Dialogues avec Paul VI*, Fayard, 1967, p. 352.

CHAPITRE I. JUIFS ET CHRÉTIENS

1. Eduard SEIDLER, *Kinderärzte 1933-1945. Entrechtet, geflohen, ermordet*, Bonn, Bouvier, 2000, 494 p.

2. Bruno HALIOULA, *Blouses blanches, étoiles jaunes*, Liana Lévi, 2000, 285 p.

3. *L'Arche*, juin 2000.

4. *Ibid.*, février 2000.

5. Joseph SITRUK, *Chemin faisant*, entretiens avec Claude Askolovitch et Bernard Dicale, Flammarion, 1999, p. 361.

6. *Ibid.*, p. 329-330.

7. René-Samuel SIRAT et Martine LEMALET, *La Tendresse de Dieu*, NIL, 1996, p. 128, 129, 157, 162.

8. Robert BADINTER, *Un antisémitisme ordinaire. Vichy et les avocats juifs*, Fayard, 1997, p. 56-57.

9. Éd. Jacques Bertoin, p. 28-29.

10. Cf. Pierre MIQUEL, *Les Guerres de Religion*, Fayard, 1980, p. 124 et 131.
11. François DE SAINT-CHÉRON, *Sainte Thérèse d'Avila*, Pygmalion, 1999, p. 85.
12. F. VALENTIN, *Abrégé de l'histoire des croisades*, Tours, Mame, 1870, p. 103.
13. Laffont, 1986.
14. Cf. Jean-Marie LUSTIGER, *Le Choix de Dieu*, entretiens avec Jean-Louis Missika et Dominique Wolton, Fallois, 1987, p. 292.
15. Daniel TOLLET, *Accuser pour convertir. Du bon usage de l'accusation de crime rituel dans la Pologne catholique de l'époque moderne*, PUF, 2000, 304 p.
16. Cité dans Robert P. ERICKSEN, *Theologen unter Hitler*, Munich, Hanser, 1986, p. 84.
17. Cité dans Jules ISAAC, *L'Enseignement du mépris*, Fasquelle, 1962, p. 137-138.
18. Présentation convaincante dans le livre au titre malencontreux de Joachim BOUFLET, *Edith Stein, philosophe crucifiée*, Presses de la Renaissance, 1998, surtout p. 263-273.
19. Développement dans A. GROSSER, « "Mémoires collectives" et pratique de la mémoire créatrice », *Prêtres diocésains*, mai 1998.
20. Texte français complet dans la *Documentation catholique*, 17 février 1991.
21. L. DEISS, *La Messe. Sa célébration expliquée*, Desclée de Brouwer, coll. « Petite encyclopédie moderne du christianisme », 1989, 157 p.

CHAPITRE II. IDENTITÉS ET RELIGIONS

1. Alexandre ADLER, « Blocs-notes », *Courrier international*, 17 août 1995.
2. *La Compréhension sociologique*, PUF, 1999, 125 p.
3. *Lost Lives*, compilation commentée de 1 600 pages de D. MCKITTRIK *et al.*, Édimbourg, Mainstream, présentée dans *Libération* du 5 décembre 1999.

4. De l'ouvrage collectif *Musulmans en Europe*, Actes Sud, 1992, dirigé par Bernard LEWIS et Dominique SCHNAPPER, on lira surtout la conclusion de cette dernière, « Communautés, minorités ethniques et citoyens musulmans », p. 181-197.
5. L'Atelier (Éditions ouvrières), 1997, p. 206.
6. Cf. par exemple Barbara BREIDENBACH, « Das Lernen hört nimmer auf. Studien und Bildung prägen die jüdische Kultur », *Evangelische Kommentare*, novembre 1999.
7. Texte complet sur deux pages entières de la *Frankfurter Allgemeine* du 11 juillet 2000.
8. Cf. Paul MAGNIN, « Bouddhisme et christianisme », *Études*, septembre 2000.

CHAPITRE III. CHRISTIANISMES

1. Hans KÜNG, *Le Christianisme. Ce qu'il est et ce qu'il est devenu dans l'histoire*, Seuil, 1999, 1 225 p.
2. Philippe CAPELLE, « Exercice philosophique et pensée croyante », *Études*, juillet 1999.
3. Jacques BERNARD, « Pour comprendre le récit de la Genèse », dans « Les secrets de la Création », *Panorama*, hors-série, juin 1997.
4. Paul BEAUCHAMP, *Cinquante portraits bibliques*, Seuil, 2000, 264 p.
5. Anne-Marie PELLETIER, *Lectures bibliques. Aux sources de la culture occidentale*, Nathan/Cerf, 1995, 384 p.
6. Texte de la Déclaration de concorde de Leuenberg du 16 mars 1973 en annexe à *Wachsende Gemeinschaft in Zeugnis und Dienst*, Texte der 4. Vollversammlung der Leuenberger Kirchengemeinschaft in Wien 1994, Francfort, Lembeck, 1995, 295 p. (avec mes « thèses » « Politik und Ethik in und für Europa heute »).
7. Congrégation pour la doctrine de la foi. Déclaration *Dominus Deus sur l'unicité et l'universalité salvifique de Jésus-Christ et de l'Église*, 20 p. sur Internet.
8. Texte complet dans *La Documentation catholique* du 2 janvier 1994.

9. Éd. Noesis, 1999, 375 p.

10. Bayard, 2000, 922 p. (l'édition originale a paru en 1997, peu avant la mort de l'auteur).

11. *Op. cit.*, p. 413.

12. *Ibid.*, p. 281-282.

13. *Ibid.*, p. 262-263.

14. *Ibid.*, p. 68.

15. *Amour et désespoir. De François de Sales à Fénelon*, Seuil, 2000, 414 p. (tiré d'une belle thèse de doctorat).

16. François VARILLON, *Fénelon et le pur amour*, Seuil, 1957, 190 p.

17. Roland DE PURY, *Job ou l'Homme révolté*, Genève, Labor et Fides, 1956, 60 p., p. 38.

18. Cerf, 1987, 175 p., p. 53.

19. *L'Honneur de la liberté*, entretiens avec Charles Ehlinger, Le Centurion, 1987, 299 p., p. 126-127.

20. *Le Péché et la Peur. La culpabilisation en Occident (XIIIe-XVIIIe siècle*, Fayard, 1983, 741 p., p. 10.

21. Cf. A. GROSSER, « *Le Fou en Christ* de Gerhart Hauptmann », *Les Langues modernes*, janvier 1952 (article résumant mon mémoire pour le diplôme d'études supérieures d'allemand).

22. Dirigée par Pierre GISEL, Cerf/Labor et Fides, 1995, 1 711 p.

23. Denis CROUZET, *Jean Calvin*, Fayard, 2000, 480 p.

24. Cf. Ariel COLONOMOS, *Églises et réseaux*, Presses de Sciences-Po, 2000, 315 p.

25. Il faut utiliser le recueil aisément consultable d'André BIRMELET et Marc LIENHARD, *La Foi des Églises luthériennes. Confessions et catéchismes*, Cerf/Labor et Fides, 1991, 605 p.

26. LUTHER, *Œuvres*, t. I, Pléiade, 1999, p. 1181-1209.

27. Hachette, 1997, 234 p.

28. Cf. *Fremde, Heimat, Kirche. Die dritte EKD-Erhebung über Kirchenmitgliedschaft*, Gütersloher Verlagshaus, 1997, 442 p.

29. Je traduis d'après le texte paru dans la *Frankfurter Allgemeine* du 19 janvier 2000.

30. Présentation claire et conciliante par David ROURE, délégué diocésain à l'œcuménisme, « Un accord historique », dossier de *Croire aujourd'hui*, 15 janvier 2000.

31. Mgr Georges GILSON, *Les Prêtres. La vie au quotidien*, Desclée de Brouwer, 1990, p. 37.

32. Bruno CHENU, « Le rôle des associations de théologiens », *La Croix*, 4 octobre 2000.

33. Université catholique de Lyon, faculté de théologie, *Guide pratique de réflexion théologique*, Lyon, Profac, 1993, p. 128-129.

34. JEAN-PAUL II, *France, que fais-tu de ton baptême ?* (tous les textes du voyage du pape publiés par la Conférence épiscopale française), Le Centurion, 1980, p. 42.

35. Albert DECOURTRAY, *Vingt-deux entretiens avec André Sève*, Le Centurion, 1982, 286 p., p. 245.

36. *Op. cit.*

37. Le Centurion, 1994, 117 p.

38. JEAN-PAUL II, *Ma vocation. Dieu et mystère*, Bayard/Cerf/Fleurus/Mame/Téqui, 1996, p. 35.

39. On les trouvera dans le volume très facile à consulter : *Concile œcuménique Vatican II. Constitutions, décrets, déclarations, messages. Textes français et latin. Tables bibliques et analytiques et index des sources*, Le Centurion, 1977, 1 013 p.

40. *Ma vie. Souvenirs (1927-1977)*, 1997, trad. Fayard, 1998, p. 102.

41. Le Centurion, 344 p., p. 330.

42. Presses de la Renaissance, 2000, 728 p.

CHAPITRE IV. VERTICALITÉS : LA SPIRITUALITÉ AVEC ET SANS DIEU

1. Serge BONNET, *À hue et à dia. Les avatars du cléricalisme sous la Ve République*, Cerf, 1973, 270 p.

2. *La Mère du Rédempteur...*, introduction d'Yves CONGAR, Cerf, 1987, p. 8. Voir aussi le livre du pasteur Michel LEPLAY, *Le Protestantisme et Marie*, Genève, Labor et Fides, 2000.

3. *Dix mille saints. Dictionnaire hagiographique*, Brépols, 1991, 601 p.

4. Marie-Hélène CONGOURDEAU et Jacques FOURNIER, *Le Livre des saints. Calendrier et sanctorial de l'Église universelle*, Brepols, 1995, 746 p.

5. *L'Arche*, février 2000.

6. Jean-Pierre LINTANF, « Prier pour la pluie », *Prier*, juin 2000.

7. *Ce que je crois*, Grasset, 1962, p. 169.

8. Kurt RUH, *Geschichte der abendländischen Mystik*, Munich, C. Beck, 1990-1999.

9. Dans l'« édition nouvelle » préfacée par S. DE SACY parue en 1860.

10. Présentation de l'auteur, du livre et de sa réception dans le troisième chapitre d'Émile POULAT, *L'Université devant la mystique*, Salvator, 1999, 292 p.

11. *Hymnes à la nuit. Cantiques spirituels*, présentation et traduction (que je ne suis pas toujours) de Raymond VOYAT, Orphée-La Différence, 1990, 125 p. Voir surtout, comme introduction aux mystiques, Jean-Pierre JOSSUA, *Seul avec Dieu. L'aventure mystique*, Gallimard, coll. « Découvertes », 1996, 176 p.

12. N° 143, octobre 1996. On se réjouira de la réédition en 1998 de Georges CANGUILHEM, *Le Normal et le Pathologique*, PUF, 224 p. (comprend les études de 1943 et de 1963-1966).

13. Cf. A. GROSSER, « Le jeune Goethe et le piétisme », *Études germaniques*, numéro spécial sur Goethe, 1949.

14. Anne-Marie PELLETIER, *Lectures du « Cantique des cantiques »*, Rome, Editrice Pontifico Instituto Biblico, 1989, p. 372-373.

15. ECKHART, *Traités et sermons*, présentés par Alain DE LIBERA, Flammarion, 1993, p. 319.

16. *Une introduction à la foi catholique. Le nouveau catéchisme pour adultes réalisé sous la responsabilité des évêques des Pays-Bas*, IDOC France, 1968, p. 307.

17. *Maître Eckhart ou la Joie errante*, sermons allemands

traduits et commentés par Rainer SCHÜRMANN, Planète, 1972, p. 294.

18. Citation extraite du beau volume *Edith Stein. Wort und Bild*, dir. Paul MONS, Ramstein, Neue Hoffnung, s.d., 163 p., p. 22.

19. Cité dans POULAT, *op. cit.*, p. 114.

20. Roselyne CHENU, *Le Désert*, Cerf, 1997.

21. *Connaître*, Cahiers de l'association Foi et culture scientifique, n° 11, juin 1999.

22. Cité dans SCHÜRMANN, *op. cit.*, p. 298.

23. *Et ce néant était Dieu... Maître Eckhart*, sermons LXI-XC, traduits et présentés par Gwendoline JARCZYK et Pierre-Jean LABARRIÈRE, Albin Michel, 2000, p. 7, 15 et 17.

24. *Beauté du monde et souffrances des hommes*, entretiens avec Ch. Ehlinger, Le Centurion, 1980, p. 262.

25. *La Croix*, 12 novembre 1999.

CHAPITRE V. HORIZONTALITÉS : LES ENGAGEMENTS TEMPORELS

1. Cité par Paul MEUNIER, *François Varillon. Une spiritualité de la vie chrétienne*, Le Centurion, 1990, 155 p., p. 28.

2. *Le Paysan de la Garonne*, Desclée de Brouwer, 1966, p. 88 et 85.

3. *Cahiers du Val*, n° 5, revue de la communauté du Val-Martel, Côtes-d'Armor.

4. Louis SALA-MOLINS, *Le Code noir ou le calvaire de Canaan*, PUF, 1987, 293 p.

5. Contexte et autres textes dans ce sens dans Jean-Jacques PERENNES, *Pierre Claverie. Un Algérien par alliance*, Cerf, 2000, p. 29-34.

6. Toutes indications dans René RÉMOND, *Religion et société en Europe*, Seuil, 1998, 314 p. Pour l'ensemble du problème, cf. surtout Jean-Marie DONEGANI, *La Liberté de choisir. Pluralisme religieux et pluralisme politique dans le catholicisme français contemporain*, Presses de Sciences-Po

1993, 483 p. La citation dans *Le Monde* du 3 août 1996 reprend un texte paru dans les *Nouveaux Cahiers du Sud* de janvier 1996.

7. Interview parue le 15 septembre 1995, servant de présentation à Pierre CLAVERIE, *Lettres et messages d'Algérie*, Karthala, 1995, 222 p.

8. Conférence des évêques de France, *Proposer la foi à la société actuelle*, rapport présenté par Mgr Claude DAGENS à l'assemblée plénière de Lourdes, Cerf, 1994, 99 p.

9. Cité dans *La Paix des cimes*, Bartillat, 2000.

10. Voir notamment le drame des dominicains dans François LEPRIEUR, *Quand Rome condamne*, Plon/Cerf, 1989, 780 p.

11. Texte dans ACJF (Association catholique de la jeunesse française), 1881-1956, *Signification d'une crise*, L'Épi, 1964, p. 145-168, et dans René RÉMOND, *Les Catholiques français et la société politique. Écrits de circonstance (1947-1991)*, L'Atelier (Éditions ouvrières), 1995, p. 1-34.

12. « Crise de l'Action catholique », *Réforme*, 10 juin 1956.

13. Analyse-bilan d'Étienne FOUILLOUX, *Une Église en quête de liberté. La pensée catholique française entre modernisme et Vatican II*, Desclée de Brouwer, 1998, 160 p.

14. *Réhabiliter la politique*, déclaration de la Commission sociale, Centurion/ Cerf/ Flammarion/ Mame, 1999, 77 p.

15. Cf. mon bref texte « Admiration historique » dans Jacques PERRIER (évêque de Chartres puis de Tarbes et Lourdes), *L'Abbé Stock (1904-1948)*, Cerf, 1998, p. 139.

16. Textes dans *Katholische Kirche im Sozialistischem Staat DDR. Dokumente und öffentliche Äusserungen (1945-1990)*, Leipzig, Benno, 1992, 475 p.

17. Cf. *Religions et laïcité dans l'Europe des Douze*, sous la direction de Jean BAUBEROT, Syros, 1994, 222 p.

18. Axel VON CAMPENHAUSEN, *L'Église et l'État en France*, L'Épi, 1964, 223 p. Parmi ses nombreux écrits parus récemment, *Das Staat-Kirchen Verhältnis an der Schwelle zum XXI.*

Jahrhundert, Essener Gespräche, Münster, Aschendorff, 2000, p. 105-142.

19. Sur la laïcité en France, cf. bibliographie à la fin de René RÉMOND, *Une laïcité pour tous*, Textuel, 1998, 143 p.

20. Mgr Gabriel MATAGRIN, *Politique, Église et Foi*, Le Centurion, 1972, 204 p., p. 75-110. Sur le principal auteur, ses conceptions et son rôle, cf. G. MATAGRIN, *Le Chêne et la Futaie*, entretiens avec Ch. Ehlinger, Bayard, 2000, 448 p.

21. *Libération des hommes et salut en Jésus-Christ*, Le Centurion, 1974, 108 p.

22. Je me permets de renvoyer aux chapitres « transversaux » de mon livre *Les Occidentaux*, Fayard, 1978, et Seuil, coll. « Points », 1981 et 1992.

23. Cité dans A. GROSSER, *La IVe République et sa politique extérieure*, A. Colin, 1961, p. 335 (cf. aussi le chapitre « Un cas particulier : les catholiques », p. 179-185).

24. L.-E. DUVAL, archevêque d'Alger, *Au nom de la Vérité. Algérie 1954-1962*, Cana, 1982, 199 p.

25. *Caritas 2001*, Jahrbuch des Caritasverbands, Freiburg, Badenia, 2000, 420 p. (mon discours « Es gibt nur einen Grundwert – jeder hat die gleiche Würde », p. 50-54).

26. Jörg ALT (s.j.), *Illegal in Deutschland*, Leipzig, von Loeper, 1999, 453 p.

27. *Faire société. Les associations au cœur du social*, sous la direction de François BLOCH-LAINÉ, Syros, 1999, 265 p. ; Bénédicte HALBA et Michel LE NET, *Bénévolat et volontariat dans la vie économique, politique et sociale*, La Documentation française, 1997, 204 p.

28. Esquisse biographique dans le petit livre *Prier quinze jours avec le père Joseph Wresinski*, de Francine DE LA GORCE (qui l'a rejoint en 1957 et est toujours vice-présidente d'ATD), Nouvelle Cité, 2000, 125 p. ; à compléter par P. JOSEPH, *Les Pauvres sont l'Église*, entretiens avec Gilles Anouil, Le Centurion, 1980, 249 p.

29. Hubert PROLONGEAU, *Le Curé de Nazareth*, Albin Michel, 1998, 220 p.

30. Le recueil de Madeleine DELBRÊL, *Nous autres gens*

des rues, introduction de Jacques Loew, Seuil, 1966, 315 p., servira d'introduction à la connaissance de la pensée et de l'action, avec *Prier quinze jours avec Madeleine Delbrêl*, de Bernard PITAUD, Nouvelle Cité, 1998, 128 p.

31. Hervé RENAUDIN, « On n'en fera jamais assez », *La Croix*, 24 mars 2000.

32. Texte dans *Migrations et pastorale*, mai 1998.

33. Pierre COURCELLE, « Du droit d'asile en France. Propos d'un angéliste », *Courrier de l'ACAT* (Association des chrétiens pour l'abolition de la torture), novembre 2000.

CHAPITRE VI. SOUFFRANCES ET MORTS

1. Cf. Jacques CASSAR, *Dossier Camille Claudel*, Séguier, 1987, 519 p.

2. « Église et psychiatrie », *Souffles*, n° 143, octobre 1996.

3. Cf. Calixte HUDEMANN-SIMON, *La Conquête de la santé en Europe (1750-1900)*, Belin, 2000, 176 p.

4. Rapport sur le centre accueil Saint-Irénée, dans *REPSA*, février 1998.

5. Cf. Dr Jean MAISONDIEU, *Les Alcooléens*, Bayard, 1992, 220 p.

6. *Plus fort que la haine*, Presses de la Renaissance, 2000, 275 p.

7. Le Centurion, 1974 et 1975, 160 p. et 115 p.

8. Christophe HITCHENS, *Le Mythe de mère Teresa*, Dagorno, 1995, 99 p.

9. Cf. mon étude « Cours constitutionnelles et valeurs de référence. À propos de décisions sur l'avortement », *Pouvoirs*, n° 13, 1991.

10. Les déclarations du pasteur, du recteur et du rabbin ont paru dans *La Croix* du 29 novembre 2000.

11. Cf. note 9.

12. On lira de près la synthèse de M. ABIVEN, C. CHARDOT et R. FRESCO, *Euthanasie. Alternatives et controverses*, Presses de la Renaissance, 2000, 314 p. Pour l'ensemble de la

problématique, cf. Patrick VERSPIEREN (s.j.), *Face à celui qui meurt. Euthanasie. Acharnement thérapeutique. Accompagnement*, DDB, 1985, 207 p.

13. 21 novembre 2000.

14. Léon BURDIN, *Parler la mort. Des mots pour la vivre*, DDB, 1997, 285 p.

15. Juste éreintement de *La Mort intime* de Marie DE HENNEZEL (Robert Laffont, 1995) par Gérard BAILHACHE dans *Études*, septembre 1996.

16. *La Croix*, 27 juillet 1986.

17. Oscar ROMERO, *Assassiné avec les pauvres* (textes), Cerf, 1981, p. 93.

18. Robert SERROU, *Baudoin – le roi*, Presses de la Renaissance, 2000, p. 228-230.

19. *Que reste-t-il du Paradis ?*, Fayard, 2000, p. 468.

CONCLUSION : LUMIÈRES ET LUMIÈRE

1. *Mounier et sa génération. Lettres, carnets et inédits*, Seuil, 1956, p. 150.

2. Cf. *Forme et sens*, colloque sur la formation à la dimension religieuse du patrimoine culturel, École du Louvre, La Documentation française, 1997, 301 p.

3. Oscar ROMERO, *op. cit.*, p. 13-14.

4. *Beauté du monde et souffrance des hommes*, *op. cit.*, p. 292.

5. *Ibid.*, p. 68.

6. *Vers la France païenne ?*, Cana, 1999, p. 170.

7. « Histoire et politique » (1949), dans *Polémiques*, Gallimard, 1955, p. 195.

8. *Op. cit.*, p. 26.

TABLE

Impression réalisée sur CAMERON par

BUSSIÈRE CAMEDAN IMPRIMERIES

GROUPE CPI

à Saint-Amand-Montrond (Cher)
en avril 2001

N° d'édition : 755. N° d'impression : 011682/1.
Dépôt légal : avril 2001.

Imprimé en France